Histoire des religions

Dans la série *Les Grands Librio*

Anglais, Librio n° 830
Expression française, Librio n° 832
Langue française, Librio n° 835
Mathématiques, Librio n° 836
Mythologie, Librio n° 877
XXe siècle, Librio n° 878
Espagnol, Librio n° 879
La culture générale est un jeu, Librio n° 881
Première Guerre mondiale, Librio n° 891

Collectif

Histoire des religions

Librio

Inédit

La série « Petite histoire des religions » en Librio
est dirigée par Jean Baubérot

Sommaire

Deuxième partie
Petite histoire du christianisme
par Jean Baubérot

Troisième partie

Petite histoire de l'islam

par Mohammad Ali Amir-Moezzi et Pierre Lory

Quatrième partie
Petite histoire du bouddhisme
par Jean-Noël Robert

Avant-propos

Librio m'a fait l'honneur de me confier la direction d'un ensemble présentant les fondements et l'évolution des principales religions du monde actuel. L'entreprise n'est pas simple puisqu'il s'agit de donner, pour chacune des religions, une étude synthétique accessible à un large public, n'oubliant rien d'essentiel et gardant, malgré son aspect « vulgarisé », un caractère scientifique. Mais depuis vingt ans je milite pour une approche laïque des religions et cette initiative m'offrait une belle occasion de concrétiser cette perspective.

Une approche laïque des religions signifie qu'en respectant la liberté des choix convictionnels on étudie les phénomènes religieux comme de grands faits d'histoire, de culture, de société, dans une indépendance complète à l'égard des différentes confessions religieuses et des familles de pensée irréligieuses. L'objectivité apparaît particulièrement difficile quand il s'agit de religion. Certes, elle ne s'improvise pas. Comme le sport de haut niveau, elle demande du talent et de l'entraînement constant. Il est un lieu en France reconnu sur le plan international : la section des sciences religieuses de l'École Pratique des Hautes Études. « C'est là que mes idées essentielles ont pris forme », déclarait Claude Lévi-Strauss lors du centenaire de sa création [1]. Là des savants enseignent, de façon érudite et ana-

1. Interview à *Libération*, 22 septembre 1986.

lytique, à des étudiants et chercheurs, telle ou telle caractéristique des religions. C'est dans ce vivier que je pouvais puiser pour donner à un large public le meilleur dans le domaine de l'histoire des religions.

Fallait-il encore que mes interlocuteurs acceptent ce défi : donner une vue d'ensemble sur l'histoire séculaire d'une grande religion, eux qui sont plutôt habitués à étudier un de ses aspects, des années durant ! Chacun d'entre eux a joué le jeu, ce qui permet de donner au lecteur des textes dont chaque phrase est soigneusement pesée pour pouvoir être et accessible et rigoureuse.

Venons-en maintenant à une brève présentation des religions étudiée. Le judaïsme a été souvent considéré à partir de son excroissance chrétienne, disparaissant de la culture générale à la fin du premier siècle de notre ère. Si on s'intéresse à son histoire ultérieure, on le fait souvent par le biais de l'antisémitisme. Or, Jean-Christophe Attias et Esther Benbassa, titulaires des chaires du Judaïsme rabbinique et du Judaïsme moderne, montrent que, malgré les persécutions, les communautés juives ont su garder dynamisme et créativité. Elles se sont affrontées aux grandes questions et ont apporté des réponses originales.

Les débats sur « l'héritage chrétien » sont récurrents aujourd'hui. Successivement titulaire des chaires sur le Protestantisme puis sur la Laïcité, j'ai tenté de montrer les diverses facettes de cet « héritage » et aussi les raisons historiques de la diversité du christianisme actuel.

Respectivement titulaires des chaires de Mystique musulmane et d'Islam chiite, Pierre Lory et Mohammad Ali Amir-Moezzi nous rendent accessible les fondamentaux l'histoire d'un islam qui va du Maghreb à l'Indonésie en passant par l'Afrique Noire, les Balkans, l'Asie centrale et le subcontinent Indien. Ils nous font connaître l'arrière-fond historique, les grilles d'interprétation qui donnent sens aux allusions des médias.

Aujourd'hui, le bouddhisme attire l'Occident. Mais le connaissons-nous véritablement ? Ce que nous en retenons est souvent partiel et partial. Jean-Noël Robert, titulaire de la chaire de Bouddhisme japonais, membre de l'Académie des Inscriptions et Belles Lettres, nous invite à un décentrement et nous propose une géohistoire du bouddhisme qui rend accessible ses diverses formes, montre leur originalité, leur richesse, leur contribution à un universel toujours en devenir.

Un tel ensemble me semble pouvoir faire connaître les principales religions à toutes celles et ceux qui manifesfent, dans ce domaine, une curiosité intellectuelle de bon aloi.

Jean BAUBÉROT
Président d'honneur de l'École pratique
des Hautes Études

PREMIÈRE PARTIE

Petite histoire du judaïsme

par Jean-Christophe Attias et Esther Benbassa

Introduction

À la mémoire de Sultana Benbassa,
simplement juive, comme on l'était
autrefois en Orient.

Le judaïsme a une histoire, longue et riche, qui ne se limite pas à ses racines bibliques et antiques. L'apparition du christianisme, au Ier et au IIe siècles, qui a été elle-même un moment de cette histoire, n'y a pas mis un terme. Si minoritaire et fragile qu'il ait été au fil des siècles, en dépit des épreuves qu'il a dû traverser, le judaïsme n'a jamais cessé de vivre de sa propre vie, se renouvelant inlassablement, au gré de ses contacts avec les civilisations dont il a été partie prenante, auxquelles il s'est confronté et dont il s'est inspiré, en Orient comme en Occident.

Mais qu'est-ce donc que le « judaïsme » ? Le mot apparaît pour la première fois, sous sa forme grecque, dans les milieux juifs hellénophones de l'Antiquité. Désignation commode, et apparemment transparente, il semble faire pendant à celles de christianisme, de catholicisme ou de protestantisme. Et pourtant, la réalité culturelle à laquelle il renvoie est à la fois plus dense et plus imbriquée qu'une « religion » au sens strict. L'équivalent hébraïque de « judaïsme », *yahadout*, n'est d'ailleurs devenu d'usage courant qu'à l'époque moderne et la littérature biblique aussi bien que rabbinique ne connaît pas ce concept. De fait, jusqu'à leur accès à la citoyenneté, qui date en France de 1790-1791, les juifs eux-mêmes se sont perçus au moins autant comme un peuple descendant des Judéens antiques que comme les fidèles d'une religion particulière.

Pour parler du judaïsme, il faut donc aussi parler des juifs. Et écrire une histoire du judaïsme comme religion et comme culture revient à écrire l'histoire des métamorphoses d'une identité, l'identité juive, relevant de nouveaux défis à chaque génération. Une identité éminemment plastique, au point qu'aujourd'hui certains juifs peuvent continuer de se dire tels alors même qu'ils se proclament agnostiques ou athées.

Enfin, compte tenu de la grande variété des contextes où le judaïsme a fleuri et où les juifs, peuple dispersé, ont vécu, écrire leur histoire revient un peu à écrire une histoire du monde lui-même. Certes, le judaïsme est bien la religion particulière d'un peuple particulier, qui n'a pas nourri de vocation missionnaire, encore que tout non-juif qui le désire sincèrement puisse en principe s'y agréger par une conversion. Il reste que son espace de développement a toujours été foncièrement transculturel et que son horizon n'a jamais cessé d'être l'universel.

I

Naissance du judaïsme (jusqu'à la fin du Ve siècle)

A. Une histoire ancienne mouvementée

Les origines du peuple hébreu sont entourées d'un épais brouillard et ce que la Bible en dit n'est pas toujours confirmé par la science moderne. Aboutissement d'un long processus de sédimentation, de choix et d'agrégation de traditions diverses, la Bible elle-même est le produit de l'histoire qu'elle entend raconter et qu'en fait elle reconstruit. Le judaïsme la tient néanmoins pour divinement inspirée. C'est d'elle qu'il tire la substance première de son message. C'est donc d'elle qu'il faut partir pour savoir comment le judaïsme se représente sa propre histoire.

Selon la Genèse, sur l'injonction divine, Abraham quitte sa Mésopotamie natale pour gagner Canaan. Dieu contracte avec lui une alliance dont le signe sera la circoncision et lui promet une descendance nombreuse, née de son fils Isaac, qui héritera la terre vers laquelle il a migré. Du fils d'Isaac, Jacob, qui prend le nom d'Israël après sa lutte avec l'Ange, sont nées douze tribus. Celles-ci, après un exil et une période d'esclavage en Égypte, quittent finalement ce pays sous la conduite de Moïse, reçoivent sur le mont Sinaï la « Loi » ou l'« Enseignement », ce qu'en hébreu on appelle la Torah, errent quarante ans dans le désert et se lancent à la conquête de Canaan. D'abord gouvernées par des juges, tantôt indépendantes, tantôt fédérées, les tribus se donnent finalement un roi, Saül. Mais c'est David, son successeur, de la tribu de Juda, qui fonde la première dynastie légitime.

L'histoire de cet État unifié est brève. À la mort de Salomon, fils de David, un schisme intervient. Le royaume d'Israël regroupe les tribus du Nord et se donne pour capitale Sichem, puis Samarie. Le royaume de Juda, lui, réunit les tribus de Juda et Benjamin, au Sud, et a un descendant de David pour souverain. Jérusalem, où Salomon a fait construire un Temple, est sa capitale politique et religieuse. Les deux royaumes se livrent une guerre sans merci. En – 722, le royaume d'Israël est assiégé par les Assyriens. Une partie de sa population est déportée en Assyrie, où l'on perd sa trace – c'est cette disparition qui donnera naissance, dans le judaïsme, à la nostalgie des « dix tribus perdues ». Une autre, restée sur place, se fond dans les populations amenées par le vainqueur et donne naissance à une nouvelle entité ethnique, les Samaritains. Le royaume de Juda accueille aussi sa part de fugitifs, qui s'installent à Jérusalem. Mais il succombe bientôt à son tour devant les Babyloniens en – 586. Nabuchodonosor le raye de la carte du Proche-Orient et détruit le Sanctuaire de Jérusalem.

L'aristocratie judéenne est déportée à Babylone. Des colonies se forment en exil et conservent, au milieu des populations autochtones, une forte identité culturelle et nationale, leur foi en leur Dieu et en une restauration prochaine. En – 539, le Perse Cyrus conquiert Babylone. Il autorise le retour des exilés en Judée, leur octroie une relative autonomie et les encourage à reconstruire leur Temple, inauguré en – 516. Le nouveau régime judéen s'attache à instaurer une application rigoureuse de la Loi de Moïse, la Torah, et Esdras le Scribe la place définitivement au cœur de la vie de la nation.

Alexandre le Grand conquiert le Proche-Orient en – 332. Pendant deux siècles, les juifs vivent sous la tutelle des souverains hellénistiques. La langue et les mœurs grecques séduisent les couches aisées. Mais les mesures autoritaires du monarque séleucide Antiochus IV Épiphane, qui visent à assurer l'unité religieuse de son Empire et s'attaquent aux fondements mêmes du judaïsme, suscitent une révolte en – 167. Judas Maccabée s'assure bientôt le contrôle des régions à peuplement juif de Palestine. Ses troupes circoncisent les enfants de force, démolissent les autels païens, mettent le feu aux villages passés à l'hellénisme. Le Temple est purifié et inauguré en – 164. À la mort de Judas Maccabée, ses frères prennent la relève. Simon cumule en – 140 les charges héréditaires de prince, de grand prêtre et de général en chef ; il renouvelle ses rapports avec Sparte et avec Rome. Une nouvelle dynastie, la dynastie asmonéenne, nationaliste et expansionniste, se met en place. Des conflits ne manquent pourtant pas d'éclater entre elle et le parti montant des Pharisiens qui lui reproche d'avoir trahi les idéaux de la révolte.

En – 63, tirant parti d'une querelle de succession, Pompée fait passer la Judée sous l'influence directe de Rome, une situation qui va durer pendant presque quatre siècles. Les relations entre juifs et Romains sont tendues dès le début. Les révoltes se font fréquentes. En 66, les zélotes, parti rebelle radical, s'emparent de Jérusalem, chassent le roi proromain Agrippa, tuent le grand prêtre qui collaborait avec le pouvoir en place et boutent les troupes romaines hors de Judée. Mais en 70 Titus anéantit l'insurrection, Jérusalem tombe après quatre mois de siège, le Temple est incendié, la population décimée. La dernière tentative de soulèvement armé contre l'occupant romain, en 132, est conduite par Siméon Bar-Kokhba. Elle est écrasée dans le sang en 135. Jérusalem, rebaptisée *Aelia capitolina*, abrite désormais un sanctuaire païen et son entrée est interdite aux juifs.

B. Les grands courants du judaïsme antique

Les traditions biblique puis juive ont interprété l'histoire mouvementée de l'Israël antique comme une succession de trahisons, de châtiments, de repentirs et de restaurations. Pour elles, les termes de l'alliance scellée par Dieu avec Abraham et renouvelée sur le Sinaï avec les Hébreux sont contenus dans la Torah et ses commandements. À charge pour Israël, peuple de prêtres, d'observer cette Loi, dans sa dimension cultuelle mais aussi, comme les anciens prophètes bibliques n'ont cessé de le rappeler, dans sa dimension éthique. À charge pour Dieu de récompenser cette fidélité comme il l'a promis – par la possession de la terre de Canaan, une descendance nombreuse, la prospérité et la paix. Toute transgression de la Loi induit une altération des rapports entre Dieu et son peuple, laquelle se traduit par la dépossession, l'exil, la ruine militaire et politique. Mais la promesse divine est à jamais valide et l'alliance est éternelle. La défaite elle-même est signe de l'amour particulier que Dieu porte à Israël. Entre ses mains, les nations ennemies ne sont qu'un instrument servant à l'amélioration et à la purification d'Israël. Après le désastre, viennent le repentir, les retrouvailles de Dieu et du peuple qu'il s'est choisi. Et l'espérance d'une restauration, d'un retour de la gloire passée et de la venue du sauveur attendu, le Messie issu de David, demeure ouverte.

Abraham, s'il a existé, ne fut sans doute pas le premier monothéiste de l'histoire humaine. Ce n'est que peu à peu que ses descendants putatifs, Hébreux, Judéens et juifs, ont fini par concevoir le culte d'un Dieu unique, créateur du ciel et de la terre, interdit de représentation, absolument distinct de sa créature et néanmoins en dialogue avec elle. Habités par la nostalgie d'une Terre promise, conquise, perdue et jamais vraiment retrouvée, façonnés par l'expérience fondatrice de l'exil et de la dispersion, ce n'est pas en un jour qu'ils en sont venus à dissocier radicalement puissance et vérité et à admettre qu'un peuple vaincu et infime pouvait malgré tout être le dépositaire de vérités ultimes appelées à être reconnues par tous. C'est pourtant là ce qu'ils ont fini par croire, tenant pour pur néant les cultes idolâtres de leurs maîtres babyloniens, hellénistiques ou romains.

S'il finit par se cristalliser autour de quelques thèmes, pratiques et principes communément admis, le judaïsme antique, encore à sa phase de formation, n'en demeure d'ailleurs pas moins, jusqu'aux grandes débâcles de 70 et de 135, extraordinairement divers.

Pour commencer, le judaïsme n'est pas seulement une affaire judéenne. Il y a des juifs dans tout le Proche-Orient et dans l'ensemble du monde hellénistique et romain. L'Égypte constitue ainsi longtemps un foyer important de culture juive hellénophone, comme en témoignent l'œuvre du philosophe Philon d'Alexandrie au Ier siècle ou encore la traduction grecque de la Bible dite des Septante. Au fil du temps, le poids de la diaspora ne fera que s'affirmer. Mais jusqu'au IIe siècle au moins, le centre de gravité naturel et symbolique du judaïsme demeure la Terre sainte, où des courants divers se partagent la scène religieuse.

Deux populations s'y font face : les Judéens et les Samaritains. Les seconds sont tenus en piètre estime par les premiers, pour qui ils ne sont que les descendants d'un mélange entre Israélites restés sur place et colons idolâtres importés par les Assyriens après la chute du royaume du Nord. Les Samaritains, eux, se considèrent comme bel et bien issus des tribus d'Éphraïm et de Manassé. Leur sanctuaire est situé sur le mont Garizim, au sud de Sichem. Ils reconnaissent la seule autorité des cinq premiers livres de la Bible, le Pentateuque, dont ils possèdent une version légèrement différente de celle en usage dans le judaïsme. (Ils ne sont plus aujourd'hui que quelques centaines, installés en territoire palestinien et en Israël.)

Côté judéen, trois groupes se distinguent : les Esséniens, les Sadducéens et les Pharisiens.

Les Esséniens sont présents en diverses régions de Terre sainte, avec une concentration sur la rive occidentale de la mer Morte. C'est à eux que les savants ont attribué les documents découverts entre 1947 et 1956 dans les grottes de Qumran. Organisés en communautés semi-monastiques hiérarchisées, très soucieux de pureté rituelle, ils mènent une existence austère. Jugeant corrompu le culte rendu à Jérusalem, ils y envoient des offrandes mais refusent d'y accomplir des sacrifices animaux.

Les Sadducéens, quant à eux, rassemblent les éléments les plus fortunés de la population judéenne. Liés à l'aristocratie sacerdotale, ils placent le Temple et son culte au centre de la religiosité juive. Ils ne croient semble-t-il ni à l'immortalité de l'âme ni à la résurrection des morts. Très scrupuleux quant à l'application des dispositions bibliques, ils ne reconnaissent aucune autorité à la tradition orale transmise par leurs adversaires, les Pharisiens, en hébreu *perouchim*.

Ce dernier terme peut se traduire par « séparés » et renvoie sans doute au souci des Pharisiens d'éviter tout contact susceptible d'entraîner une impureté rituelle ou à leur volonté de se tenir à l'écart des païens ou de ceux des juifs qui leur paraissent compromis avec le paganisme. En délicatesse avec le pouvoir asmonéen, leur influence politique, malgré quelques brèves embellies, décline inexorablement.

Leur contribution essentielle est en fait d'ordre religieux. Se tenant pour les héritiers d'Esdras, ils affirment le caractère autoritatif d'une tradition *orale* transmise de génération en génération depuis Moïse et sans laquelle la Bible, la tradition écrite, demeure un livre scellé. Ils élaborent une herméneutique permettant la réinterprétation constante des impératifs de la Loi. Insistant sur la notion de responsabilité, croyant en l'immortalité de l'âme, en la résurrection des morts et en la rétribution des œuvres, ils promeuvent, à côté d'une pratique exigeante des commandements, une spiritualité vivante faisant place aux espérances eschatologiques et messianiques du peuple dont ils sont proches.

La grande débâcle des années 60-70 puis 130 balaie les Sadducéens dont le statut était directement dépendant de l'existence du Temple. Et elle entraîne l'extinction du courant essénien. Seuls les Pharisiens sont en mesure de relever le défi de la défaite. Selon une ancienne tradition, un maître de ce courant, Yohanan ben Zakkaï, sentant imminente la destruction de Jérusalem assiégée, aurait quitté la ville sainte de nuit, caché dans un cercueil. Ses disciples auraient transporté le cercueil devant le général romain Vespasien, Yohanan en aurait surgi et aurait sollicité une faveur du futur empereur : « La ville de Yavné, afin que je puisse aller y enseigner à mes élèves et y fonder une maison de prière, où je pourrai accomplir tous les commandements. » L'historicité de ce récit est sans doute sujette à caution, mais sa signification est claire. Mimant la mort en quittant Jérusalem, puis la résurrection devant Vespasien, Yohanan ben Zakkaï incarne les avatars de la tradition religieuse qu'il représente. Une forme de judaïsme centrée sur le sanctuaire disparaît, cédant la place à une autre, axée sur l'étude, la prière, ce « culte du cœur », et la Loi.

C. Naissance du judaïsme rabbinique

Le Temple n'est pas oublié même si les synagogues prennent le relais. En attendant la reconstruction espérée, les prières quotidiennes, récitées tourné vers Jérusalem, se substituent aux sacrifices d'antan. Le *shabbat*, jour de repos, de prière, de réunion familiale et communautaire, ponctue chaque semaine et les solennités du calendrier juif rappellent les grands moments de la geste biblique, tout en conservant le souvenir de la dimension saisonnière et agricole qu'elles revêtaient en Terre sainte. Pâque *(Pessah)*, commémoration de la sortie de l'esclavage d'Égypte, célèbre l'arrivée du printemps. Sept semaines plus tard, la fête des Semaines *(Chavouot)*, fête des moissons, évoque le don de la Loi sur le Sinaï. À l'automne, la fête des Cabanes *(Soucot)*, fête de la récolte, rappelle les pérégrinations des Hébreux dans le désert. *Hanoukka*, au début de l'hiver, magnifie le succès de la révolte maccabéenne, en en soulignant l'aspect miraculeux et la portée spirituelle. *Pourim* fête le sauvetage, raconté dans le livre d'Esther, de juifs persécutés en exil. Le jeûne du 9 *av*, en juillet-août, ravive le deuil de la destruction du Sanctuaire. À *Kippour*, enfin, tout le peuple, où qu'il se trouve, communie dans une longue journée de mortifications et de prière qui lui vaut l'expiation de ses fautes.

Après 70, le judaïsme pharisien devient ce qu'on appelle le judaïsme « rabbinique », soit le judaïsme des rabbins, des maîtres de la tradition orale. Neutralisant les attentes apocalyptiques et les fièvres nationales à l'origine de tant de désastres, il proclame close depuis longtemps l'ère de la prophétie, temps de la communication directe avec Dieu. Les savants sont désormais les uniques dépositaires de la vérité religieuse. L'espérance de reconstruction est vivante, mais son horizon est indéfiniment repoussé. Prêchant une forme de quiétisme, le judaïsme rabbinique s'installe dans l'attente d'un Messie toujours à venir. Il tient que chaque juif peut se réaliser et se sauver, où qu'il se trouve et dès maintenant.

Tous les jours de sa vie, de sa naissance à sa mort, le juif n'a désormais qu'une mission : assurer la séparation du sacré et du profane et étendre autant que possible le champ du sacré. Chaque commandement accompli, chaque interdit respecté est culte rendu à Dieu. Le geste le plus humble, le simple respect des règles alimentaires du judaïsme (la *cachrout*), prend une valeur religieuse. Cette primauté de l'acte prescrit par la Loi et sanctifié par l'intention du cœur inspire toute la pratique juive. L'étude de la Loi elle-même est un commandement. Mais l'étude ne vaut que si elle s'accompagne d'une pratique concrète, et si elle y conduit.

Face aux prétentions du christianisme naissant, lequel

a d'abord été une secte juive parmi d'autres mais ouvre peu à peu son giron aux nations, les rabbins réaffirment la légitimité d'une vocation juive spécifique. En devenant chrétiens, les peuples de la terre se sont approprié la Bible (en grec). Ils affirment désormais trouver en Jésus la clé et le sens de tous ses mystères et déclarent caduque la majeure partie de ses commandements. Réagissant à ce défi, et même s'il demeure culturellement marqué par son environnement hellénistique et romain, le judaïsme place désormais au centre la Bible *hébraïque*, la tradition orale et ses sources hébréo-araméennes.

D. Les grands corpus

Dans un souci de préservation et de transmission d'un héritage que la dispersion et la fragilisation des communautés juives mettent en danger, un travail acharné de collecte, de mise en ordre, d'étude et d'élucidation est lancé. Il débouche sur la cristallisation d'immenses corpus destinés à former l'assise du judaïsme pour des siècles.

Le canon et le texte de la Bible hébraïque sont progressivement fixés, et dans cet ensemble c'est le Pentateuque, les cinq livres dits de Moïse, censés contenir les 613 commandements de la Loi, qui sont investis de la plus grande autorité, les Prophètes passant au second plan, les Hagiographes au troisième.

Parallèlement, à la fin du IIe siècle, Juda le Prince publie en Terre sainte une compilation systématique des stipulations de la Loi orale, conduite sur plusieurs générations : la *Michna*, littéralement « enseignement ». Dans un hébreu concis et précis, ses six sections ou « ordres », subdivisés en soixante-trois traités, établissent le droit, sans toujours faire état des débats ayant accompagné son histoire, et en ne signalant que rarement les textes scripturaires sur lesquels il s'appuie. La *Michna* n'est elle-même que le fruit d'un choix, et maintes traditions en ont été exclues – que l'on retrouvera ailleurs, par exemple dans la *Tosefta*, littéralement « addition ». Son autorité ne s'en imposera pas moins dans les écoles palestiniennes et babyloniennes.

C'est de la *Michna* que les Talmuds, d'un terme hébreu

signifiant « étude », vont dans un second temps proposer l'élucidation. Le Talmud dit de Jérusalem, rédigé en hébreu et en judéo-araméen palestinien, rend compte des débats des académies de Terre sainte. Il est hâtivement compilé à Tibériade, vers la fin du IVe siècle, dans un contexte d'instabilité et de persécutions. Le Talmud de Babylone, rédigé en hébreu et en judéo-araméen babylonien, est lui le fruit de l'activité des écoles babyloniennes de Soura, Nehardéa, Poumbedita et Mahoza. Plus développé que son pendant palestinien, il s'est constitué progressivement et sa mise en forme définitive est à peu près acquise à la fin du Vᵉ siècle.

La *Michna* et le Talmud ne sont que deux des trois pans majeurs du corpus rabbinique en formation. Il faut y adjoindre un autre ensemble : le *midrach*. Ce mot, qui signifie littéralement « enquête, interprétation », désigne l'exégèse classique de l'Écriture telle qu'elle s'est développée, pour l'essentiel, en Terre sainte et telle qu'elle s'est conservée dans une littérature foisonnante, témoin d'une activité d'enseignement et de prédication d'une grande richesse. On distingue deux variétés de *midrachim* (plur. de *midrach*). Les uns, dont la rédaction remonterait à la fin du IIIᵉ siècle, portent spécifiquement sur les sections législatives du Pentateuque. D'autres, dont la compilation s'est poursuivie du Vᵉ au XIIᵉ siècle en divers points de la diaspora, rassemblent des matériaux d'origines et d'époques variées mis bout à bout de sorte à former un commentaire suivi des livres de la Bible. Cela étant, le terme de *midrach* ne désigne pas seulement un corpus nettement circonscrit – les recueils de *midrachim* proprement dits. Il renvoie plus généralement à une attitude herméneutique et à un genre littéraire dont on trouve maints exemples ailleurs, notamment dans les Talmuds, ou dans les *targoumim*, ces paraphrases araméennes de l'Écriture.

En règle générale, la littérature rabbinique classique présente trois caractéristiques déterminantes pour toute l'histoire ultérieure du judaïsme.

Elle traduit d'abord un souci fondamental du droit, la *halakha* en hébreu, laquelle ne concerne pas seulement le culte et la pratique religieuse mais enveloppe tous les aspects de la vie personnelle, familiale, économique et sociale.

Elle est ensuite foncièrement exégétique dans sa forme et

dans sa méthode. Cette exégèse n'aspire pas simplement à révéler le sens du texte scripturaire, mais à manifester l'unité fondamentale de la tradition écrite, biblique, et de la tradition orale. Lorsqu'elle touche aux questions légales, elle se tient à des règles contraignantes. Elle trahit en revanche une grande liberté d'approche dans le genre dit de la *agada*, littéralement « récit ». Ce dernier vocable renvoie d'ailleurs à des réalités textuelles diverses : développements théologiques ou éthiques, commentaires bibliques s'appuyant sur des détails apparemment insignifiants du texte scripturaire, ou proposant de celui-ci une réélaboration plus ou moins compatible avec son contexte – aussi bien que des récits proprement dits. Ces derniers, qui mettent en scène des héros bibliques, des sages, des personnages historiques, juifs et non juifs, et des gens du peuple, empruntent beaucoup de leur matière aux réalités quotidiennes du public auquel ils sont destinés.

Troisième trait fondamental de la littérature rabbinique classique, sa culture du débat. Si la quête de la cohérence ultime de la Loi guide bien les savants de différentes générations dont les enseignements et les échanges sont rapportés dans le Talmud, la contradiction n'est jamais éludée, mais au contraire savamment mise en scène. Comme cristallisation de la Loi orale et comme bien propre du peuple juif, le Talmud, son contenu législatif, mais aussi sa forme littéraire et sa méthode sont devenus indissociables de toute définition de l'identité religieuse et culturelle des juifs au Moyen Âge et au-delà. On comprend dès lors qu'il ait pu devenir l'une des cibles privilégiées de la polémique chrétienne contre le judaïsme, victime de la censure ecclésiastique et de maints autodafés.

La littérature rabbinique classique puise, on l'a vu, à pleines brassées dans l'héritage, déterminant, des communautés juives de Palestine. Mais elle se cristallise finalement comme littérature de l'exil. Et c'est le Talmud de Babylone dont l'autorité va en dernier recours s'imposer à l'ensemble du monde juif, en raison notamment de l'influence considérable que les centres babyloniens, prenant le relais de la Terre sainte, ont exercée sur une notable partie des communautés juives du VIIe au XIe siècle. Ainsi sa clôture signe-t-elle en un sens le début de la grande époque des diasporas.

II

LA GRANDE ÉPOQUE DES DIASPORAS (VIe-XVIIe siècles)

La grande époque des diasporas est aussi celle d'un développement du christianisme, de l'apparition et de l'expansion de l'islam, ainsi que de leur affrontement récurrent sur les scènes religieuse, politique et militaire. Face à ce nouveau contexte, le judaïsme reste partagé entre deux sentiments contradictoires : celui de sa défaite et celui d'une victoire relative.

Le sentiment d'une défaite, d'abord. Peuple minuscule et dispersé, privé de territoire et d'État, les juifs ploient partout sous la férule de plus puissants et de plus nombreux qu'eux. Désormais, « la loi du royaume est la loi ». En vertu de ce principe formulé au IIIe siècle, les communautés juives se jugent tenues de respecter les lois de l'État de leur lieu de résidence, y compris lorsque ces lois entrent en conflit avec la législation rabbinique. Cette règle ne vaut certes qu'en droit civil et pénal, pas en matière de pratique religieuse, mariage et divorce compris. Et les responsables communautaires, soucieux de préserver leur pouvoir et la cohésion de leurs administrés, veillent à éviter que ceux-ci ne recourent aux tribunaux non juifs. Mais l'équilibre n'est pas facile à trouver, qui préserve au mieux l'autorité de la loi juive et l'autonomie des communautés sans compromettre les relations de celles-ci avec l'État.

Mais au-delà de cette fragilité temporelle évidente, les signes plus discrets d'une victoire en marche semblent pouvoir être discernés. Le choc des puissances chrétienne et musulmane finira, rêve-t-on, par déboucher sur l'effondrement conjoint de l'une et de l'autre et sur la restauration espérée d'Israël. Et l'existence même de ces deux religions est déjà une victoire. Le « Dieu des juifs » est devenu le Dieu de tous. Les musulmans sont de rigoureux monothéistes. Seuls les chrétiens, pour qui Dieu s'est fait homme, cèdent encore au goût impie de la représentation. Mais des juifs médiévaux comme Moïse Maïmonide ou Juda Halévi ne s'y trompent guère. Si l'on veut rencontrer de vrais païens, idolâtres et polythéistes, c'est désormais « aux extrémités de la terre » qu'il faut aller les chercher. Partout ailleurs, adorateurs du bois de la Croix ou de la pierre de la Kaaba, tous se réclament du patriarche Abraham et « ne croient qu'en Dieu ». Christianisme et islam ne sont certes encore que d'imparfaites imitations du judaïsme. Mais leur apparition, pense-t-on, est un net progrès dans la marche de la vérité. Et le peuple d'Israël doit persévérer dans sa mission de témoin et de pédagogue obstiné de cette vérité, appelée à triompher dans sa pureté à la fin des temps.

Ainsi, partout où il se trouve, le judaïsme organise la résistance, une résistance spirituelle et religieuse, et plus largement culturelle, sans pourtant se couper du monde qui l'entoure, qu'il redoute, qu'il admire et qu'il imite.

A. En terre d'islam

1) La condition de dhimmi

L'islam se confronte dès sa naissance à la présence de communautés juives solidement implantées. Il y a des juifs dans la péninsule arabique où Mahomet commence sa carrière vers 610. Maître de Médine, il entre en conflit avec les trois tribus juives de la ville. Les répercussions de ces tensions sont sensibles dans certains passages du Coran dont se dégage une image négative des juifs. La situation change en 629 avec la prise de l'oasis de Khaybar. Il s'agit là du premier territoire conquis par les musulmans et soumis à leur autorité. Le Prophète concède aux juifs du lieu le droit d'y demeurer et d'y cultiver la terre, à condition de remettre aux musulmans plus de la moitié de leur production. Cet accord semble avoir servi par la suite de modèle pour gérer le statut, en terre d'islam, des sujets non musulmans se réclamant d'un Livre saint.

Après la mort de Mahomet, en 632, l'Empire musulman s'étend en effet bientôt sur un vaste territoire allant de l'Atlantique aux confins de l'Inde et de la Chine. Ces régions abritent des chrétiens, des juifs et des zoroastriens, qui bénéficient de la tolérance concédée aux « peuples du Livre ». Le Coran et la tradition, qui interdisent en principe de les convertir par la contrainte, règlent désormais en détail leur statut dans le cadre de ce qu'on appelle la *dhimma*, un terme qui signifie à la fois garantie, foi, protection, contrat ou pacte. Ses bénéficiaires portent le nom de *dhimmi*. Ils reçoivent la *dhimma* de Dieu et de son envoyé Mahomet. Leur soumission est réglementée par une sorte de convention en vertu de laquelle ils obtiennent de leurs maîtres musulmans la garantie de leurs droits publics et privés.

L'histoire des relations entre musulmans et non-musulmans en terre d'islam est tissée d'une série d'accommodements conjoncturels, variables selon les époques et les lieux. Les restrictions que la *dhimma* impose aux non-musulmans ont une portée autant symbolique que pratique. Elles manifestent l'autorité de l'islam et la supériorité des musulmans, l'un des principes de base de ce contrat étant le respect dû à la religion du vainqueur et à son Prophète. L'infériorité du « protégé » se définit ainsi en termes à la fois religieux et sociaux. Les religions non islamiques ne sont considérées que comme des formes inachevées de l'islam. On tolère les non-musulmans car on garde l'espoir de les convertir et parce que, dans la cité musulmane des premiers temps, ils assument une partie non négligeable des charges fiscales.

Leur infériorité est rendue visible dans la vie quotidienne. Ils sont obligés de se distinguer des musulmans par leur costume, leurs coiffures, leurs montures, ou le choix de leurs noms. Le turban et l'habit militaire leur sont interdits. Ils doivent tantôt se vêtir d'un manteau jaune, tantôt porter des ceintures ou des emblèmes spécifiques. Mais la véritable pénalité qui touche les « protégés » est l'acquittement d'un impôt de capitation, discrimination héritée des Empires iranien et byzantin. Ce n'est qu'en échange de ce paiement qu'ils obtiennent la garantie de leur vie et de leurs biens. En principe, le sol conquis appartient à la communauté musulmane. Les « protégés » ont néanmoins le droit d'exploiter leurs terres à condition de payer un impôt foncier dont les musulmans sont exemptés. Et en contrepartie des restrictions, il y a des privilèges. Les communautés « protégées » jouissent d'une grande autonomie de gestion de leurs affaires intérieures, de la liberté de commerce et d'industrie. Elles pratiquent notamment les métiers interdits aux musulmans ou délaissés par eux, et souvent y excellent : métiers de l'argent, banque, finance, commerce des métaux précieux.

Dans les premiers siècles de l'islam, les non-musulmans bénéficient ainsi globalement d'une réelle tolérance. Le profil économique des populations juives change, aussi bien en Palestine qu'en Orient. Incapables de s'acquitter de taxes foncières prohibitives, attirés par les nouvelles opportunités offertes par les villes, tels l'artisanat et le commerce, beaucoup abandonnent le travail de la terre. Les sociétés juives finissent par se transformer en groupes urbains. Malgré la persistance d'une importante couche de pauvres, la classe moyenne prend une ampleur considérable. Les juifs abandonnent l'araméen et le grec au profit de l'arabe et entrent en contact direct avec la culture arabo-islamique. Les conquêtes musulmanes contribuent enfin à l'unification d'une partie de la diaspora juive. Dès lors, l'Irak, la Perse et les provinces méditerranéennes font partie du même empire.

2) Bagdad et la Babylonie

À l'époque de la conquête arabe, la colonie juive de Babylonie forme une communauté séparée, bien organisée et de haute culture. Elle s'est développée sous le régime des Perses achéménides, puis des Grecs séleucides. Les désastres de 70 et de 135 y ont amené leurs lots de réfugiés de Judée. Et c'est surtout après l'avènement des Sassanides, en 226, que son histoire est le mieux connue. Elle développe une vie intellectuelle intense dont la rédaction du Talmud de Babylone est l'expression monumentale. L'Exilarque, descendant putatif du dernier roi de Judée, issu de la lignée de David, est le chef politique de la communauté.

Les conquérants arabes confirment cette organisation à leur arrivée. Mais elle n'est pas sans faille, ainsi qu'en témoigne le conflit qui, selon certains récits, favorise la cristallisation du karaïsme autour de la personnalité de Anan ben David, candidat malheureux à la charge d'Exilarque. Ce courant du judaïsme, apparu au VIIIe siècle, est caractérisé par son rejet de la tradition orale et par son attachement à la lettre de la Bible. Et certains de ses principes fondateurs ne sont pas sans rappeler quelques attitudes clés de l'islam auquel les auteurs karaïtes écrivant en arabe empruntent une part de leur terminologie. L'autorité des exilarques est par ailleurs peu à peu rognée par les familles de banquiers juifs, indispensables au pouvoir musulman, et véritables détentrices de la puissance économique et politique. Ils doivent en outre partager leur suprématie avec les chefs (*gueonim*) des académies qui font la gloire de la Babylonie juive.

À cette époque, ses dissensions internes, sa confrontation au judaïsme et au christianisme comme au dualisme manichéen amènent l'islam à se doter d'une théologie rationnelle, qui est aussi une apologie défensive, le *Kalam*, par ailleurs vivement critiqué par l'orthodoxie musulmane traditionaliste. Or le *Kalam* s'affirme très vite comme une réalité transconfessionnelle et un *Kalam* juif apparaît. Les intellectuels juifs, désormais arabophones, ont accès aux travaux des théologiens musulmans, et le judaïsme doit lui aussi faire face à des problèmes internes et aux défis que lui lancent les grands systèmes religieux concurrents. C'est Saadia Gaon, au Xe siècle, qui donne ses lettres de noblesse au *Kalam* juif avec son *Livre des croyances et des opinions*, l'une des premières présentations et justifications rationnelles des principes du judaïsme.

Le *Kalam* n'est pas encore complètement assimilable à une pratique philosophique. Mais lorsqu'il s'implante en Orient, l'islam entre en contact avec la philosophie grecque cultivée dans les milieux païens de Harran et parmi les chrétiens de Syrie et de Perse. Entre le VIIIe et le Xe siècle, sous l'impulsion du califat abbasside de Bagdad, une formidable entreprise de traduction met à la disposition des intellectuels de toutes confessions un corpus considérable de classiques grecs antiques. Prenant appui sur ce corpus, une philosophie arabo-musulmane se développe en Orient, puis, à partir du XIe siècle, en Espagne. C'est dans cet essor de la pensée musulmane que la philosophie juive puise l'essentiel de ses forces et trouve les plus vénérés de ses modèles. L'héritage gréco-arabe est repensé, assimilé, mais cette fois c'est à la vérité du judaïsme qu'est confrontée la vérité des philosophes. Cet héritage est d'autant mieux accepté que se développe un véritable mythe de la science perdue. Aristote aurait en fait été l'élève de Moïse, et les juifs médiévaux, se mettant à l'école des Arabes, eux-mêmes disciples des Grecs, ne feraient que recouvrer un bien égaré, d'origine et de nature indiscutablement juives...

3) En Espagne musulmane

La désintégration de l'Empire abbasside à la fin du Xe siècle et le développement d'un nouveau pôle musulman en terre ibérique ne vont pas rester sans effet sur la destinée de la minorité juive. Un siècle et demi plus tôt, Abd al-Rahman Ier, seul survivant de la famille royale omeyyade, évincée par un coup d'État, s'est en effet enfui en Espagne. Il a rétabli le règne de sa dynastie à Cordoue en 756. Lui et ses successeurs renforcent l'armée et la bureaucratie pour endiguer les tensions dans un pays largement divisé, et souhaitent recréer sur place les splendeurs de Bagdad, son art de vivre, sa culture et son artisanat. C'est alors que commence la prospérité juive en Espagne – *Sefarad* en hébreu. Très vite, le centre culturel de la diaspora juive se déplace de Babylonie en Espagne avec l'arrivée de talmudistes de renom qui perpétuent la tradition des académies orientales. Le nouveau régime favorise également le commerce méditerranéen désormais contrôlé par l'islam et au développement duquel participent les marchands des trois religions du Livre. Polyglottes, les juifs se taillent une place de choix dans ce commerce international.

L'avènement d'Abd al-Rahman III, premier calife de Cordoue au Xe siècle, coïncide ainsi avec le début d'un second

« âge d'or » juif en terre d'islam. Les juifs de cour de ce temps partagent les orientations culturelles et les options politiques des dirigeants musulmans. Hasdaï ibn Shaprout et Samuel ibn Nagrela (appelé aussi Samuel ha-Naguid, « le Chef »), à la fois politiciens et diplomates, poètes et médecins, ouverts au monde et pieux, illustrent à merveille cette évolution, qui couvre un siècle, de 950 à 1050. À la suite de l'invasion berbère du début du XIe siècle et de l'éviction de la dynastie omeyyade, Cordoue – qui reste cependant un centre juif important jusqu'au XIVe siècle – commence à décliner au profit d'une mosaïque de royaumes arabes et berbères qui se substituent à l'Andalousie unifiée. Des juifs de cour confiants en eux-mêmes, se distinguant dans la finance, l'administration et l'appareil d'État, y connaissent une ascension sans pareille. Les juifs sont alors actifs dans tous les domaines, y compris dans le travail de la terre. Mais ce qui frappe surtout, c'est la maturité culturelle atteinte dans certaines communautés juives ibériques, à Grenade, mais aussi Séville, Malaga, Lucène, Saragosse ou Tolède. Des auteurs nombreux et prolifiques s'illustrent dans des domaines variés : sciences et médecine, grammaire, philologie et exégèse biblique, poésie, philosophie...

C'est en Espagne que l'exégèse philologique et philosophique de l'Écriture acquiert ses lettres de noblesse. Les Arabes ont cultivé une langue, l'arabe, ayant permis une floraison littéraire exceptionnelle ; ils ont développé une grammaire et une lexicographie exemplaires et entrepris une exégèse méthodique du Coran. Suivant cet exemple, des grammairiens et des lexicographes juifs, tels Juda ben David Hayyuj ou Yona Ibn Janah, renouvellent la connaissance et l'approche de la langue et de la littérature bibliques et fraient la voie à une exégèse philologique capable de grandes audaces. Un nouveau genre de commentateurs apparaît, soucieux de déterminer le sens obvie du texte biblique. Ne se distinguant pas par sa science talmudique et ne puisant qu'avec réticence au vieux fonds du *midrach*, elle est sûre de pouvoir résoudre philologiquement les contradictions apparentes entre la lettre de l'Écriture et les dispositions légales transmises par la tradition orale. Elle est notamment représentée par Moïse Ibn Gikatilia au milieu du XIe siècle ou par Abraham Ibn Ezra au XIIe. Ce dernier, formé sur le sol ibérique mais écrivant en exil, en hébreu, et à destination d'un public non arabophone, à savoir les lettrés juifs de France, d'Angleterre ou d'Italie, a joué un rôle essentiel dans la diffusion hors d'Espagne des concepts, des méthodes et des acquis de ses prédécesseurs ibériques.

Un renouvellement comparable touche la poésie hébraïque. L'exemple de la poésie arabe, l'émergence d'un mécénat juif et l'apparition d'une figure nouvelle, celle du poète de cour, entraînent un bouleversement des formes et des contenus. La langue utilisée est désormais exclusivement biblique et les principes de la prosodie arabe sont adoptés. À côté d'une riche poésie liturgique se développe une abondante poésie profane : chants en l'honneur du vin, poèmes d'amour et poèmes de sagesse, chants funèbres et panégyriques, etc. L'originalité n'est pas *a priori* valorisée et ce n'est qu'à travers le respect de canons fort stricts que la personnalité du poète peut parfois se faire jour. Une foule d'auteurs de première grandeur apparaît, tels Salomon Ibn Gabirol, ou Moïse Ibn Ezra, auteur, en arabe, d'un important traité de poétique hébraïque, et Juda Halévi. Né à Tudèle vers 1075, ce dernier, tout en excellant dans la poésie courtoise, a conquis une place de choix dans la mémoire juive par ses poèmes religieux intégrés à la liturgie synagogale ainsi que par ses « Chants de Sion », où s'exprime une profonde nostalgie pour la Terre sainte.

Du IXe au XIIe siècle, le système de référence de la philosophie juive est le néoplatonisme médiéval. Cette école fleurit d'abord à Kairouan, en Afrique du Nord, mais elle connaît son heure de gloire en Espagne aux XIe-XIIe siècles avec des penseurs comme les déjà cités Salomon Ibn Gabirol, auteur d'un traité totalement dépourvu de caractère confessionnel qui sera traduit en latin, le *Fons vitae* (La Source de vie) – ou Abraham Ibn Ezra. Certaines productions majeures du judaïsme ibérique de cette époque n'entrent cependant pas dans ce cadre. Ainsi Bahya Ibn Pakouda, dans la seconde moitié du XIe siècle, signe-t-il une *Introduction aux devoirs des cœurs* qui doit autant au néoplatonisme et au *Kalam* qu'aux mystiques arabes et à leur théologie ascétique. Ou encore Juda Halévi – toujours –

auteur d'un *Livre de la réplique et de la preuve en faveur de la religion méprisée*, plus connu sous le titre de *Kouzari*. Construit sous la forme d'un dialogue, l'ouvrage raconte comment le roi des Khazars, inquiet de connaître la nature des œuvres agréées par Dieu, consulte successivement un philosophe, un chrétien, un musulman et un rabbin. C'est finalement ce dernier qui emporte sa conviction et le conduit à adhérer au message du judaïsme. Critique de la philosophie, Halévi place au centre de sa réflexion l'unicité de la vocation d'Israël, le peuple par lequel Dieu a fait irruption dans l'histoire et auquel il s'est révélé, et l'unicité du lien de ce peuple et de ce Dieu avec la Terre sainte.

Suivant une évolution amorcée en monde musulman, les penseurs juifs se rapprochent bientôt d'un aristotélisme de plus en plus net et dépendant de l'interprétation qu'en ont donnée les grands commentateurs arabes. Dans le même temps, la tension se fait plus forte entre foi positive et philosophie, entre traditionalistes fidéistes et penseurs rationalistes. L'œuvre d'un Moïse Maïmonide, né à Cordoue en 1138, signe l'apogée de cette évolution. Auteur de traités médicaux, Maïmonide a commenté la *Michna* en arabe, signé un *Livre des Commandements* et produit en hébreu un code systématique de la Loi juive en quatorze volumes. Mais il est également le plus éminent représentant de l'aristotélisme juif médiéval avec le *Guide des égarés*, écrit en arabe et rapidement traduit en hébreu.

Cet ouvrage s'adresse à ceux que les contradictions apparentes de la philosophie et de la religion ont conduits à douter de la vérité de l'une ou de l'autre. Très commenté, par les philosophes comme par les mystiques, il a exercé une influence dominante sur tout le développement ultérieur de la pensée juive. Mais volontairement ambigu, ne dévoilant qu'à demi un message qui ne doit atteindre que ceux à qui il est destiné, il a suscité maints débats. En démontrant l'existence, l'unité et l'incorporalité de Dieu sur la base de l'éternité du monde (alors que selon le credo juif le monde a été créé du néant), en développant une exégèse allégorisante des passages de l'Écriture dont une lecture littérale contredit les enseignements de la raison, en identifiant le prophète à un philosophe accompli, en faisant de la connaissance la condition de l'accès à l'immortalité, et en donnant au philosophe la préséance sur le talmudiste, Maïmonide soulève en fait autant de problèmes qu'il n'en résout. Et les résistances croissantes que son enseignement suscite vont signer les débuts du lent reflux, en monde juif, d'un universel et d'une rationalité philosophique et scientifique appris chez les Grecs et enseignés par les Arabes.

4) La fin de la coexistence

Né à Cordoue, Maïmonide est mort à Fostat, l'ancien Caire, en 1204. Très jeune, il a fui avec sa famille une Espagne musulmane de plus en plus hostile aux juifs. Et c'est en Égypte qu'il a passé l'essentiel de son existence. D'autres, à la même époque, se voient contraints, à regret, de gagner au nord l'Espagne chrétienne, voire des terres plus septentrionales encore – Abraham Ibn Ezra alla jusqu'en Angleterre.

Cette instabilité nouvelle a des racines profondes. Les victoires de la *Reconquista*, la « reconquête » chrétienne de l'Espagne, ont débuté avec la prise de Tolède en 1085. Elles ont poussé les dirigeants musulmans de Séville à recourir à l'aide des Almoravides d'Afrique du Nord, lesquels, en raison de leur zèle religieux, ont mené la vie dure aux juifs. Ceux-ci se sont certes remis de cette nouvelle situation et dans le premier quart du XIIe siècle leur vie culturelle est restée florissante. Mais la *Reconquista* se poursuit, de nombreuses villes musulmanes tombent sous la coupe des chrétiens, tandis que les Almohades du Maroc, fanatiques et intolérants, assoient leur domination sur l'Andalousie.

De manière générale, à partir des XIIe-XIIIe siècles, tant en Occident musulman qu'en Orient, le durcissement est considérable. Un nouveau rapport de force s'est peu à peu instauré. Les « protégés », de majoritaires qu'ils étaient dans les contrées sous domination musulmane, sont devenus minoritaires. Après les Croisades, le monde islamique accuse un affaiblissement aussi bien économique que politique par rapport à la Chrétienté et le statut des non-musulmans s'y détériore. Mesures restrictives et ségrégation sociale sont alors renforcées.

En 1492, le royaume de Grenade tombe entre les mains de ceux qu'on appela bientôt les Rois catholiques. C'est la fin de toute présence non chrétienne indépendante sur le sol ibérique. La tradition de pensée et de spiritualité juive orientale et sépharade, née à Bagdad, grandie en Afrique du Nord puis en Espagne musulmane n'est pas morte pour autant. Des continuateurs, qui écrivent en hébreu, lui assurent déjà une seconde vie en Espagne chrétienne et dans le sud-est de la France. Elle se déploie dorénavant à l'ombre de la Chrétienté, où fleurit aussi, depuis quelques siècles, une autre branche du judaïsme, celle de France et d'Allemagne – en hébreu *Tsarfat* et *Achkenaz*.

B. En terre chrétienne

1) Une minorité protégée mais fragile

En Occident latin, la présence juive a rayonné à partir de Rome, où s'étaient réfugiés les exilés de la Palestine occupée puis écrasée. L'installation de l'Église née de la prédication de Jésus et de Paul dans la capitale impériale porte de fait les juifs à chercher refuge dans des contrées éloignées du centre.

Leur condition est très tôt placée sous le signe d'une relative ambiguïté. En effet, conformément aux enseignements d'Augustin, Père de l'Église mort en 430, le christianisme tient les juifs pour les porteurs d'un livre, l'Ancien Testament, qui atteste la vérité chrétienne, mais dont la signification leur demeure cachée. N'ayant reconnu ni la messianité ni la divinité de Jésus, ils sont condamnés à la condition humiliée qui est la leur jusqu'à leur ultime conversion. Leur châtiment doit être visible, mais leur existence est indispensable. Aussi, si l'Église rogne peu à peu leurs privilèges et les écarte progressivement de la vie sociale, elle ne vise pas à leur annihilation. Leur qualité de peuple témoin les protège.

Au-delà de ces motifs religieux, leur utilité économique plaide également en leur faveur, nonobstant les incapacités qui les touchent. Et malgré les épreuves qui les frappent de manière récurrente au long du Moyen Âge, leur condition reste longtemps plus enviable que celle, par exemple, des serfs, ne serait-ce que par la relative mobilité dont ils jouissent et qui les autorise à se déplacer d'une seigneurie à l'autre. Ils ne sont pas non plus la seule minorité présente en terre chrétienne. Leur persécution sous sa forme la plus aiguë n'a jamais été systématique. De même, lorsqu'on parle de « ghettos » à cette époque, il s'agit d'abord de quartiers où les juifs se regroupent de leur propre gré, et où vivent également quelques chrétiens. Ce n'est que tardivement qu'une législation restrictive en fera un lieu de résidence séparé, voire fermé, et obligatoire. L'autonomie interne dont bénéficient les communautés juives permet leur préservation en tant que « nationalité distincte ». Elles n'en ont pas moins d'importants contacts économiques et culturels avec l'extérieur.

Il n'y a donc pas lieu de s'imaginer les juifs médiévaux vivant dans l'isolement et la misère, continuellement poursuivis. Durant les longs siècles qui ont précédé leur accession à la citoyenneté, les populations juives croissent démographiquement plus vite que les populations chrétiennes. Exemptés de service militaire, sauf quelques exceptions, et en raison de leur neutralité, ils ne sont pas décimés comme l'ont été les chrétiens pendant les guerres de religion qui ont déchiré l'Europe. De même, grâce aux structures d'entraide qu'ils développent, ils sont moins touchés par la pauvreté que d'autres couches de la population, comme les paysans. Au début du Moyen Âge, ils exercent d'ailleurs des métiers semblables à ceux de leurs voisins chrétiens. Ce n'est que plus tard que des réglementations resserrent fortement l'éventail d'activités qui leur restent ouvertes, en tête desquelles vient le prêt à intérêt, ce qui les désigne à la vindicte populaire en temps de crise économique.

La formation du futur judaïsme achkénaze s'amorce à l'époque carolingienne, à partir du partage de l'Empire en 843. Cet ensemble ethnico-culturel et liturgique s'étend du nord de la France jusqu'à la Slavonie. Évalué à 4 000 âmes en l'an mil, il en compte 20 000 en pays germanique en 1096, à la veille de la première croisade, laquelle s'accompagne, notamment dans la vallée du Rhin, de violentes persécutions, donnant lieu à des phénomènes de suicide collectif. Cette tribulation marque profondément les mentalités et la spiritualité du judaïsme achkénaze. Dans l'Empire germanique, l'autorité centrale avait considéré les juifs comme rattachés à elle, ce qui les soustrayait en général au pouvoir des seigneurs ou des princes. Le cloisonnement consécutif à l'émiettement de cet Empire, entre Rhin et Loire, en domaines dotés chacun de sa propre organisation, transforme les juifs en sujets de leurs seigneurs, sans toutefois que cela implique le servage. Désormais, leur statut varie d'une seigneurie à l'autre.

Au XIIe et au XIIIe siècle, toutefois, un peu partout en Occident chrétien, apparaissent les symptômes d'une dégradation de la condition juive. L'antijudaïsme de nature théologique cultivé par l'Église finit par contaminer l'ensemble de la société. Cette forme ancienne d'hostilité à la religion juive et à ses fidèles, liée à l'ambiguïté des rapports du christianisme avec le judaïsme, tend à gagner en radicalité. L'Église, « vrai Israël » spirituel, durcit peu à peu son attitude à l'égard de l'Israël charnel « déchu », peuple « déicide » tenu pour responsable de la mort de Jésus. Campagnes de conversion par la persuasion, persécutions violentes, conversions forcées, diabolisation et ségrégation systématique gagnent du terrain.

Désormais, les accusations de profanations d'hosties se multiplient, ainsi que les calomnies de meurtre rituel, des juifs étant périodiquement accusés d'avoir assassiné un enfant chrétien, à la période de la Pâque juive, pour utiliser son sang dans la préparation de leur pain azyme. Le règne de Saint Louis se signale par le brûlement du Talmud et par une série de mesures dirigées contre les juifs, dont l'interdiction en 1254 du prêt à intérêt, devenu alors l'un des rares métiers leur demeurant accessibles. En 1269, obligation leur est faite de porter un signe distinctif. Les expulsions de juifs se succèdent en Europe. En 1290, ce sont celles d'Angleterre et de Gascogne. Des expulsions locales sont décidées en Allemagne et en Italie. Philippe le Bel chasse les juifs de France en 1306, Charles VI à nouveau en 1394.

De fait, le Moyen Âge finissant est une période de profonds malaises pour un Occident chrétien secoué par des crises sociales, économiques, politiques et religieuses. Une culture et une spiritualité juives florissantes ne s'y en sont pas moins développées au fil des siècles.

2) Cultures juives du Nord

Certes, en France du Nord et en Allemagne du Sud, on n'observe rien d'équivalent aux bouleversements connus par les communautés juives orientales et ibériques. Point de menace karaïte, ici, ni de défi philosophique. Les rapports avec la culture environnante ne semblent pas de même nature ni de même intensité, encore que les points de contact entre l'exégèse juive de ces régions avec l'exégèse chrétienne soient réels. Enfin, à la différence de leurs homologues espagnols, les exégètes, qui ne sont pas seulement des biblistes, commentent aussi abondamment le Talmud et la littérature liturgique.

Dès la deuxième moitié du Xe siècle, une importante école talmudique est ainsi fondée à Mayence. Son élève le plus illustre est Guerchom ben Juda, appelé « Lumière de l'Exil ». Natif de Metz, maître du Talmud, introduit depuis peu sur le continent, il forme nombre de disciples en France, en Italie et en Allemagne. Les ordonnances dont on lui a attribué la paternité vont marquer durablement la vie des communautés et contribuer entre autres à une amélioration du statut de la femme juive (interdiction de la polygamie notamment).

Autre figure majeure, Rachi, acronyme de Rabi Chelomo Itshaki (Rabi Salomon fils d'Isaac), est né en 1040 à Troyes en Champagne. Formé dans les académies de Mayence et de Worms, il regagne sa ville natale, où il fonde sa propre école. Ses commentaires, parsemés de plusieurs milliers de termes champenois appartenant à l'archéologie de la langue française, sont encore aujourd'hui au cœur de l'étude juive traditionnelle. Comme exégète de l'Écriture, Rachi ne cherche pas tant à cerner le sens purement grammatical ou littéral des textes qu'il élucide qu'à restituer pour ses lecteurs la cohérence profonde du discours biblique, et pour ce faire, il n'hésite pas à puiser, quoique de manière méthodique et sélective, dans l'antique fonds talmudique et midrachique. La tradition d'exégèse biblique qu'il a inaugurée se poursuit, diversement infléchie, chez un Joseph Karo, un Samuel ben Méir (ou Rachbam) ou un Joseph Bekhor Shor. Son travail sur le Talmud est de même prolongé par ceux qu'on appelle les « tossafistes » – auteurs de *tossafot* (suppléments).

Centralité du Talmud et subtilité de l'analyse légale ne sont pas les seuls traits saillants de ce judaïsme. Entre 1150 et 1250, en Allemagne du Sud et dans la vallée du Rhin, un courant piétiste se développe, celui des *Hassidei Achkenaz*, dont les principaux protagonistes sont les membres d'une grande famille de savants, les Kalonymides, originaires du nord de l'Italie. Il s'agit peut-être d'une réponse au traumatisme des massacres ayant accompagné la progression de la première croisade, en 1096, mais son éclosion s'inscrit surtout dans le cadre d'un épanouissement culturel général du judaïsme européen. Sa contribution est double. Théologique, avec le développement d'une doctrine de la Gloire divine, l'une des puissances divines secondaires dont la médiation, Dieu restant lui-même caché et immuable, assure la possibilité de la prophétie et l'efficacité de la prière. Contribution éthique ensuite, avec *Le Livre des Piétistes*, en grande partie rédigé par Juda le Pieux, mort en 1217.

Au XIIe siècle, Simha ben Samuel de Vitry compose le premier véritable recueil liturgique des juifs du nord de l'Europe, le *Mahzor de Vitry*. Puis ce sont Juda Sire Léon de Paris, chef d'une école qui connaît ses heures de gloire au XIIIe siècle, et ses élèves Moïse de Coucy, auteur d'un code, le *Grand livre des préceptes*, et Yéhiel ben Joseph de Paris, qui, à la mort de son maître, prend la tête du centre parisien et crée également une antenne à Acre en Terre sainte. Viticulteurs, éleveurs ou commerçants, ces maîtres tiennent école en Champagne, en Normandie, en Lorraine, en Bourgogne, en Île-de-France, en Angleterre. Leurs disciples diffusent le mouvement vers la Bohême, la Russie et l'Allemagne.

La Pologne, quant à elle, abrite une présence juive dès les débuts de l'ère chrétienne. Mais ce n'est qu'après les Croisades, qui ont déstabilisé la vie juive allemande, qu'elle devient un centre important. Les premières vagues d'immigration datent du XIIIe siècle, particulièrement en provenance de l'Empire germanique, mais aussi de Bohême, de Moravie, d'Italie, d'Espagne, de Crimée et des steppes russes. Au début du XVe siècle, il y a de 10 000 à 15 000 juifs en Pologne, 150 000 le siècle suivant. Ils y importent leur organisation communautaire, leurs normes religieuses, leur modèle d'enseignement, leur manière de prier, ainsi que le yiddish, forme de judéo-allemand, qui devient la langue commune des juifs d'Europe centrale et orientale.

3) Provence et Espagne chrétienne

Pendant ce temps, à l'autre extrémité du continent, au sud de la France, des Pyrénées aux Alpes, un nouveau centre s'est épanoui. Abritant des écoles talmudiques renommées, à Narbonne, Lunel, Montpellier et Arles, la Provence connaît au XIIe siècle l'un de ses plus célèbres juristes en Abraham ben David de Posquières, sévère critique de Maïmonide, à qui il reproche son entreprise de codification systématique du droit juif, lui préférant une approche analytique, fondée sur les textes de référence et le classement chronologique des lois. Mais la Provence ne s'illustre pas seulement sur le terrain juridique. L'arrivée aux XIIe et XIIIe siècles de juifs arabophones fuyant l'Espagne où guerroient musulmans et chrétiens induit un important apport philosophique. Dans un cadre urbain, de calme relatif et de prospérité économique, un centre florissant de traduction voit le jour. Les familles Kimhi et Ibn Tibbon traduisent de l'arabe en hébreu les classiques de la pensée judéo-arabe. Les textes scientifiques gréco-arabes, les œuvres d'auteurs musulmans, Avicenne et surtout Averroès, deviennent également accessibles en hébreu.

La traduction du *Guide des égarés* de Maïmonide et l'extrême valorisation, dans certains milieux, de la culture scientifique et philosophique suscitent toutefois d'âpres querelles. Une controverse éclate vers 1230, qui reprend vers 1303. Elle porte sur les dangers de la recherche philosophique pour la foi. Les anti-maïmonidiens cherchent à faire interdire ou à restreindre l'enseignement des sciences profanes. Cette lutte fratricide provoque l'ingérence des maîtres espagnols dans les affaires des communautés de France méridionale et suscite excommunications et contre-excommunications. En 1233, les œuvres philosophiques de Maïmonide sont brûlées publiquement par les Dominicains à la demande des anti-maïmonidiens, à Montpellier selon les uns, à Paris selon d'autres. Mais tout cela ne suffit pas à ruiner la tradition rationaliste provençale. Levi ben Gerson de Bagnols, appelé communément Gersonide, philosophe et théologien, commentateur d'Averroès et exégète biblique, talmudiste, mathématicien et logicien, produit une œuvre audacieuse, indépendante et appelée à exercer une grande influence. Et Moïse de Narbonne, au XIVe siècle, commente les Arabes Ghazali, Ibn Tofayl et Averroès ainsi que le *Guide des égarés* de Maïmonide.

Terre de philosophie, la Provence est aussi le lieu de naissance de la kabbale. Ce terme, dérivé de l'hébreu *kabala* (litt. « tradition »), désigne les enseignements mystiques et ésotériques du judaïsme. C'est en Provence, entre 1150 et 1200, qu'a été compilé le *Livre de la clarté* (*Sefer ha-Bahir*), la source la plus ancienne à présenter le système des dix forces cosmiques et premières manifestations du Divin qui, sous le nom de *sefirot,* joueront un rôle essentiel dans tous les développements ultérieurs de la kabbale. Celle-ci trouve ses premiers représentants languedociens aux XIIe-XIIIe siècles en Abraham ben Isaac de Narbonne, le déjà cité Abraham ben David de Posquières, ou encore Isaac l'Aveugle, chez qui apparaît pour la première fois le terme de *Ein-Sof,* littéralement le « Sans-fin », désignant Dieu en tant qu'il est caché et inconnaissable. Née dans le sud-est de la France, la kabbale se transplante rapidement en Catalogne, qui entretient avec cette région des liens étroits.

De l'autre côté des Pyrénées, dans un contexte sociopolitique bouleversé par la *Reconquista*, tradition rationaliste, renouveau fidéiste et pensée mystique se partagent la scène intellectuelle et religieuse, et parfois s'affrontent. Le zèle rechristianisateur qui sévit en Europe touche aussi la péninsule Ibérique où il tend à marginaliser progressivement les juifs. Il aboutit au pogrome de 1391, à Séville, qui s'étend par la suite au reste du pays. Des milliers de juifs sont tués. Un grand nombre est contraint à l'apostasie pour échapper aux persécutions. Entre 1391 et 1412, environ 100 000 juifs se seraient convertis. Une Inquisition locale commence à fonctionner dès 1481 pour extirper la prétendue hérésie de ces « nouveaux chrétiens », juifs convertis récents ou descendants de juifs convertis suspectés de continuer à pratiquer le judaïsme en secret.

Alors que ses contacts avec la pensée arabe vivante se distendent, la philosophie juive doit faire face aux défis d'une propagande chrétienne de plus en plus pressante. Accusée d'encourager un allégorisme débridé, de saper les principes de la foi et de susciter un relâchement de la pratique religieuse, elle est la cible d'attaques virulentes. Elle connaît cependant encore quelques penseurs importants. Auteur d'une réfutation des dogmes chrétiens rédigée en catalan, mais seulement conservée dans sa traduction hébraïque, Hasdaï Crescas écrit au lendemain des grandes persécutions de 1391. Sévère critique de Maïmonide et impitoyable censeur de Gersonide, il se situe dans la tradition fidéiste illustrée avant lui par un Juda Halévi. Au XVe siècle, la philosophie juive n'est plus guère représentée que par des épigones qui se préoccupent de définir les dogmes ou les principes fondamentaux du judaïsme. Isaac Abravanel, ultime représentant de l'école espagnole, meurt en Italie en 1508.

Face à ce déclin relatif de la philosophie, la kabbale ne cesse de marquer des points. Gérone en devient un centre majeur entre 1210 et 1260. Auteurs de commentaires comme d'ouvrages purement kabbalistiques, les Géronais doivent se défendre d'avoir introduit des doctrines subversives à l'intérieur du judaïsme, mais ils peuvent aussi à l'occasion se présenter, face au camp maïmonidien, comme les représentants d'une authentique orthodoxie. Ils combinent les acquis de la kabbale languedocienne à ceux de la pensée juive d'inspiration gréco-arabe, le thème de la création *ex nihilo* à l'émanatisme de la tradition néoplatonicienne, selon lequel les êtres multiples qui forment le monde procèdent de l'Un absolu en un mouvement progressif et continu. L'un des maîtres les plus éminents de cette école est Moïse Nahmanide. Poète liturgique, prédicateur, il est aussi un brillant juriste, à la croisée des traditions française et espagnole. Il est contraint, en 1263, à Barcelone, de participer à une disputation publique organisée en présence du roi Jacques Ier d'Aragon qui l'oppose au théologien d'origine juive, le dominicain Paul Chrétien, et dont il a fourni un compte rendu. Il gagne finalement la Terre sainte où il achève un commentaire du Pentateuque associant éléments philosophiques, midrachiques et mystiques. À la même époque, peut-être à Tolède, le cercle anonyme *Iyoun* (littéralement « Contemplation » en hébreu) développe une mystique du langage associée à une mystique des Lumières. Par ailleurs, chez certains auteurs, tel Isaac ben Abraham Ibn Latif, c'est l'inspiration philosophique qui l'emporte sur les spéculations d'ordre théosophique (relatives à la science des mystères divins), tandis que d'autres, tel Todros ben Joseph Ha-Levi Aboulafia, chef de la communauté juive de Castille, optent pour une kabbale purement gnostique, très préoccupée par le problème du mal radical.

La seconde moitié du XIIIe siècle est dominée par deux personnalités hors du commun : Abraham Aboulafia et Moïse de León. Le premier, développant une kabbale prophétique, est l'initiateur d'une mystique du langage débouchant sur une expérience extatique où le kabbaliste devient à lui-même comme son propre Messie. Son disciple le plus célèbre est Joseph Gikatilia, auteur d'un ouvrage sur l'alphabet, les signes vocaliques de l'hébreu et les noms divins. Les contacts qu'il noue avec Moïse de León à partir de 1280 le font cependant passer à la kabbale théosophique. Et c'est finalement dans le *Sefer ha-Zohar*, le *Livre de la splendeur*, un texte pseudépigraphique écrit en araméen et attribué à Siméon bar Yohai, un maître juif de Terre sainte du IIe siècle, que les doctrines théosophiques de Moïse de León et de son école trouvent leur expression achevée. Le *Zohar* a fini par acquérir dans le judaïsme un prestige comparable à celui de la Bible et du Talmud. Fruit de la rencontre de la kabbale de Gérone et de la kabbale de Castille, il n'offre pas un exposé de théologie systématique, mais engage une réinterprétation kabbalistique de tout l'univers du judaïsme. Traquant la signification cachée de chacun des mots et commandements de la Loi, il réagit aux progrès de l'exégèse littéraliste et du rationalisme ainsi qu'au relâchement de la pratique religieuse. Il porte une attention particulière aux mystères du monde des *sefirot* et de la vie divine et développe un symbolisme d'une grande force, appelé à marquer l'histoire postérieure de la mystique juive.

Le XIVᵉ et le début du XVᵉ siècle constituent une période féconde de l'histoire de la kabbale, laquelle continue de se développer dans la Péninsule, tout en se diffusant à l'extérieur. L'influence du *Zohar*, d'abord limitée à l'Espagne et à l'Italie, se déplace peu à peu vers l'est. En Italie, Menahem Rekanati rédige un commentaire ésotérique du Pentateuque, tandis que de Byzance proviennent deux œuvres majeures : le *Sefer ha-Pelia*, sur le début de la Genèse, et le *Sefer ha-Kana*, sur la signification des commandements. Le XVᵉ siècle se distingue cependant par une détérioration de la condition juive en Espagne et aucun texte kabbalistique important n'est bientôt plus composé dans ce pays.

4) *La fin du Moyen Âge juif*

Les conditions sont désormais réunies pour permettre la conclusion logique des efforts de rechristianisation déployés depuis le XIIIᵉ siècle et pour entamer la construction d'une Espagne religieusement unifiée dans le cadre d'une monarchie toujours plus centralisée. Dans ce contexte, la présence des juifs est de plus en plus perçue comme indésirable. En 1492, sitôt Grenade arrachée aux musulmans, Ferdinand d'Aragon et Isabelle de Castille promulguent un décret condamnant à l'exil les juifs qui n'accepteraient pas de se convertir. À la fin du mois de juillet de la même année, les derniers juifs restés fidèles au judaïsme quittent l'Espagne chrétienne. On estime leur nombre entre 100 000 et 150 000.

Beaucoup se dirigent vers le Portugal, la Navarre, l'Italie. Parmi ceux qui gagnent des terres musulmanes, renouant après des siècles avec le régime de la *dhimma*, certains, en nombre limité, débarquent en Afrique du Nord, entrant en contact avec des juifs autochtones enracinés là depuis des siècles. Soit ils s'agrègent à eux, soit, comme dans le nord du Maroc, ils reconstituent des communautés séparées, fidèles à leur héritage culturel et linguistique. D'autres, plus nombreux, s'installent dans l'Empire ottoman. 12 000 familles, soit 60 000 personnes, y auraient élu domicile entre 1492 et le milieu du XVIᵉ siècle. Face aux juifs romaniotes des territoires anciennement byzantins, hellénophones et porteurs d'une antique tradition spécifique, comme face aux juifs arabisés des confins orientaux de l'Empire et notamment de Terre sainte, les expulsés, brisés par l'exil et les épreuves nombreuses qu'ils ont traversées, n'en demeurent pas moins attachés à leur langue, le judéo-espagnol, à leur histoire et à une tradition culturelle dont le rayonnement, au fil des siècles, s'est étendu à l'ensemble du monde méditerranéen, voire à l'ensemble du monde juif.

Le XVIe siècle coïncide ainsi avec le début d'un basculement vers l'Est du centre de gravité de la diaspora juive. Croisades, persécutions, expulsions ont fini par vider l'Occident de ses juifs, exception faite de rares enclaves, telles, notamment, les États pontificaux, le Comtat Venaissin, Avignon ou l'Italie. Mais bientôt un nouveau pôle apparaît au nord de l'Europe, alimenté par l'arrivée massive de marranes fuyant l'Inquisition.

C. LE TOURNANT DES XVIe et XVIIe siècles

1) L'expérience marrane

En effet, les persécutions espagnoles de 1391, l'expulsion de 1492, puis la conversion forcée des juifs portugais en 1497 ont créé dans la péninsule Ibérique un problème « marrane ». Existant en castillan et en portugais, dérivé de l'arabe où il a plus largement le sens de « ce qui est interdit », ce mot, qui en est venu à signifier « porc », viande dont la consommation est prohibée par le judaïsme et par l'islam, a été au départ employé d'une manière injurieuse en Castille pour désigner notamment les juifs convertis au christianisme. L'ascension rapide de ces « nouveaux chrétiens » et de leurs descendants suscite l'hostilité des chrétiens de souche qui les suspectent de continuer à judaïser clandestinement. Le baptême n'assure plus une immunité suffisante aux convertis et descendants de convertis, impitoyablement poursuivis ou exclus, en raison de l'« impureté » de leur sang, de charges et institutions diverses. Et la pression inquisitoriale croissante, la férocité de ses enquêtes, les procès et les exécutions favorisent paradoxalement l'apparition d'une religion spécifiquement marrane.

Les marranes (ou crypto-juifs) ont renoncé aux signes

visibles du judaïsme, ils essaient de vivre à l'extérieur comme de bons chrétiens, et la religion qu'ils pratiquent secrètement est distincte du judaïsme normatif. La circoncision est rarement observée, les pratiques funéraires partiellement sauvegardées. La liturgie est essentiellement en langue vernaculaire, connue par cœur et communiquée oralement. Le culte associe à des pratiques chrétiennes des vestiges de pratiques juives, ainsi que des pratiques nouvelles, instituées par les marranes eux-mêmes. Une subculture spécifique, transmise dans le plus grand secret, se cristallise, qui consolide l'identité du groupe. Ses meilleurs gardiens sont les femmes, que l'on voit défiler dans les procès inquisitoriaux. Ses deux fondements essentiels sont le rejet des dogmes chrétiens et la ferme conviction d'appartenir au peuple d'Israël, qui vénère un Dieu unique et attend le Messie qui accomplira sa rédemption en Terre sainte. Ce fort sentiment d'adhésion et l'espérance qui le porte s'expriment dans les fièvres messianiques agitant les groupes marranes dès le XVIe siècle. Ajoutés aux persécutions subies, ils expliquent les vagues d'émigration et de retour, hors péninsule Ibérique, au judaïsme. Entre le XVIe et le XVIIe siècle, des milliers de marranes se dispersent ainsi dans les colonies hispano-portugaises, mais surtout aux Pays-Bas, dans le sud-ouest de la France, en Allemagne, en Angleterre, en Afrique du Nord et en Orient, où ils recherchent sécurité et liberté de pensée même lorsqu'ils restent catholiques. Beaucoup s'intègrent aux communautés sépharades déjà existantes et reviennent, quoique parfois avec difficulté, au judaïsme normatif.

Le cas des Pays-Bas illustre bien l'ambiguïté, annonciatrice de modernité, de l'identité marrane ou post-marrane. Fuyant le zèle renouvelé de l'Inquisition dans les années 1590, les marranes arrivent en grand nombre sur le territoire du nouvel État calviniste. Le retour à une pratique juive ouverte est autorisé à partir de 1616. Entre 1610 et 1674, la population d'origine marrane d'Amsterdam est multipliée par douze. Ces « nouveaux juifs » jouent un rôle important dans le commerce avec les territoires espagnols et portugais du Nouveau Monde. Des personnalités comme Orobio de Castro et Menasseh ben Israël, au XVIIe siècle, s'illustrent dans la popularisation et la défense de la foi juive. Mais réticences et oppositions ne manquent pas. Certains anciens marranes ont du mal à adhérer à une orthodoxie juive très éloignée de la religion marrane qu'ils ont connue et l'expérience de double identité qu'ils ont vécue jusqu'ici les prédispose parfois au relativisme et à assumer une forte liberté critique. De ce point de vue, le cas de Spinoza est exemplaire. Celui-ci s'émancipe de toute tradition religieuse, développe une critique radicale des Écritures et contribue à l'éclosion, en Occident, d'une modernité philosophique.

2) Regain kabbalistique, nouvelles épreuves

En Orient, l'existence de fortes communautés de juifs ibériques expulsés toujours restés fidèles au judaïsme favorise la réintégration, plus harmonieuse, des vagues successives d'immigration marrane. Ce sont les Sépharades qui apportent l'imprimerie dans l'Empire ottoman. Les écoles se multiplient où l'on vient de loin pour étudier. De grands maîtres contribuent au développement d'une vie intellectuelle riche et créative. Et la Terre sainte est le théâtre d'un renouveau essentiel de la pensée kabbalistique.

C'est ce dont témoignent les productions du centre de Safed, devenue vers 1530 l'une des grandes capitales spirituelles du judaïsme méditerranéen, et particulièrement la kabbale développée par Isaac Louria Achkenazi et ses disciples, notamment Hayim Vital. La kabbale lourianique s'articule autour de trois moments cosmogoniques essentiels : 1) le *tsimtsoum,* la « contraction » ou rétractation du divin permettant de dégager un espace où les mondes puissent trouver place ; 2) le « bris des vases », quand, au cours du processus d'émanation, les réceptacles destinés à recevoir la lumière divine se brisent, les étincelles de cette lumière se mêlant aux « écorces » des forces du mal ; 3) le *tikoun,* enfin, cette « réparation » qui est aussi séparation de ce qui est mêlé, à laquelle le peuple juif collabore activement. En effet, l'exil et la dispersion d'Israël coïncident avec l'exil et la dispersion du divin et le peuple juif a pour mission de rassembler les parcelles de sainteté dispersées parmi les Gentils, en un processus de rachat que parachèvera la venue du Messie. Alors rédemption cosmique et rédemption d'Israël coïncideront exactement.

Il n'y a pas lieu de surestimer la charge messianique et potentiellement subversive de la kabbale produite après l'Expulsion. Une large part de l'activité intellectuelle des mystiques juifs ibériques dispersés se présente d'ailleurs comme résolument conservatrice, traduisant le souci de rassembler un héritage et exprimant un besoin de stabilité religieuse et sociale. Mais les effets à long terme des traumatismes de 1492 en Espagne et de 1497 au Portugal, l'épisode marrane et certains des ferments kabbalistiques qui lèvent en Galilée au XVIe siècle, et dont l'influence finit par s'étendre à tout le monde juif, y compris en terre achkénaze, n'en ont pas moins contribué à rendre possible l'explosion sabbatéenne du XVIIe siècle. À quoi s'ajoute une nouvelle épreuve, qui frappe cette fois le judaïsme polonais.

Dès le XVIe siècle, les communautés juives d'Europe orientale, en pleine croissance, se sont dotées d'une direction centralisée, le Conseil des Quatre Pays, contrôlant les activités juives de la Grande et de la Petite Pologne ainsi que des provinces de Lemberg et de Volhynie. Mais la prospérité du judaïsme polonais est brutalement mise à mal par les émeutes qui accompagnent la révolte cosaque dirigée par Bogdan Chmielnicki et qui se soldent, en 1648-1649, par des massacres de juifs. Certains ne doivent leur survie qu'à leur capture par les Tartares qui les revendent dans les marchés aux esclaves d'Istanbul où ils sont achetés par leurs coreligionnaires ottomans. Même si ces persécutions ne visaient pas seulement ni spécifiquement les juifs et n'avaient pas en vue leur conversion au christianisme, les chroniqueurs juifs, tel Nathan Hannover, vont leur donner une signification religieuse, exalter le sacrifice des martyrs et renforcer la tradition de mémoire souffrante qui s'était cristallisée en monde achkénaze dès l'époque des Croisades.

3) L'aventure sabbatéenne et ses suites

Les massacres de Chmielnicki vont aussi profondément impressionner un juif de Smyrne : Sabbataï Tsevi. Né en 1626, il avait reçu une éducation juive traditionnelle et était entré assez jeune en contact avec la kabbale. Il adopte vite un comportement excentrique, alternant de grands moments d'exaltation et de sombre désespoir. Les autorités juives de la ville le contraignent à partir. Des événements décisifs interviennent en 1656 quand Tsevi, alors au Caire, rencontre Nathan de Gaza. Celui-ci le déclare messie et répand la nouvelle de son avènement. Lors de son séjour à Smyrne, en septembre 1665, une ferveur messianique s'empare des masses, mais aussi de la plupart des autorités rabbiniques, et gagne les autres communautés de la diaspora sépharade, voire achkénaze. Tsevi institue différents rites, transgresse publiquement la loi juive, abolit les jeûnes, déclare autorisées les nourritures interdites et annonce les débuts d'un nouvel âge. Redoutant cette effervescence, les autorités ottomanes donnent à Tsevi le choix entre la conversion à l'islam ou la mort. Il choisit la première solution. Musulman extérieurement, il continue cependant d'observer nombre de pratiques judéo-messianiques avec ses sectateurs. Il est finalement exilé à Dulcino, en Albanie, où il meurt en 1676.

Cet échec patent n'annihile pourtant pas le mouvement lancé par Tsevi, messie paradoxal descendu dans les profondeurs mêmes du mal pour en extraire les potentialités cachées du salut. Déjà de son vivant, beaucoup de familles juives s'étaient converties comme lui à l'islam. D'autres le font après sa mort. Restant musulmans à l'extérieur, ces fidèles du Messie, appelés *deunmés* en turc (littéralement « ceux qui se sont tournés »), forment une communauté spécifique, avec son credo et ses rites. Par ailleurs, parmi les adeptes restés juifs de Tsevi, le sabbatéisme continue de faire des ravages longtemps après la débâcle de 1666. Il se traduit par un large spectre d'attitudes et de croyances attestées en divers points de la diaspora européenne, et renaît même au XVIIIe siècle sous la forme d'un nouveau courant initié en Podolie par Jacob Frank, lequel finit par se convertir, lui, au christianisme.

En dépit d'une reprise en main de l'orthodoxie, en Orient comme en Europe, un temps de grandes mutations venait de s'ouvrir. Certes, le poids de la Loi se fait plus que jamais sentir, une Loi désormais codifiée dans le *Choulhan Aroukh*, littéralement « la Table dressée », du Sépharade

Joseph Karo, imprimé pour la première fois à Venise en 1565, et bientôt enrichi, dans l'édition de Cracovie de 1569-1571, des gloses de l'Achkénaze Moïse Isserles. Mais si, en terre musulmane, une ère de relative régression semble commencer, en Occident, juifs et chrétiens nouent des liens d'un type nouveau, faits de curiosité réciproque. Ainsi l'oratorien Richard Simon publie-t-il à Paris, en 1674, une traduction française de l'œuvre d'un rabbin vénitien, Léon de Modène, décrivant à l'intention d'un large public les rites et coutumes des juifs de son temps. Cette modernité en germe s'épanouit au siècle suivant, avec l'apparition, entre autres, des Lumières juives.

III

Le temps des mutations
(XVIIIe-XIXe siècles)

A. Les Lumières juives

Avant de se diffuser peu à peu dans d'autres secteurs de la diaspora, le mouvement des Lumières juives, en hébreu la *Haskala*, littéralement « culture, intelligence », naît en Europe de l'Ouest à la fin du XVIIIe siècle, dans un climat de relative ouverture, à un moment où hommes d'État et intellectuels non juifs s'interrogent sur la possibilité d'une amélioration de la condition des juifs. Ses promoteurs, appelés *maskilim* en hébreu, préconisent la sortie du ghetto, une réforme de l'éducation juive, l'apprentissage des langues des pays de résidence, et l'intégration progressive des juifs à la culture européenne.

Figure tutélaire de la *Haskala*, le philosophe Moïse Mendelssohn a joui de son vivant d'une renommée comparable à celle d'un Spinoza, éclipsant d'autres penseurs juifs originaux du moment, tel un Salomon Maïmon. Apprécié par Kant et les intellectuels berlinois, il est l'auteur d'un essai sur l'immortalité de l'âme qui lui a valu d'être encensé comme le « Platon allemand » et le « Socrate de Berlin ». Mais il est aussi l'initiateur d'une traduction de la Bible en allemand, imprimée en caractères hébraïques, et accompagnée d'un commentaire en hébreu visant à introduire ses lecteurs juifs à l'esprit des temps nouveaux. Et répondant au défi du théologien Johann Kaspar Lavater qui, en 1769, l'appelle à se convertir au christianisme, il en vient à présenter ses vues sur le judaïsme comme législation révélée ainsi que sur ses rapports avec la religion naturelle (*Jérusalem*, 1783).

Dans la première moitié du XIXe siècle, le centre de gravité du mouvement lancé par Mendelssohn, ses collaborateurs et successeurs, se déplace progressivement dans l'Empire des Habsbourg et en particulier en Galicie. Sa figure de proue est alors Nachman Krochmal, auteur d'un *Guide des égarés de ce temps*. Les écrivains galiciens, tels Yosef Perl, Shlomo Yehuda Rapoport, Isaak Erter et Meir Letteris excellent dans la prose, la satire narrative et la critique littéraire. En Italie aussi, le mouvement compte de prestigieux représentants comme l'érudit Samuel David Luzzatto ou la poétesse Rachel Morpurgo.

Mais c'est surtout en Russie que la *Haskala* connaît un remarquable essor, tout en se transformant en profondeur. L'un de ses pionniers y est Yitshak Ber Levinsohn, ardent partisan de réformes éducatives, préconisant l'apprentissage par les juifs de nouveaux métiers. La Lituanie devient l'un de ses hauts lieux, avec des personnalités comme Mordekhai Aharon Guenzburg. En 1853 paraît sous la plume d'Avraham Mapou le premier roman moderne en hébreu, *Amour de Sion*, qui connaît un grand succès. Il est suivi de la traduction en hébreu des *Mystères de Paris* d'Eugène Sue par Kalman Schulman, qui contribue à frayer la voie à une littérature romanesque hébraïque moderne et séculière. La seconde génération d'hommes des Lumières compte quelques maîtres du récit réaliste dont Mendele Moykher Seforim, qui écrit d'abord en yiddish ou Peretz Smolenskin. Une riche presse hébraïque contribue à la diffusion du mouvement et de ses idéaux. Toutefois, l'hébreu étant la langue des élites intellectuelles et les langues locales n'étant quasiment pas parlées par les juifs, les tenants de la *Haskala* utilisent aussi le yiddish pour toucher le plus grand nombre. La littérature yiddish connaît ainsi un développement parallèle à celui de la littérature hébraïque.

Le déploiement des Lumières juives ne s'arrête pas en Russie. Dans les Balkans ottomans, elles suscitent une effervescence culturelle et notamment un renouveau de la littérature judéo-espagnole. Le Salonicien Youda Néhama, appelé le « Mendelssohn turc », l'Andrinopolitain Joseph Halévy ou le journaliste Saadi Betsalel Halévi militent pour la création d'écoles modernes, où l'éducation donnée, profane pour l'essentiel, est de type européen. Et dans le dernier quart du XIXe siècle, le courant atteint l'Afrique du Nord, où ses promoteurs développent une presse et toute une nouvelle littérature en judéo-arabe.

De fait, un ample mouvement de modernisation gagne peu à peu le monde juif à la fin du XVIIIe puis au XIXe siècle. Ce mouvement a sa dynamique interne et il ne fait pas que répondre aux stimulations extérieures. Les Lumières juives en ont été un aspect important, mais n'ont vraiment touché que des cercles restreints. En Europe orientale, si elles ont constitué une force sociale et littéraire, elles n'ont pas eu pour autant un grand impact sur les masses, restées attachées, dans leur majorité, au mode de vie hérité du passé. Quant aux juifs d'Europe occidentale et centrale, leur devenir doit autant aux transformations profondes de leurs sociétés d'accueil qu'à leurs propres aspirations au changement.

B. La France et le modèle du franco-judaïsme

À la veille de la Révolution, environ 40 000 juifs vivent dans le royaume de France. En 1785, la Société royale des sciences et des arts de Metz choisit comme sujet de son concours de 1787 la question suivante : « Est-il des moyens de rendre les juifs plus utiles et plus heureux en France ? » Aucun des mémoires présentés ne se distinguant vraiment, le concours est relancé l'année suivante. Le prix est alors partagé entre trois lauréats dont l'abbé Grégoire, auteur d'un *Essai sur la régénération physique, morale et politique des juifs* tenu par la suite comme un texte fondateur de l'émancipation des juifs, et Zalkind Hourwitz, un juif polonais initié aux Lumières à Berlin qui développe une défense vigoureuse des juifs et de leurs « extraordinaires » qualités, tout en réfutant l'idée qu'ils doivent cesser d'être juifs s'ils souhaitent devenir des citoyens. Parallèlement, l'attitude des milieux gouvernementaux évolue elle aussi. Et quelques pas sont faits pour amorcer une réforme requise par les mutations politiques et socio-économiques du pays. Mais c'est la Révolution qui, en 1790 et en 1791, accorde en deux temps la citoyenneté aux juifs de France, lesquels sont ainsi les premiers à être émancipés en Europe.

Leur intégration et leur promotion ne se réalisent cependant pas du jour au lendemain sous l'effet des lois émancipatrices. Il leur a fallu du temps pour surmonter les séquelles du passé et pour assimiler la nouvelle donne, dans un contexte lui-même changeant, alternant avancées et replis. La Terreur, avec sa politique antireligieuse, n'épargne pas non plus les juifs. Et la période napoléonienne est marquée par la réunion d'une Assemblée de Notables, puis d'un « Grand Sanhédrin ».

Un décret du 30 mai 1806 convoque la première à Paris. Les notables qui la composent sont choisis par les préfets parmi les juifs les plus probes et les plus éclairés, religieux et laïcs réunis. Douze questions leur sont transmises, portant sur la polygamie, le divorce, les mariages exogames et la fraternité entre juifs et chrétiens, le patriotisme des juifs, la nomination des rabbins, leur autorité et l'étendue de leur juridiction, les métiers interdits par la loi juive et l'usure. Il s'agit en fait de savoir si les lois du judaïsme s'accordent avec les dispositions du droit commun et d'évaluer le degré d'attachement des juifs à l'Empire. Les notables s'empressent d'assurer que « leur religion ordonne de regarder comme loi suprême la loi du prince en matière civile et politique », ce qui revient à reconnaître la prééminence de la loi civile française. En Europe, rappellent-ils, le judaïsme interdit la polygamie depuis le Moyen Âge. Le divorce civil et le divorce religieux sont tous deux indispensables. Quant à la question délicate du mariage mixte, que Napoléon veut encourager pour hâter l'intégration des juifs, l'Assemblée la contourne en notant que « ... les rabbins ne seraient pas plus disposés à bénir le mariage d'une chrétienne avec un juif ou d'une juive avec un chrétien que les prêtres ne consentiraient à bénir de pareilles unions ».

Napoléon souhaite toutefois que les notables se constituent en « Grand Sanhédrin », restaurant ainsi une institution politico-religieuse de l'Israël antique, cour suprême siégeant originellement à Jérusalem, et disparue depuis quatorze siècles. Ce nouveau Sanhédrin, composé comme alors de soixante et onze membres, dont deux tiers de rabbins pour que ses décisions fassent autorité, doit donner une forme religieuse aux avis de l'Assemblée. Il se réunit en février 1807 sous la présidence du rabbin alsacien David Sintzheim. Les réponses de l'Assemblée et celles du Sanhédrin ne varient que par le ton. La première avait exprimé des avis, le second édicte des ordres. Il distingue dans le judaïsme des dispositions religieuses, absolues et intemporelles, et des dispositions politiques, pouvant être suspendues. Et ses décisions sont présentées comme directement tirées de la loi juive et non comme découlant de quelque esprit de soumission. Un mois après sa première séance, le Sanhédrin est dissous.

Trois décrets sont promulgués le 17 mars 1808. Les anciennes communautés autonomes sont remplacées par un consistoire central et des consistoires départementaux. Ceux-ci sont composés de laïcs et de rabbins proposés par les notables juifs et agréés par l'État, ce qui revient à la reconnaissance officielle de la spécificité religieuse du groupe juif. Pour la première fois de leur histoire, tous les juifs de France sont regroupés dans une organisation unique et centralisée dont avaient effectivement besoin des communautés déstabilisées par l'émancipation et ses conséquences. Ce système remplit aussi le rôle d'utile auxiliaire de l'État dans le maintien de l'ordre à l'intérieur des groupes juifs. Le troisième décret, qualifié par la suite de « décret infâme », est d'une autre nature. Reprenant quelques-unes des pratiques discriminatoires de l'Ancien Régime, il instaure un système d'inégalité juridique pour les juifs. Il reste dix ans en vigueur. La Restauration, en ne le prorogeant pas, lève les dernières restrictions pesant sur les juifs. La IIe République et surtout le second Empire sont une période faste pour les juifs car l'intégration commence à devenir une réalité.

Après l'émancipation, le particularisme des juifs français n'est toléré par l'État que parce que son contenu est uniquement religieux (du moins le croit-on). L'ambiguïté entre affiliation religieuse et appartenance à un peuple ne disparaît pas pour autant, et la seconde pèse parfois plus lourd, par exemple après l'affaire Dreyfus, et après la Grande

Guerre dans certains milieux intellectuels, mais elle s'inscrit toujours dans le cadre d'un franco-judaïsme qui émerge et s'affirme sous la IIIe République. Les juifs identifient en effet leurs propres intérêts à ceux de la République à laquelle ils témoignent leur reconnaissance de les avoir émancipés. L'alliance devient naturelle entre la République et les juifs. La perte de l'Alsace-Lorraine en 1871, la montée de l'antisémitisme dont l'extrême droite antirépublicaine est le champion, les valeurs républicaines de liberté, d'égalité et de fraternité ne font que la renforcer. Aux yeux des juifs, la Révolution avait réalisé les idéaux de justice et de progrès des prophètes bibliques et du judaïsme et la République poursuivait son œuvre en construisant une société fondée sur ces principes. Entre la France républicaine et les juifs, il y avait donc plus qu'une communauté d'intérêts : une communauté d'identité. L'orientaliste juif James Darmesteter théorise cette synthèse des valeurs progressistes juives et françaises. C'est ce franco-judaïsme qui accomplit le passage du « juif », connoté négativement par tant de siècles d'histoire, à l'« israélite » et aboutit à l'abandon apparent de la notion de peuple juif – à savoir d'une culture et d'une identité collectives dépassant le cadre des rites et des croyances religieuses. Le juif de France est désormais un Français israélite.

C. Europe centrale et symbiose judéo-allemande

En Europe centrale, dans les monarchies absolues, les juifs sont longtemps soumis à de nombreuses restrictions qui limitent leurs activités et soumettent à des quotas leur entrée dans les pays concernés. Mais l'ère de l'absolutisme mercantiliste qui commence accorde, dans le développement économique, un rôle primordial à l'argent et au commerce. L'utilité d'une certaine catégorie de juifs favorise ainsi l'octroi de privilèges. Ce sont eux qui fournissent aux États et aux princes les capitaux et les marchandises dont ils ont besoin. C'est en leur sein que se recrutent les juifs de cour qui, à leur tour, tentent d'obtenir la protection pour leur communauté, encore enfermée dans les cadres stricts de la société achkénaze traditionnelle.

C'est dans cette atmosphère que, sans vouloir couper radicalement ni avec leur milieu originel ni avec leur patrimoine culturel, des juifs issus de l'élite s'éloignent peu à peu de l'espace communautaire, penchant pour une plus grande perméabilité à l'égard de la société et de la culture allemandes, avec lesquelles ils commencent à être familiarisés. Quelques hommes d'État prêtent appui à ces aspirations. C'est le cas de Joseph II, à la tête de l'Empire des Habsbourg. Toujours tolérés, s'acquittant de taxes spéciales, les juifs sont cependant encouragés à quitter les ghettos, à apprendre des métiers « utiles », à employer des domestiques chrétiens, à envoyer leurs enfants dans les écoles publiques et à l'université ou à fonder leurs propres établissements avec enseignement en allemand. On leur demande de ne plus tenir leurs registres commerciaux en hébreu ou en yiddish. On appelle les couches aisées à s'intégrer dans la société environnante. Au décès de Joseph II, en 1790, cette politique est rapidement abandonnée.

L'émancipation complète ou partielle des juifs d'Europe devient réalité au gré des victoires napoléoniennes. Mais la défaite finale de Napoléon aboutit, au congrès de Vienne, en 1815, à une refonte de la carte de l'Europe, suspendant les bénéfices de la Révolution et inaugurant une période de réaction. On fait ainsi marche arrière sur la question juive et l'on rogne les droits acquis. Les anciennes restrictions sont restaurées quasiment dans toute l'Allemagne. Après 1830, les forces libérales, acquises au principe de l'émancipation, rejointes par nombre de juifs, gagnent du terrain. Les révolutions de 1848 font souffler un vent nouveau de liberté. Les juifs eux-mêmes participent massivement aux insurrections à Berlin et à Vienne. Malgré des lenteurs, le poids des nationalismes, l'antijudaïsme des masses, dans les années 1870, le processus d'émancipation est achevé en Allemagne. L'égalité des droits, reconnue en 1848 en Autriche et en Hongrie, est confirmée à l'avènement de la monarchie d'Autriche-Hongrie en 1867, avec extension de la mesure aux juifs de Galicie.

De nouveaux horizons s'ouvrent aux juifs, des opportunités économiques inconnues jusque-là s'offrent à eux. La révolution industrielle aidant, ils diversifient leurs métiers. Leur urbanisation s'accélère. Ils sont des éléments actifs dans le processus global de modernisation de l'Europe. Leur situation économique s'améliore, ils deviennent un groupe de classe moyenne. Cette évolution favorise une importante croissance démographique. À la fin du XIXe siècle, le judaïsme européen compte environ 7,5 millions d'individus dont 470 000 en Allemagne. Ces bouleversements se répercutent sur la vie juive traditionnelle. La discipline religieuse se relâche, la communauté n'exerce plus aucun contrôle sur l'individu pour qui la religion relève désormais du domaine privé. Pour les juifs d'Allemagne et d'Autriche-Hongrie, leur judéité est de fait longtemps restée une entrave à leur avancement dans divers secteurs, créant toute une série de frustrations sociales et individuelles, et pour certains la conversion se présente alors, selon le mot de Heinrich Heine, comme un « billet d'entrée dans la société ».

En Europe centrale, contrairement à ce qui se passe en France, l'intégration précède en fait largement l'émancipation. Les juifs se sont très tôt ingéniés à effacer les différences professionnelles, religieuses et d'apparence susceptibles d'entraver leur rapprochement avec les autres segments de la société. C'est dans ce contexte d'abord non émancipateur sur le plan strictement juridique, mais où l'intégration est en revanche de plus en plus palpable, que des mouvements de réforme religieuse se développent au cours des premières décennies du XIXe siècle. Abraham Geiger est l'un des artisans de cette entreprise d'adaptation du judaïsme à l'esprit du temps. Parti d'Allemagne, le judaïsme réformé gagne ensuite le reste de l'Europe sous des formes diverses et s'implante aux États-Unis. Dans sa période de formation, il n'a pas hésité à prendre ses distances vis-à-vis des rigueurs du droit juif traditionnel et à prôner de profondes modifications de la pratique et du culte juifs. C'est contre ces excès qu'un Zacharias Frankel initie quant à lui une tendance réformiste modérée, attachée à une application plus rigoureuse de la Loi et appelée à se développer aux États-Unis sous le nom de judaïsme *conservative*.

Autre courant modernisateur, la *Wissenschaft des Judentums* ou « Science du judaïsme » apparaît elle aussi dans la première moitié du XIXe siècle, dans le sillage des Lumières juives, parmi les intellectuels juifs allemands. Il s'agit pour eux d'élaborer une nouvelle identité juive, en phase avec le contexte contemporain, et de promouvoir une série de réformes dans les domaines du culte, des croyances, du mode de vie, de la structure sociale, de l'éducation et de la culture, susceptibles de hâter l'obtention de l'émancipation légale. Eduard Gans et Leopold Zunz comptent parmi les figures les plus éminentes de ce courant qui entend soustraire les grands textes du judaïsme à l'exégèse traditionnelle et les soumettre aux méthodes critiques de la science moderne. Jugé moribond en tant que religion, le judaïsme devient l'objet d'une approche distanciée, seule à même, selon ses tenants, de lui éviter de disparaître totalement dans le flot de la sécularisation. Cette attitude rend en outre ces études accessibles aux autres savants et les fait sortir du cercle restreint des érudits juifs religieux, en montrant que le judaïsme est aussi une culture, une histoire, une politique. La « Science du judaïsme », étroitement liée au judaïsme réformé, qui marqua durablement l'histoire postérieure des études juives, a par ailleurs contribué à l'ouverture de séminaires rabbiniques formant leurs recrues aux méthodes scientifiques modernes. Toute une série de périodiques savants voient le jour, ainsi que des sociétés savantes. De grandes figures d'érudits juifs d'un genre nouveau s'imposent, tels le bibliographe Moritz Steinschneider et l'historien Heinrich Graetz.

Ces diverses initiatives, qui visent à moderniser le judaïsme et à le valoriser aux yeux de sociétés environnantes qui tardent à faire des juifs des citoyens à part entière, provoquent par réaction des mouvements divers de réaffirmation des valeurs traditionnelles. Ainsi Moïse Sofer, né à Francfort-sur-le-Main, nommé en 1806 rabbin de Presbourg, en Hongrie, fonde-t-il une *yechiva* (académie religieuse supérieure) qui devient un centre de la résistance au mouvement réformé. Dans la lutte sans merci qu'il mène contre la modernisation, il ne laisse aucune place à quelque innovation que ce soit. Adversaire acharné du type d'éducation prôné par les tenants des Lumières juives, hostile au combat mené par les juifs pour l'émancipation, indéfectiblement attaché au modèle de vie traditionnel, Moïse Sofer rend infranchissable le fossé qui se creuse alors entre juifs orthodoxes et non orthodoxes. Un esprit différent anime la néo-orthodoxie. Elle tend à la conciliation d'une stricte observance de la Loi juive avec les exigences de la société contemporaine. Le rabbin allemand Samson Raphaël Hirsch en a été le premier idéologue. Malgré son rigorisme en matière religieuse, il se prononce pour la promotion de la culture allemande et du sentiment patriotique parmi les juifs, pour l'adoption de l'habit occidental et l'amélioration de la condition des femmes, pour l'affirmation de l'existence d'une « mission » que le peuple d'Israël aurait à accomplir auprès des Nations. Cette formule révisée de l'orthodoxie suscite cependant peu d'enthousiasme chez les juifs acculturés de son temps.

Cette variété d'attitudes témoigne de l'existence d'une vie juive plurielle et riche, parallèlement au désir d'identification à la culture allemande et au patriotisme effréné de certains milieux juifs. Et une fois l'émancipation acquise, une pléiade de penseurs juifs allemands illustre magistralement ce qu'on a pu appeler la « symbiose judéo-allemande ». L'histoire de cette nouvelle philosophie juive n'est pas séparable de celle de la philosophie allemande. Elle tente de résister aux sirènes de l'universalisme chrétien et de répondre aux assauts d'un antisémitisme nouveau. L'un de ses traits caractéristiques est la centralité reconnue par nombre de ses maîtres à la question éthique. Hermann Cohen est un de ses représentants tardifs, auteur de *Religion de la raison à partir des sources du judaïsme* publié après sa mort en 1919. La première moitié du XXe siècle voit par ailleurs l'émergence d'un existentialisme juif avec un Franz Rosenzweig, auteur de *L'Étoile de la Rédemption* (1921) ou un Martin Buber. Le génocide mit un terme tragique et définitif à cette combinaison originale et fructueuse de la judéité et de la germanité.

D. L'Europe orientale, grand réservoir de l'orthodoxie

Au milieu du XVIIIe siècle, le grand royaume de Pologne abrite plus des deux tiers du judaïsme mondial. Certaines réformes visant à la centralisation sont alors entreprises et quelques-unes concernent les juifs. En 1764, le dernier roi de la Pologne indépendante supprime les deux grandes institutions autonomes juives, le Conseil des Quatre Pays et le Conseil de l'État de Lituanie, sous prétexte d'une réorganisation du recouvrement des impôts. En 1772, 1793 et 1795, les partages successifs du royaume polono-lituanien entre la Prusse, l'Autriche et la Russie, puis, en 1815 la décision du congrès de Vienne de placer le duché de Varsovie sous la souveraineté du tsar Alexandre Ier inaugurent une nouvelle ère pour les juifs. La majorité du judaïsme « polonais » vit désormais sous domination russe.

Jusque-là, très peu de juifs habitaient la Russie. Alexandre Ier tente de les intégrer à la société russe en permettant leur accès à toutes les écoles russes, polonaises et allemandes. Ses successeurs continuent d'agir en ce sens, soit en exerçant des pressions, soit en octroyant des droits, soit en combinant les deux. Un décret fixe en 1804 les territoires où ils sont autorisés à habiter. C'est la fameuse « zone de résidence », située dans la Pologne d'avant le partage de 1772, au sud de l'Ukraine et aux abords de la mer Noire. Alexandre Ier suspend cependant provisoirement l'expulsion des juifs des villages. Mais à la fin de son règne, leur situation se détériore et avec l'avènement de Nicolas Ier, en 1825, elle ne fait qu'empirer.

À partir de 1827, certains quotas d'hommes juifs âgés de douze à vingt-cinq ans doivent être envoyés dans les unités cantonistes, des camps préparatoires, à fin de russification, voire de conversion. La durée du service est de vingt-cinq ans, comme pour les Russes, mais les groupes minoritaires, juifs compris, sont le plus durement touchés. Le recrutement incombe à la communauté, et lorsque les quotas ne sont pas atteints, des attrapeurs d'enfants remplacent les manquants par des jeunes gens sans passeports. La structure communautaire juive est abolie en 1844, et l'on ordonne la création d'écoles gouvernementales juives faisant place à un enseignement de type occidental et aux disciplines profanes, et dont les enseignants ne seraient pas tous juifs. Ces écoles, où la plupart des juifs refusent d'envoyer leurs enfants, deviennent des pépinières d'adeptes des Lumières juives. En 1851, Nicolas Ier répartit ses sujets juifs en deux catégories, celle des juifs « utiles », marchands riches, artisans et agriculteurs, et celle des « superflus », rassemblant les masses indigentes susceptibles d'être orientées vers la conscription en vue de l'apprentissage de métiers « utiles ».

Alexandre II, arrivé au pouvoir en 1855, ouvre une ère de libéralisme pour les juifs. La conscription juvénile prend fin ; les grandes villes sont accessibles aux couches favorisées ; on rétablit leur admission dans les écoles et les universités. Mais l'assassinat du tsar est suivi de pogromes, en 1881-1882, et de grandes vagues d'émigration. Les lois de Mai ou Lois temporaires de 1882 ont pour seul objectif d'exclure le juif et d'encourager son départ du pays. Et jusqu'en 1917, la vie juive en Russie est en butte aux mesures restrictives, aux pogromes, et à un antisémitisme d'État virulent.

À la fin du XIXe siècle, plus de 5 millions de juifs – soit la moitié du peuple juif – résident dans l'Empire russe. Plus de 50 % vivent dans la zone de résidence. La Russie juive se montre particulièrement perméable à certains des courants majeurs qui touchent le monde juif, y compris les plus novateurs. L'Europe orientale n'en reste pas moins le réservoir d'une orthodoxie juive puissante, nombreuse et diverse.

De fait, les conditions sociales, économiques et politiques qui y ont prévalu pendant plus de deux siècles ont d'abord amené les juifs à exprimer leurs aspirations au changement dans un mouvement de nature religieuse : le hassidisme (en hébreu *hassidout*, « piété, dévotion »). Apparu en Podolie au XVIIIe siècle, il puise dans le fond des enseignements de la kabbale et s'il constitue une rupture nette avec le sabbatéisme, ce courant déviant né au siècle précédent de la prédication du faux messie Sabbataï Tsevi, il conserve néanmoins certaines affinités d'inspiration avec lui. Comme d'autres mouvements mystiques, il se nourrit de l'espoir de délivrance. L'Exil y est interprété comme l'expression d'un antagonisme métaphysique, spirituel, éthique et économique entre le peuple juif et les non-juifs. Le hassidisme travaille activement, ici et maintenant, au *tikoun*, à cette « réparation » qui rachètera le monde et rédimera Israël.

Son fondateur, Israël ben Éliézer, connu sous l'acronyme de *Becht*, pour « *Baal Chem Tov* », littéralement « le Maître du bon Nom », prêche une foi vivante et la confiance. Il invite à la ferveur et à l'enthousiasme dans l'accomplissement des commandements. L'amour de Dieu doit remplir de joie le croyant. Cette revalorisation de la spontanéité religieuse se fait parfois au détriment de l'étude, l'essentiel étant d'accéder à un état privilégié d'adhésion à Dieu. Cette voie est ouverte à tous, même au plus humble des fidèles, mais celui qui est arrivé au sommet, qui a senti le souffle de Dieu passer sur lui, est investi d'une force morale extraordinaire dont il peut faire profiter les autres. Il s'agit du *Tsadik,* ce « Juste » intercesseur privilégié et thaumaturge.

Après la mort du *Becht,* ses disciples Dov Baer de Mezeritch et Yaakov Yosef de Polonnoye poursuivent l'œuvre engagée. Les communautés hassidiques adoptent une version modifiée de la liturgie sépharade, fondée sur le rituel du kabbaliste Isaac Louria. L'institution de la prière perd de sa régularité, mais gagne en intensité et conduit à l'extase. Le corps tout entier y participe ; le chant, le balancement rythmique et même la danse sont des instruments de la ferveur. Le hassidisme triomphe dans les contrées où sévit une grande pauvreté ; la moitié du judaïsme polonais et une partie importante du judaïsme russe s'y rallient. Chaque communauté hassidique a son *Tsadik,* son « Juste ». Et la charge, héritée de père en fils, donne naissance à de véritables dynasties.

À partir de 1772, les adeptes du hassidisme, les *hassidim,* se heurtent à l'opposition de l'establishment rabbinique d'Europe orientale et sont frappés d'excommunication. Leurs opposants, les *mitnagdim,* sont conduits par Éliézer ben Salomon Zalman, appelé couramment le *Gaon* (« éminence, gloire ») de Vilna, et ses disciples. Auteur prolifique, exégète méthodique et juriste rigoureux, maîtrisant l'ensemble de la culture juive traditionnelle, mais aussi excellent grammairien et compétent dans toutes les sciences profanes susceptibles à ses yeux de contribuer à une meilleure compréhension de la Torah, le *Gaon* a contribué à façonner une culture juive lituanienne qui atteint ses sommets au XIXe siècle. Mais c'est aussi l'un des critiques les plus farouches du hassidisme. À celui-ci est reproché de placer l'étude moins haut que la prière et de vénérer un ignorant en la personne du *Becht.* S'aider de chants ou de danses pour trouver la ferveur semble une folie. Les *hassidim* n'hésitant pas à boire pour atteindre l'extase, leurs adversaires les accusent de débauche et crient au scandale. La lutte entre les deux groupes s'exacerbe à la mort du *Gaon* de Vilna. Ses disciples vont jusqu'à dénoncer les *hassidim* aux autorités russes comme des hérétiques indésirables. Les tensions ne s'apaisent en fait que dans les années 1830, quand apparaît un ennemi commun, les Lumières juives, où les traditionalistes ne voient qu'apostasie et honteuse licence.

Les successeurs du *Gaon* créent en Lituanie et en Biélorussie tout un réseau d'académies religieuses (*yechivot*) d'un type nouveau. La plus célèbre est celle inaugurée en 1802 à Volozhin, en Biélorussie, par Hayim ben Isaac Volozhiner, d'où sont sortis la plupart des rabbins et des talmudistes russes du XIXe siècle et qui devient un centre majeur de la résistance aux Lumières juives. Dans le sillage du mouvement *Musar* (litt. « éthique »), initié par Israël Lipkin Salanter, apparaissent à Slobodka, Telz, Mir et Novardok des établissements où l'on œuvre non seulement au perfectionnement intellectuel des élèves, mais aussi à leur perfectionnement moral, et où, à l'étude talmudique et juridique, sont associées la lecture et la méditation de textes éthiques. En Pologne, c'est le modèle hassidique qui prévaut.

Toutefois, à certains segments du judaïsme d'Europe orientale, ces réponses d'inspiration religieuse à l'aggravation des conditions de vie concrète des juifs et à la montée du péril antisémite vont sembler insuffisantes. D'autres options, révolutionnaires, s'imposent peu à peu.

E. Idéologies modernes

1) L'antisémitisme

La fin du XIXe et le début du XXe siècle voient en effet s'affirmer une menace nouvelle : l'antisémitisme moderne. Celui-ci n'est certes pas sans liens avec l'antijudaïsme des âges précédents, mais il s'en distingue de plus d'une façon. Le mot lui-même est d'apparition récente. Il est utilisé pour la première fois en Allemagne par l'agitateur politique Wilhelm Marr dans un pamphlet publié en 1879. Et la réalité qu'il désigne se cristallise en Europe à partir de la fin des années 1870, dans un contexte politique et économique favorable, dont le panslavisme et le pangermanisme forment la toile de fond. Au vieux legs de l'antijudaïsme traditionnel, toujours vivace dans les milieux de droite et du clergé catholique, il combine un certain nombre d'éléments nouveaux : l'anticapitalisme judéophobe des socialistes et des couches populaires, d'une part, l'élaboration du concept pseudo-scientifique de la race, d'autre part. Cette dernière évolution doit beaucoup aux découvertes récentes de la biologie de l'époque ainsi qu'aux succès du positivisme et du darwinisme, et débouche sur une théorisation de l'inégalité des races. L'antisémitisme racial, à la différence de l'antijudaïsme théologique, ne laisse, lui, aucune issue au juif, car aucune conversion ne peut « racheter ». Il va culminer dans l'extermination systématique organisée par le nazisme.

En France, l'émancipation des juifs suscite des réactions diverses. Dans une certaine imagerie populaire et rurale, pour la droite antirépublicaine, le juif est l'agent de la révolution, le persécuteur du clergé, le fossoyeur de la religion et de la civilisation chrétiennes. Mais la gauche, à l'exception du mouvement saint-simonien, apporte aussi sa contribution au renouvellement du discours antijuif. Le juif devient ce parasite qui infeste, d'après Fourier, les fonctions improductives du commerce, qui investit dans les machines destructrices de travail, qui détourne le revenu des classes laborieuses. Il faut attendre l'affaire Dreyfus, où l'antisémitisme a joué un rôle important dans la condamnation du capitaine, finalement réhabilité et réintégré dans l'armée en 1906, pour que la gauche républicaine rompe avec cette tradition. Longtemps, les Rothschild nourrissent ainsi les fantasmes antisémites de droite et de gauche, avec leur corollaire, la hantise du pouvoir juif occulte. C'est l'ère de la dénonciation du complot juif qui commence, un thème récurrent supposé expliquer tous les troubles sociaux et politiques, bientôt indissociable de son jumeau, le complot franc-maçon. Même les États-Unis n'échappent pas à la contagion. Profondément imprégnés de biblisme protestant, constitutionnellement attachés à la liberté de conscience depuis l'origine, ils n'en ont pas moins gardé jusqu'à la fin de la guerre de Sécession des lois discriminatoires concernant le droit de vote et l'accès aux charges publiques. L'antisémitisme importé d'Europe à la fin du siècle est présent dans le discours populiste de certains leaders ouvriers et dans celui de groupes extrémistes tels que le Ku Klux Klan, sans jamais pourtant prendre les proportions qu'il va connaître en Europe.

L'Europe des années 1880 entre en effet dans une phase de grave récession économique. Les mutations politiques, sociales et économiques qui déstabilisent les sociétés du continent précipitent le rapprochement et la combinaison des diverses tendances antijuives. Et en Russie, qui abrite la plus grande population juive du monde, l'antisémitisme est érigé en politique d'État, attisant une haine populaire vivace, nourrie de siècles d'antijudaïsme orthodoxe. Les pogromes successifs finissent par susciter des départs massifs, principalement vers le Nouveau Monde. Même l'Orient musulman, qui n'a connu jusque-là que des accès rares et circonscrits de violence contre les juifs, n'est plus épargné, dès le XIXe siècle, par les effets de l'antisémitisme européen.

2) Le socialisme

Face à ces menaces, beaucoup de juifs s'engagent et renouent avec l'action politique. Pour certains, le socialisme est une option. Contrairement à un préjugé répandu, le socialisme n'a pas été inventé par les juifs et nombre de ses leaders les plus illustres n'étaient pas juifs. Le socialisme lui-même, à ses débuts, n'a pas été à l'abri, on l'a vu, de dérives antisémites. Les juifs n'en ont pas moins joué dans son développement un rôle sans rapport avec leur nombre dans la société environnante. En Allemagne, au XIXe siècle, ils sont très présents dans le mouvement socialiste naissant. Karl Marx, juif converti au protestantisme, est l'inventeur du socialisme scientifique et le fondateur du mouvement communiste international. Ferdinand Lassalle crée quant à lui la première organisation ouvrière allemande, plus tard inspiratrice de la social-démocratie allemande. Eduard Bernstein devient le théoricien de l'aile réformiste du socialisme allemand tandis que Rosa Luxemburg crée, avec Karl Liebknecht, la ligue Spartakus, futur Parti communiste allemand. Deux des six commissaires du peuple, dans le premier gouvernement socialiste postrévolutionnaire en Allemagne, en 1918, sont juifs. À la tête de la représentation des soviets éphémères de Munich, il y a aussi des juifs, dont l'anarchiste Gustav Landauer. Les leaders du socialisme autrichien avant 1914 et dans la période de l'entre-deux-guerres sont majoritairement juifs, y compris le fondateur du Parti social-démocrate, Victor Adler, et son successeur, Otto Bauer. Des intellectuels juifs sont également membres du Parti social-démocrate hongrois. Une situation similaire prévaut en Pologne. Parmi les révolutionnaires juifs russes, on peut citer, outre Trotski, les bolcheviks Zinoviev, Kamenev et Radek. Ils sont encore plus nombreux dans le parti menchevik. En Roumanie, en Hongrie, en Pologne, le leadership des partis ouvriers sera en grande partie entre les mains des juifs.

Un mouvement socialiste spécifiquement juif, le *Bund*, est même créé à Vilna dans la clandestinité en 1897. Antisioniste, il appelle à une autonomie culturelle fondée sur la langue yiddish et demande pour les juifs le droit de vivre en tant que minorité nationale. Rapidement, il dépasse le cadre du milieu ouvrier, menant la bataille non seulement contre les employeurs locaux mais aussi contre le régime d'oppression de Nicolas II. Ses activités sont d'ordre politique, syndical et culturel. En 1898, il joue un rôle de premier plan au congrès de fondation de la social-démocratie russe. À ce moment, il compte déjà 5 600 militants. Dans les années 1905-1906, ils sont plus de 30 000. En 1921, il est brutalement liquidé en Union soviétique ; il subsiste en Pologne jusqu'à la Seconde Guerre mondiale.

Les juifs ont ainsi constitué un élément pionnier, un ferment, un catalyseur au sein des mouvements socialistes et révolutionnaires. Certains vont jusqu'à faire la jonction entre messianisme et socialisme. Il n'est pas impossible que le monde meilleur que le socialisme proposait de construire ait en partie comblé les attentes de ces jeunes juifs ne trouvant pas leur place dans les sociétés d'Europe centrale et orientale et comptant sur la révolution pour apporter une solution à la question juive. Luttant pour la réalisation concrète de la justice sociale ici-bas, développant une vision rédemptrice du devenir humain, le socialisme n'a pu que séduire une jeunesse à laquelle certains principes juifs hérités d'un passé encore récent n'étaient pas tout à fait étrangers.

3) Le sionisme

Autre voie de retour des juifs à l'action politique, le sionisme (de Sion, autre nom de Jérusalem) est lui un mouvement national réclamant la restauration d'une vie juive indépendante en Palestine. Le rôle des nationalismes européens et la création de nouveaux États-nations au XIXe siècle ont été déterminants dans la gestation et l'éclosion de l'idée nationale juive dans certains cercles. Mais même s'il est un signe clair de sécularisation et s'il s'est largement construit contre les modèles de l'existence diasporique traditionnelle, le sionisme s'est fortement appuyé sur l'ancien messianisme juif auquel il a emprunté ses ferments idéologiques et encore plus ses ferments émotionnels, tout en remplaçant les éléments miraculeux et eschatologiques par des concepts politiques réalistes.

Le développement de l'antisémitisme dans les années 1870 et les pogromes russes de 1881-1882 confèrent une urgence nouvelle à des discours jusqu'ici isolés. Sans qu'on puisse tenir ce contexte pour la cause unique et mécanique de l'émergence du sionisme, son effet stimulateur est patent. Le nationalisme juif qui se développe alors, qu'il soit ou non d'inspiration socialiste, va d'abord dans le sens d'un nationalisme culturaliste de type diasporique, fondé sur la renaissance du yiddish, et il se conçoit sur place ; peu nombreux sont encore ceux qui tournent leurs regards vers la Palestine. En 1882, Léon Pinsker publie en Russie *Auto-émancipation*, un manifeste appelant les juifs à prendre en charge leur propre destin et proposant l'établissement d'un foyer national sur un territoire autonome. Cette publication précipite la fondation du mouvement proto-sioniste Amour de Sion (*Hibat Tsion* en hébreu) qui crée des centaines de sociétés et dont l'influence s'étend au reste de l'Europe orientale et dans les Balkans. Ses réalisations pratiques sont cependant assez minces. Seulement 2 % à 3 % des deux millions et demi de juifs qui quittent l'Europe orientale prennent le chemin de la Palestine.

L'aspiration nationaliste juive prend une forme concrète sous la houlette de Theodor Herzl, juif viennois fondateur du sionisme politique. Il met sur pied un programme cohérent, fondé sur l'action diplomatique et s'appuyant sur une organisation structurée. Au premier congrès sioniste, réuni à Bâle en 1897, il évoque le caractère illusoire de l'émancipation, rappelle que les juifs continuent à être victimes de discriminations et de persécutions, et tente de démontrer que la seule solution au problème juif est la création d'un foyer national en Palestine. L'Organisation sioniste, instrument du mouvement, est constituée. Elle a des antennes en Europe et aux États-Unis. À la mort de Herzl, elle rassemble quelques dizaines de milliers d'adhérents. Et on compte un petit nombre de nouvelles colonies en Palestine. Cela n'était peut-être pas suffisant pour changer le cours de l'histoire, mais une dynamique avait été lancée.

Tout au long de son histoire, le mouvement sioniste abrite plusieurs tendances, différant tout autant par les stratégies qu'elles préconisent que par l'idée qu'elles se font du futur État. Le courant travailliste finit cependant par dominer. Reste que le sionisme suscite longtemps dans le monde juif de fortes résistances. Les juifs intégrés redoutent que l'agitation sioniste ne fasse peser sur eux le soupçon de double allégeance et ne compromette les acquis de l'émancipation. Certains courants religieux se joignent à l'entreprise, y voyant, tel Abraham Isaac Kook, élu grand rabbin achkénaze de Terre sainte en 1921, les prémices laïques d'une rédemption foncièrement religieuse. Mais dans leur écrasante majorité, les orthodoxes sont vigoureusement hostiles au sionisme, le tenant pour une rupture avec le quiétisme politique traditionnel, pour une trahison de la vocation juive et pour un véritable sacrilège, seul Dieu devant décider du moment et des moyens du retour d'Israël sur sa terre, sous la conduite du Messie qu'il lui enverra.

F. Au Maghreb et en Orient

Tandis que l'Europe vit ces changements radicaux, l'existence juive en terre d'islam s'engage elle aussi dans une ère nouvelle.

Lors de la conquête française en 1830, l'Algérie compte environ 16 000 juifs, ce qui représente environ 1/10e de sa population urbaine. Adolphe Crémieux, qui y a fait plusieurs voyages, s'érige en champion de l'égalité des droits pour les juifs du pays. En 1870, il obtient que la citoyenneté française leur soit octroyée par décret. Les juifs des territoires du Sud ainsi que les Arabes musulmans sont exclus du bénéfice de cette mesure. Essentiellement urbaine, la population juive, au recensement de 1931, est de 102 013 âmes. La Tunisie ottomane, elle, abrite environ entre 25 000 et 30 000 juifs en 1850-1860. Plus de la moitié habite Tunis, vivant du commerce et de l'artisanat. En 1881, les troupes françaises occupent le pays qui devient un protectorat en 1883. Dans les années 1860, il y a quelque 10 000 juifs en Libye. Au moment de la conquête italienne en 1911, il y en a entre 18 000 et 19 000. Les deux tiers habitent Tripoli, Benghazi accueille la seconde concentration juive du pays et Amruz, près de Tripoli, héberge aussi une importante communauté ; le reste se regroupe dans de petites communautés implantées au long ou à proximité de la côte méditerranéenne.

Dans les années 1850-1860, la population juive marocaine s'élève à environ 80 000 âmes et elle est passée à 115 000 à la veille de l'instauration du protectorat français en 1912 (cette même année, les Espagnols obtiennent quant à eux une zone d'influence au nord et au sud du pays). Trois groupes se distinguent : les habitants des villes de la côte atlantique, les villageois du Sud et de l'intérieur, les gens des montagnes, vivant au milieu des Berbères. Les habitants des villes sont eux-mêmes partagés entre « autochtones » (*tochavim)*, parlant le judéo-arabe, d'une part, et descendants des expulsés de la péninsule Ibérique arrivés à la fin du XVe siècle (*megorachim*), d'autre part. Ces derniers sont organisés séparément et concentrés dans des villes comme Tétouan et Tanger. Ils parlent *haketiya,* un judéo-espagnol émaillé de mots arabes.

Au XIXe siècle, la période coloniale est également celle, en Afrique du Nord et comme en Orient, de l'occidentalisation des populations juives locales. Les écoles de l'Alliance israélite universelle, organisation philanthropique juive fondée à Paris en 1860, contribuent fortement à cette évolution. Le premier établissement est fondé en 1862 à Tétouan. Les juifs nord-africains se montrent plus perméables aux grands courants politiques et littéraires qui traversent le monde juif. Ceux du Maroc sont cependant moins touchés par l'impact de ces forces modernisatrices ; seulement 12,5 % d'entre eux, dans le protectorat, parlent le français. Par ailleurs, le sionisme fait tôt son apparition en Afrique du Nord et la montée des nationalismes arabes dans l'entre-deux-guerres va s'accompagner d'un développement de l'adhésion sioniste au sein des populations juives ; les événements des décennies suivantes ne font que renforcer le phénomène.

L'affaiblissement et le démembrement progressifs de l'Empire ottoman, l'influence croissante des puissances européennes et l'éveil des nationalismes aboutissent à une nouvelle configuration du Proche-Orient, avec la naissance de jeunes États-nations sur les anciennes terres ottomanes où les expulsés d'Espagne sont installés depuis quatre siècles. La Grèce, la Serbie, la Bulgarie deviennent indépendantes. La Bosnie-Herzégovine, qui abrite l'important centre sépharade de Sarajevo, est elle occupée en 1878 par l'Autriche-Hongrie. Le XXe siècle accentue ce processus. Il ne brise pourtant pas l'unité sépharade, même si les Sépharades doivent désormais suivre l'évolution propre à leurs différents pays de résidence.

Au XIXe siècle, l'Empire ottoman engage une série de réformes, dont deux décrets garantissant l'égalité des non-musulmans. Même s'ils restent largement théoriques, ils fraient le chemin à l'émancipation des non-musulmans dans l'Empire, notamment à celle des juifs, au nombre d'environ 150 000 (sans compter les juifs de nationalité étrangère) entre 1844 et 1856. Ils encouragent les élites juives locales occidentalisées à initier des changements avec la complicité des élites juives européennes. C'est ainsi que l'Alliance israélite universelle, par son action éducative, engage progressivement cette branche majeure du judaïsme sépharade sur la voie de l'occidentalisation. Les Lumières juives se développent dans l'Empire, ainsi que le sionisme et le militantisme syndical, illustré par la Fédération socialiste ouvrière de Salonique et ses milliers d'adhérents.

Jusqu'en 1917, la Palestine, vers laquelle se tournent les regards des sionistes, est une possession ottomane. Entre 1881 et 1947, sa population juive passe de 24 000 à 630 000 âmes grâce aux vagues d'immigration successives. La révolution industrielle va de pair avec un spectaculaire développement agricole. Le pays est également le cœur de la renaissance culturelle hébraïque. L'hébreu y redevient une langue parlée, grâce à l'œuvre de militants inspirés comme Éliézer Ben Yehuda, et s'érige en langue d'enseignement dans les écoles et à l'Université hébraïque de Jérusalem, fondée en 1925. Des poètes comme Hayim Nahman Bialik et Shaul Tchernikhovsky participent activement à ce renouveau. La déclaration Balfour du 2 novembre 1917, aux termes de laquelle le Royaume-Uni considère désormais favorablement l'implantation d'un foyer national juif en Palestine, constitue un véritable tournant dans l'histoire tant du sionisme que de la région. Elle engage aux côtés du nationalisme juif la Grande-Bretagne, dont la Société des Nations officialise la présence en juillet 1922, en lui conférant un mandat sur le pays. En 1918, il y a 664 000 Arabes en Palestine et environ 82 700 juifs. Tous les germes des conflits à venir se trouvent déjà dans ce poids démographique nouveau, renforcé par la progressive colonisation des terres, conséquence de leur achat massif aux Arabes palestiniens.

G. Le Nouveau Monde

Face à l'Europe et à l'Orient, le troisième grand pôle du monde juif, à la fin du XIXe et au début du XXe siècle, se situe désormais outre-Atlantique.

Dès l'ouverture du Nouveau Monde aux aventuriers européens du XVIIe siècle, les premiers Sépharades venus du Brésil débarquent à La Nouvelle-Amsterdam (future New York). S'y joignent bientôt des juifs partis d'Amsterdam et des Caraïbes, et plus tard des villageois juifs d'Europe centrale et orientale. La Constitution des États-Unis de 1791 instaure la séparation de l'Église et de l'État et la liberté religieuse, et garantit à tous (juifs compris) l'intégralité des droits politiques. Mais dès le XVIIIe siècle, une nouvelle immigration se dessine, surtout en provenance d'Allemagne, qui s'accentue considérablement au siècle suivant. C'est elle qui donne le ton au judaïsme américain jusqu'au déferlement des juifs d'Europe orientale, à partir des années 1880. Au fur et à mesure de leur croissance, les communautés créent en grand nombre des institutions philanthropiques et éducatives, appelées à devenir un trait caractéristique de la vie juive nord-américaine.

Entre 1880 et 1925, 2 650 000 juifs d'Europe orientale s'installent aux États-Unis. Ils finissent par dominer les groupes existants et influencent durablement la vie juive américaine. Ce sont surtout des travailleurs manuels, exerçant leur métier dans des conditions pénibles et avec des salaires misérables. Au début du XXe siècle, des syndicats de travailleurs et travailleuses juifs voient le jour, revendiquant un demi-million d'adhérents. La vie religieuse connaît également un nouvel essor. Orthodoxes, les immigrants développent des institutions plus traditionnelles. Vers 1910, on trouve ainsi aux États-Unis des milliers de synagogues, à côté d'une foule d'écoles et d'organisations culturelles. Une presse yiddish et hébraïque florissante reflète tous les courants de la société juive ainsi que les différentes tendances de sa classe ouvrière. Théâtres et écoles yiddish enrichissent cette vie culturelle et la littérature yiddish connaît un épanouissement remarquable. Après la Première Guerre mondiale, quand les États-Unis comptent déjà plus de quatre millions de juifs, l'immigration atteint un nouveau pic, mais elle est pratiquement bloquée par les lois de 1921 et 1924, ce qui entraîne une progressive déprolétarisation et le déclin de la culture yiddish. La classe moyenne se développe et de plus en plus de juifs s'illustrent dans les arts, la musique, les sciences et la politique.

Quoique géographiquement la plus éloignée des théâtres des deux événements majeurs de l'histoire des juifs et du judaïsme au XXe siècle, la communauté juive américaine en sera à sa manière partie prenante. La Seconde Guerre mondiale et ses conséquences constituent pour elle, qui est originaire d'Europe et avait gardé des liens avec ce continent, un véritable traumatisme et elle va œuvrer activement pour la création de l'État d'Israël. Cet engagement, se manifestant régulièrement par un soutien politique, financier et moral considérable, finit par devenir partie intégrante de son identité.

IV

Le judaïsme au XXe siècle et au début du XXIe siècle

A. La destruction des juifs d'Europe

L'arrivée au pouvoir des nazis en Allemagne, en 1933, s'accompagne de l'adoption d'une série de mesures discriminatoires. En septembre 1935, les lois de Nuremberg « pour la protection du sang et de l'honneur allemands » déchoient les juifs de leur citoyenneté et en font des sujets de rang inférieur. L'application de ces dispositions s'appuie sur une définition précise du juif : « celui qui est issu d'au moins trois grands-parents juifs », « celui qui appartient à la communauté religieuse juive ». Entre 1933 et 1939, environ la moitié des 500 000 juifs d'Allemagne avait quitté le pays. En mars 1939, la Tchécoslovaquie disparaît. Et une nouvelle étape commence avec la conquête de la Pologne en septembre. Les juifs sont d'abord réunis dans les grands centres ferroviaires. On instaure des « conseils juifs », composés de notables, chargés de mettre en application les ordres des forces d'occupation. En octobre et novembre, environ 3,3 millions de juifs polonais sont contraints au port de signes distinctifs. On procède à leur ghettoïsation. Les conditions de travail, les épidémies, la faim causent la mort d'un demi-million d'entre eux.

Entre avril et juin 1940, les Allemands occupent le Danemark, la Norvège, la Belgique, la Hollande et la moitié nord de la France. Un demi-million de juifs supplémentaires se trouvent sous leur domination. L'armistice est signé le 22 juin 1940 par le gouvernement du maréchal Pétain. La France est partagée entre une zone occupée par les Allemands, au nord de la Loire, et une zone située au sud, dite « libre ». Les premières mesures discriminatoires en zone occupée sont l'œuvre des autorités allemandes. Par la suite, le gouvernement de Vichy et les forces d'occupation rivalisent d'ingéniosité pour resserrer l'étau sur les juifs. Vichy décrète son statut des juifs le 3 octobre 1940. Le juif y est défini selon des critères raciaux : il s'agit de toute personne issue de trois grands-parents de race juive ou de deux seulement si son conjoint est lui-même juif. Un second statut promulgué le 2 juin 1941 associe critère religieux et critère racial : « est considéré comme juif, celui qui appartient à la religion juive ou y appartenait le 25 juin 1940, et qui est issu de deux grands-parents de race juive ». La suppression de la zone libre, le 11 novembre 1942, à la suite de son occupation par les Allemands (exception faite des départements situés à l'est du Rhône, sous contrôle italien jusqu'en septembre 1943), étend la persécution à l'ensemble du pays. Dès lors, ni les juifs français, ni les apatrides, ni les étrangers ne sont plus épargnés.

Entre 1939 et fin 1941, environ un million de juifs européens sont exterminés par des procédés conventionnels. La conférence de Wannsee, tenue par les dignitaires nazis le 11 juin 1942, fixe les modalités de la « solution finale ». Auschwitz-Birkenau se transforme en une véritable machine d'extermination : 1 500 000 juifs y sont assassinés. Une résistance apparaît dans plusieurs camps et ghettos, entraînant des répressions violentes. Au ghetto de Varsovie, elle est organisée à la fin du mois d'octobre 1942 par des groupes affiliés aux mouvements de jeunesse sionistes et à des partis politiques. Dans la révolte, qui éclate le 18 janvier 1943, environ 40 000 juifs trouvent la mort. Dans les camps de la mort, environ 3 860 000 juifs auront péri. Le bilan global des victimes juives sur le continent européen, de l'Ouest à l'Est, Balkans compris, s'établit à 5 à 6 millions. Environ 1 200 000 juifs, survivants du génocide et réfugiés, des êtres brisés, circulent à travers l'Europe.

En 1939, 60 % des juifs vivaient en Europe ; en 1951, cette proportion est tombée à 30 %. Toutes les catégories de juifs européens, y compris les plus intégrés, ont été touchées, et l'immense foyer est-européen est anéanti.

Au lendemain de la guerre, les rescapés doivent d'abord lutter pour se reconstruire une nouvelle vie. Les croyants, toutefois, cherchent des réponses au dilemme théologique posé par le génocide. Pour l'écrivain Élie Wiesel, celui-ci n'est pas explicable avec Dieu, mais ne peut non plus être expliqué ni compris sans Lui. Pour l'Américain Richard L. Rubinstein, Auschwitz est une réfutation décisive de l'affirmation traditionnelle d'un Dieu providentiel agissant dans l'histoire et observant le peuple juif, qu'il a choisi entre toutes les nations. Joie et réalisation doivent être désormais cherchées dans cette vie plutôt que dans un futur mystique ou eschatologique.

Pour nombre d'ultra-orthodoxes, en revanche, la modernité et les mouvements séculiers qui l'accompagnent, dont le sionisme, ont éloigné les juifs de la Torah, et le génocide est un châtiment infligé au peuple juif pour ses péchés. D'autres, quant à eux, s'accordent à considérer l'époque moderne, notamment le XXe siècle, comme le début de l'ère messianique. Cette ère doit être précédée de convulsions. Le génocide est l'apogée des temps de troubles annoncés. La venue immédiate du Messie devrait en résulter, menant à la rédemption finale des juifs, puis de l'humanité entière. Il est donc urgent de favoriser un retour aux racines religieuses du judaïsme.

Aux yeux du théologien Emil Fackenheim, enfin, le génocide est l'événement le plus déroutant de l'histoire juive. Il exige du peuple juif un réexamen de la présence de Dieu dans l'histoire. Avec l'extermination, Dieu aurait délivré un 614e commandement : il est désormais interdit aux juifs de donner une victoire posthume à Hitler, ils sont tenus de rester juifs et de résister à la logique de l'anéantissement. Et pour Fackenheim, l'État d'Israël est précisément une réponse de vie nouvelle et de construction face à la mort et à la destruction.

B. La création de l'État d'Israël

De fait, le sort des juifs en Europe a hâté la fondation de cet État, un pays pour les juifs persécutés. La puissance mandataire britannique se retire. En 1947, un plan de partage proposé par l'ONU échoue et Israël est proclamé le 14 mai 1948. La guerre d'indépendance, qui coûte la vie à 6 000 civils et militaires juifs et à 2 000 combattants arabes, prend fin en janvier 1949.

Alors que le pays est encore en guerre, il est décidé qu'il sera une république démocratique et parlementaire de type occidental, laïque, reposant sur le suffrage universel. Néanmoins, le poids d'une mémoire historique rendant problématique l'absolue séparation du fait national et du fait religieux, l'importance des partis orthodoxes et certains aspects de la législation ont abouti à conférer une spécificité religieuse à l'État. Celui-ci n'a pas de Constitution écrite, car aux yeux des religieux, seule la Torah pourrait en tenir lieu. Il ne dispose que de lois fondamentales. Héritant du régime ottoman, il reconnaît l'autonomie interne des groupes confessionnels. Ainsi la gestion des mariages et divorces, pour les juifs, relève-t-elle du rabbinat. Les communautés musulmanes, druzes et chrétiennes administrent de même leurs questions de statut personnel. Larvée ou frontale, l'opposition n'a pas cessé en Israël entre une majorité laïque et un camp orthodoxe soucieux d'imprimer un caractère toujours plus « juif » à l'État. Le sionisme religieux, quant à lui, au grand dam des orthodoxes antisionistes, a intégré à la liturgie traditionnelle une célébration spécifique pour l'anniversaire de l'Indépendance de l'État, conçu comme « le commencement de l'éclosion de notre salut ».

Israël reçoit dès sa fondation des immigrés juifs du monde entier. Son grand problème reste les relations avec les Arabes et la légitimité, à leurs yeux, de son existence. Toute une série de conflits, d'accrochages et de guerres balisent le parcours du jeune État. En 1967, la guerre des Six-Jours se solde par la victoire d'Israël sur tous les fronts et par l'occupation du Sinaï, de la bande de Gaza, de la Cisjordanie (ou Judée-Samarie, avec la vieille ville de Jérusalem) et des hauteurs du Golan. Ce conflit, qui au début a semblé faire planer la menace d'un nouveau génocide, a fortement contribué à renforcer la solidarité des juifs de diaspora à l'égard d'Israël. La victoire est ressentie, y compris par les laïcs, comme un véritable miracle. Et pour certains secteurs religieux-sionistes extrémistes de la population israélienne, l'occupation de la Judée-Samarie, cœur de l'Israël antique, revêt une signification à la fois religieuse et politique. Elle prend place dans le processus messianique commencé avec la naissance du sionisme. La doctrine de la sainteté de la terre d'Israël, où le peuple juif et sa terre, dans son intégralité, font un, revient au centre.

Cependant, dans les années 1960, le nationalisme palestinien s'est organisé avec le Fatah de Yasser Arafat et l'Organisation de libération de la Palestine (OLP), qui ne reconnaissent pas l'existence d'Israël. Le Fatah rejoint l'OLP en 1967. Le Sud-Liban abrite les bases militaires de ces organisations qui engagent la lutte armée contre Israël et qui, dès les années 1970, conquièrent une légitimité auprès des pays arabes et des puissances européennes. En 1973, la guerre du Kippour se solde par une victoire militaire israélienne, mais au point de vue politique, il s'agit d'un échec. Le pays perd sa confiance dans le parti travailliste, ce qui prépare l'arrivée au pouvoir de la droite, pour la première fois dans l'histoire de l'État, en mai 1977. Celle-ci favorise une exacerbation des rêves de « Grand Israël ». Begin restitue le Sinaï à l'Égypte de Sadate, avec qui la paix est signée le 26 mars 1979, mais il intensifie son hégémonie sur la Cisjordanie.

En juin 1982, Israël envahit le Liban pour démanteler les bases politico-militaires de l'OLP et assurer la « Paix en Galilée ». Cette fois, ce n'est pas aux pays arabes, mais aux Palestiniens qu'il livre la guerre. Les massacres des camps palestiniens de Sabra et Chatila, perpétrés en septembre par les phalangistes libanais chrétiens, alors que les troupes israéliennes se trouvent à proximité, portent un grave coup au prestige d'Israël. En décembre 1987, débute la « guerre des pierres », le soulèvement (*Intifada*) des Palestiniens de Gaza et de Cisjordanie. Ni l'État ni l'armée ne sont préparés à un combat de cette nature.

Le 15 novembre 1988, Yasser Arafat proclame la création d'un État indépendant en Palestine et reconnaît implicitement l'existence d'Israël en décembre de la même année. Le

16 janvier 1991, c'est la guerre du Golfe, dans laquelle l'Irak a failli entraîner Israël, mais qui donne un coup de fouet au processus de paix, pendant que l'aile fondamentaliste de la résistance palestinienne, le Hamas, prône la guerre sainte contre l'État juif, et que la droite et l'extrême droite israéliennes manifestent bruyamment leur opposition aux négociations engagées. Le 9 septembre 1993, l'État d'Israël et l'OLP se reconnaissent mutuellement lors des accords d'Oslo. Parallèlement, en octobre 1994, Israël signe un traité de paix avec la Jordanie. Ces avancées considérables n'empêchent pas une recrudescence du terrorisme palestinien, qui coûte la vie à de nombreux Israéliens, et des tensions à l'intérieur d'Israël, dont le sommet est atteint avec l'assassinat, en 1995, par un extrémiste israélien, du Premier ministre Yitzhak Rabin, artisan de la paix avec Yasser Arafat.

La seconde Intifada débute en 2000 et les deux peuples sont une fois de plus dans l'impasse. Actes terroristes, exactions, brimades, destructions, représailles de toutes natures ponctuent l'histoire au quotidien de l'un et l'autre camps. Les Palestiniens subissent les répercussions dramatiques d'une occupation qui dure depuis des décennies. L'évacuation de Gaza en 2005 n'a pas suspendu la poursuite de la colonisation israélienne en Cisjordanie. Et la guerre du Liban de l'été 2006, qui s'est soldée par la mort de plus d'un millier de civils du côté libanais et de quelque 159 citoyens israéliens, dont 39 civils, sous les tirs du Hezbollah, a contribué à l'inexorable dégradation de la situation dans la région.

En 2005, avec 5 237 600 citoyens juifs, Israël abritait un peu plus de 40 % du judaïsme mondial.

C. Aujourd'hui

Après la Shoah (le terme hébraïque, signifiant « catastrophe », « destruction », qui s'est progressivement imposé pour désigner le génocide, en Israël mais aussi en France, en raison de l'impact du film éponyme de Claude Lanzmann) et la fondation de l'État hébreu, un autre grand bouleversement du XXe siècle a été la quasi-disparition des foyers de peuplement juif en terre d'islam – à l'exception de la Turquie (environ 18 000 personnes). Des vagues de migration massives se sont dirigées vers la France et Israël, et dans une moindre mesure vers le Canada, dans le sillage de l'accès à l'indépendance des États du Maghreb et du Proche-Orient et du développement du conflit israélo-arabe. Après Israël, c'est aujourd'hui la France qui abrite le plus de juifs d'origine orientale, essentiellement nord-africaine, dans le monde. Entre 1956 et 1967, environ 235 000 juifs d'Afrique du Nord arrivent ainsi dans l'Hexagone. Cette immigration bouleverse le profil de la collectivité juive française. Elle lui insuffle un regain de dynamisme et l'imprègne de nouvelles valeurs : une plus grande religiosité, une conception du judaïsme allant au-delà d'une pratique confinée à la sphère privée, englobant tous les domaines de la vie sociale, et différant de celle, confessionnelle et intégrée, des autochtones. La judaïcité française, décimée par la guerre et vieillissante, s'en trouve revitalisée, une vie juive de plus en plus visible à l'extérieur se développe. Sous l'influence d'une base remuante, les instances représentatives du judaïsme rompent peu à peu avec leur politique traditionnelle de réserve et manifestent une visibilité politique et religieuse collective croissante dans la cité.

Le XXe siècle est par ailleurs le témoin d'une évolution contrastée des relations du judaïsme avec le christianisme et l'islam. Après le génocide, l'Église catholique a engagé une révision de sa position à l'égard des juifs et du judaïsme. Le pape Jean XXIII lance le processus de refonte de l'enseignement chrétien sur les juifs en 1959 et demande l'abandon, dans la célèbre prière pour les juifs, de la mention de la « perfidie judaïque » et des « juifs perfides ». En 1965, la déclaration *Nostra Aetate* no 4 affirme le lien spirituel entre l'Église catholique et le peuple d'Israël. En 1992, Jean-Paul II publie un nouveau *Catéchisme universel de l'Église catholique* qui adopte un ton nuancé et bienveillant sur les juifs et en 1998, dans *Nous nous souvenons. Une réflexion sur la Shoah*, le Vatican condamne « les interprétations erronées et injustes du Nouveau Testament relatives au peuple juif et à sa culpabilité » qui ont nourri l'hostilité à son endroit, mais nie le lien direct entre antijudaïsme chrétien et antisémitisme nazi. Rupture avec l'« enseignement du mépris », reconnaissance de la judéité de Jésus, abandon de la doctrine de la responsabilité collective du peuple juif dans sa mort, renoncement à la mission de conversion, etc. – cette évolution, également sensible chez les protestants, a favorisé l'éclosion d'un dialogue judéo-chrétien souvent fructueux.

À l'inverse, le développement des nationalismes arabes, la question de Palestine et la création de l'État d'Israël en 1948 ont contribué à une détérioration profonde des relations entre juifs et musulmans. Dans un monde arabo-musulman vidé de ses juifs, un nouvel antisémitisme s'est développé, empruntant ses thèmes à la tradition antisémite occidentale et prenant prétexte du conflit proche-oriental, devenu un bon moyen, aux mains des dirigeants arabes, pour canaliser la colère des masses. Cet antisémitisme est aujourd'hui relayé par les mouvances islamistes radicales, qui lui donnent une tonalité spécifiquement religieuse. Des tentatives, fragiles et encore dispersées, n'en sont pas moins conduites en Occident pour renouer le dialogue.

Trois grands centres du judaïsme mondial se distinguent désormais, travaillés par des tendances diverses : Israël, l'Amérique du Nord et l'Europe, avec un pôle majeur en France, et deux pôles secondaires en Grande-Bretagne et en Russie (pays qui, une fois refermée la sombre parenthèse de l'oppression soviétique, s'est largement vidé de ses juifs, au profit notamment d'Israël).

Israël a développé une culture hébraïque spécifique, largement séculière, mais empruntant beaucoup à l'antique legs traditionnel, sa langue, certains de ses thèmes, des références implicites ou assumées. Ce pays est en outre le théâtre d'affrontements politiques et politico-religieux incessants qui rejaillissent, pour certains d'entre eux, en diaspora, où religieux et séculiers, pro-israéliens irréductibles, juifs « critiques » et antisionistes radicaux (désormais minoritaires) s'affrontent régulièrement.

Les États-Unis, quant à eux, comptent actuellement plus de 5 millions de juifs, avec un faible taux de natalité ; ils y représentent à peu près 2 % de la population totale. Leur niveau de vie moyen se rapproche de celui des éléments les plus anciens et les plus fortunés de la société américaine, les protestants blancs. Le problème qui se pose aux juifs américains tourne autour de leur identité. Comment cette communauté pourra-t-elle lutter contre l'assimilation, avec quelque 40 % de mariages mixtes, dans une société ouverte où l'antisémitisme ne représente aucun enjeu politique ? Face aux courants orthodoxes ou ultra-orthodoxes, les mouvances réformée, *conservative* et reconstructionniste (cette dernière, fondée par Mordecai Kaplan, considérant le judaïsme plus comme une civilisation religieuse évolutive que comme un enseignement et une loi révélés) n'en contribuent pas moins à maintenir vivant un judaïsme novateur, notamment quant à la place des femmes ou des minorités sexuelles dans la gestion à part entière du religieux.

En Europe enfin, et en France particulièrement, un judaïsme divers se maintient, lui aussi inquiet de l'augmentation de l'exogamie, fortement sécularisé, appuyant son identité sur un double attachement à l'existence d'Israël et à la mémoire de la Shoah. Une culture juive spécifique, autonome, peine à s'y construire, alors même que la France a été la terre d'élection et le lieu de développement de la dernière grande philosophie du judaïsme, celle d'Emmanuel Levinas. Certes, les milieux issus du judaïsme nord-africain restent attachés aux traditions et l'on observe un certain regain de religiosité, chez les jeunes notamment. Reste que face aux répercussions du conflit israélo-palestinien sur le sol européen et aux accès d'antisémitisme, d'intensité et de durée variables qui les ont accompagnées, surtout depuis la seconde *Intifada*, beaucoup de juifs français perçoivent leur situation comme fragilisée.

En ce début de XXIe siècle, c'est un judaïsme « à la carte » qui domine, chacun s'aménageant à son gré un système plus ou moins instable de croyances et d'observances. Même le « retour » actuel aux normes les plus orthodoxes, perceptible dans certains milieux en Israël et en diaspora, loin de simplement prolonger la tradition, en réalité la « réinvente ». De fait, s'il y a une constante de l'histoire du judaïsme, une constante qui peut aujourd'hui encore faire croire à son avenir, c'est cette capacité de chaque génération de juifs à le réinventer toujours à nouveau.

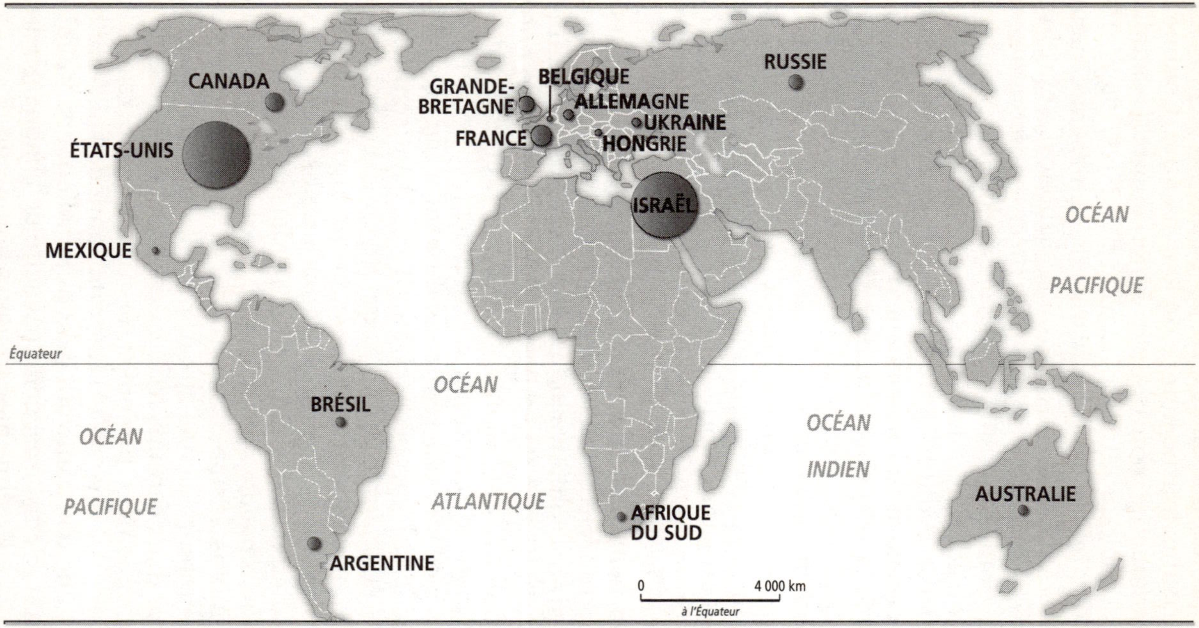

LES 15 PAYS AVEC LA POPULATION JUIVE LA PLUS NOMBREUSE EN 2005

5 280
500
100
31
en milliers de personnes

Repères chronologiques

722 av. J.-C.	Les Assyriens rayent le royaume d'Israël de la carte du Proche-Orient antique.
586 av. J-C.	Le royaume de Juda succombe à son tour sous l'assaut des Babyloniens. Destruction du Temple de Jérusalem et déportation de l'aristocratie judéenne en Babylonie.
539 av. J.-C.	Le roi de Perse Cyrus autorise le retour en Judée d'une partie des exilés judéens.
516 av. J-C.	Achèvement de la reconstruction du Temple. La rédaction finale du Pentateuque date probablement de cette période.
332-142 av. J.-C.	La Palestine est placée sous domination hellénistique à la suite des conquêtes d'Alexandre le Grand. Révolte des Maccabées en 167 av. J.-C. Le Temple est purifié et inauguré en 164 av. J.-C.
63 av. J.-C.	Conquête romaine de la Judée.
66-74 ap. J.-C.	Grande révolte juive contre Rome.
70	Destruction du Temple de Jérusalem par les troupes de Titus.
132-135	Dernière révolte juive contre Rome, conduite par Siméon Bar-Kokhba.
Fin du IIe s.	Publication en Judée de la *Michna*, premier code canonique de la Loi orale juive.
Fin du IVe s.	Clôture du Talmud de Jérusalem.

499	Achèvement de la mise en forme du Talmud de Babylone.
VIe-XIe s.	Période « gaonique », de l'hébreu *gaon*, titre porté par les chefs des académies babyloniennes, dont le rayonnement s'étend à l'ensemble du monde juif.
Xe-XIIe s.	Période dite de l'« âge d'or » espagnol, clos par l'invasion almohade (1130-1269).
XIe-XIIe s.	Apogée de l'école talmudique du nord de la France avec Rachi et ses successeurs.
1096	Première croisade donnant lieu à de violentes persécutions antijuives dans la vallée du Rhin.
XIIe- XIVe s.	Entre 1150 et 1250, courant piétiste en Allemagne du Sud et dans la vallée du Rhin. Aux XIIe-XIIIe s., débuts de la kabbale en Provence et Languedoc, puis en Espagne. Aux XIIIe-XIVe s., derniers feux de la philosophie juive en Provence et en Espagne.
Vers 1185	Moïse Maïmonide achève en Égypte son code de la Loi juive.
1215	Le IVe concile du Latran décide le port d'un insigne distinctif par les juifs.
1242 (ou 1244)	Brûlement du Talmud en place de Grève à Paris.
XIIIe s.	Diffusion en Espagne du *Zohar*, chef-d'œuvre de la tradition kabbalistique.
XIIIe-XIVe s.	Ère des grandes expulsions de juifs en Europe.
1391	Vague de persécutions antijuives en Espagne.
1492	Chute de Grenade, dernier bastion musulman en Espagne. Expulsion des juifs d'Espagne.
1516	Création du premier ghetto entouré de murs et de portes à Venise.
XVIe s.	Développement du foyer kabbalistique de Safed. Joseph Karo rédige son code de la Loi juive, le *Choulhan Aroukh*.

1648-1649	Révolte cosaque conduite par Bogdan Khmelnitski, se soldant par de terribles massacres de juifs.
XVIIe s.	Reconstitution d'importantes communautés juives en partie issues de marranes ayant fui l'Inquisition espagnole et revenus au judaïsme dans le sud-est de la France et en Europe du Nord. Crise sabbatéenne. Premières communautés juives au Nouveau Monde.
XVIIIe s.	Naissance à Berlin du mouvement des Lumières juives (*Haskala*). Naissance du hassidisme en Podolie.
Fin du XVIIIe s.	Début des réformes de la condition juive en Europe.
1790-1791	Émancipation des juifs de France
XIXe s.	Période d'intégration des juifs en Europe. Et continuation de l'émancipation en Europe. Naissance en Allemagne des mouvements de la Réforme et, en réaction, de la néo-orthodoxie. La colonisation fait passer les communautés juives du Maghreb sous domination française.
1808-1809	En France, organisation des consistoires.
1840	À Damas, des juifs sont accusés de meurtre rituel. Cette affaire conduit les juifs d'Europe à redécouvrir leurs coreligionnaires orientaux. Naissance de la solidarité juive moderne.
1860	Fondation à Paris de l'Alliance israélite universelle.
1870	Octroi de la citoyenneté française aux juifs d'Algérie par le décret Crémieux.
Années 1880	L'antisémitisme se déploie en Europe.
1882-1904	Première vague d'immigration juive pionnière en Palestine.
1894-1906	Affaire Dreyfus.
1896	Publication de l'*État des Juifs* de Theodor Herzl.

1897	Premier congrès sioniste à Bâle. Création à Vilna du Bund, mouvement socialiste juif qui, par la suite, s'oppose au sionisme.
1903-1906	Nouvelle vague de pogromes en Russie et en Ukraine.
1905	En France, loi de séparation des Églises et de l'État. Les consistoires deviennent des associations cultuelles.
1917	Déclaration Balfour, par laquelle le gouvernement britannique se déclare favorable à la création d'un foyer national juif en Palestine.
1919-1939	Importantes vagues d'immigration en France principalement en provenance d'Europe de l'Est.
1922	La Société des Nations accorde à la Grande-Bretagne le mandat sur la Palestine.
1933	Hitler accède au pouvoir. Les années suivantes, mise en place des lois raciales en Allemagne.
1936	Émeutes arabes en Palestine.
1938	Dans la nuit du 9 au 10 novembre, en Allemagne, c'est la « Nuit de Cristal », immense pogrome au cours duquel les magasins et les appartements des juifs sont pillés, les lieux de culte saccagés.
1939-1945	Seconde Guerre mondiale. Le gouvernement de Vichy décrète le 3 octobre 1940 son statut des juifs. Dans toute l'Europe, pogromes, ghettos, exécutions, déportations, mise en place de camps de concentration, extermination. 5 à 6 millions de juifs sont assassinés. Environ un quart des juifs de France sont anéantis.
Nov. 1945-oct. 1946	Procès de Nuremberg : les criminels de guerre nazis sont jugés par un tribunal militaire allié.
1947	Adoption du plan de partage de la Palestine par l'Assemblée générale de l'ONU.

1947-1949	Guerre d'indépendance d'Israël. Des centaines de milliers de Palestiniens sont contraints à l'exil.
1948	Proclamation de l'indépendance de l'État d'Israël. Création en France de l'Amitié judéo-chrétienne.
Années 1950-1960	Immigration massive en Israël, notamment dans le sillage de la décolonisation du Maghreb. Arrivée en France des juifs d'Algérie et d'une partie des juifs de Tunisie et du Maroc, entraînant une transformation en profondeur de la physionomie du judaïsme français.
1956	Guerre de Suez.
1967	Guerre des Six-Jours. Occupation du Sinaï, de la bande de Gaza et de la Cisjordanie par Israël. La question palestinienne prend une nouvelle tournure et revient sur le devant de la scène.
Années 1970-1980	Effervescence culturelle juive en France dans la foulée de la quête identitaire caractéristique de ces années-là.
1973	Guerre du Kippour.
1979	Traité de paix entre Israël et l'Égypte.
1982	Première guerre du Liban.
1987	Début de la première Intifada.
1990	À partir de cette date, l'émigration des juifs russes en Israël prend un rythme soutenu, à raison de 20 000 par mois. Leur nombre va atteindre le million.
1993	Accords d'Oslo. Reconnaissance mutuelle entre Israël et l'OLP.
1994	Traité de paix entre Israël et la Jordanie.
1995	Jacques Chirac, élu président de la République, prononce le 16 juillet un discours où il reconnaît « la responsabilité de l'État français » et évoque la « faute collective » à l'endroit des juifs pendant Vichy. Mort d'Emmanuel Levinas.
2000	Début de la seconde Intifada.

2001	À partir de l'automne, regain préoccupant d'antisémitisme en Europe, lié à une dégradation accrue de la situation au Proche-Orient.
2005	Évacuation de la bande de Gaza par Israël.
2006	Seconde guerre du Liban (opposant Israël au Hezbollah chiite). Très nombreuses victimes civiles, notamment du côté libanais. Le processus de création d'un État palestinien est dans l'impasse.

Bibliographie

Michel Abitbol, *Le Passé d'une discorde. Juifs et Arabes depuis le VIIe siècle*, rééd., Paris, Perrin, coll. « Tempus », 2003.

Jean-Christophe Attias et Esther Benbassa, *Dictionnaire des mondes juifs*, 3e éd. revue, mise à jour et augmentée, Paris, Larousse, coll. « À présent », 2008.

— *Israël, la terre et le sacré*, 2e éd., Paris, Flammarion, coll. « Champs », 2001.

— « Judaïsme », dans *id.* (éds), *Des cultures et des dieux. Repères pour une transmission du fait religieux*, Paris, Fayard, 2007.

— (éds), *Juifs et musulmans. Une histoire partagée, un dialogue à construire*, Paris, La Découverte, 2006.

Élie Barnavi (éd.), *Histoire universelle des Juifs*, 2e éd., Paris, Hachette Littératures, 2002.

— et Saul Friedländer (éds), *Les Juifs et le XXe siècle. Dictionnaire critique*, Paris, Calmann-Lévy, 2000.

Jean Baumgarten, *Le Yiddish, histoire d'une langue errante*, Paris, Albin Michel, 2002.

— *et al.* (éds), *Mille Ans de cultures achkénazes*, Paris, Liana Levi, 1994.

Esther Benbassa, « Antisémitisme », Paris, *Encyclopædia Universalis*, 2004.

— *Histoire des Juifs de France*, 3e éd., Paris, Seuil, coll. « Points-Histoire », 2004.

— et Aron Rodrigue, *Histoire des Juifs sépharades. De Tolède à Salonique*, 2e éd., Paris, Seuil, coll. « Points-Histoire », 2002.

Gérard BENSUSSAN, *Qu'est-ce que la philosophie juive ?*, Paris, Desclée de Brouwer, 2004.

David BIALE (éd.), *Les Cultures des Juifs. Une nouvelle histoire*, trad. de l'anglais par J. Mailhos et J.-F. Sené, Paris, L'Éclat, 2005.

André CHOURAQUI, *Histoire des Juifs en Afrique du Nord*, rééd., Paris, Éditions du Rocher, 1998, 2 vol.

Anne GRYNBERG, *La Shoah, l'impossible oubli*, Paris, Gallimard, coll. « Découvertes », 1995.

Maurice-Ruben HAYOUN, *La Liturgie juive*, Paris, PUF, coll. « Que sais-je ? », 1994.

Charles MOPSIK, *Cabale et cabalistes*, rééd., Paris, Albin Michel, 2003.

Pierre PIERRARD, *Juifs et Catholiques français d'Édouard Drumont à Jacob Kaplan, 1886-1994*, rééd, Paris, Cerf, 1997.

Véronique POIRIER, *Ashkénazes et Séfarades. Une étude comparée de leurs relations en France et en Israël (années 1950-1990)*, Paris, Cerf, 1998.

Renée POZNANSKI, *Les Juifs en France pendant la Seconde Guerre mondiale*, rééd., Paris, Hachette Littératures, coll. « Pluriel », 2005.

David SORKIN, *Moïse Mendelssohn, un penseur juif à l'ère des Lumières*, trad. de l'américain par F. Abergel, Paris, Albin Michel, coll. « Présence du judaïsme », 1996.

Ephraïm E. URBACH, *Les Sages d'Israël, conceptions et croyances des maîtres du Talmud*, trad. de l'hébreu par J. Carnaud, Paris, Cerf-Verdier, 1996.

Geoffrey WIGODER et Sylvie-Anne GOLDBERG (éds), *Dictionnaire encyclopédique du judaïsme*, rééd., Paris, Laffont, coll. « Bouquins », 1997.

INDEX

Deuxième partie

Petite histoire du christianisme

par Jean Baubérot

Introduction

L'histoire du christianisme fait partie intégrante de l'histoire. À ce titre, elle intéresse chacun d'entre nous. Il est donc indispensable de la faire connaître à un large public et c'est l'objet de cet ouvrage. Mais si transmettre cette connaissance est nécessaire, ce n'est pas chose facile. L'auteur de ce petit livre a tenté de relever plusieurs défis.

D'abord, celui de présenter clairement les principaux événements sans les déformer. De nombreuses querelles théologiques ont mis en œuvre des conceptions voire des problèmes, dont la plupart sont devenus étrangers à la grande majorité aussi bien des non-chrétiens que des chrétiens d'aujourd'hui. C'est de ces conflits qu'il faut rendre compte de la façon la plus claire possible, les simplifier tout en donnant une idée de leur complexité. Tout cela sans pour autant faire silence sur les méandres qui ont mené au triomphe de certaines doctrines, afin de ne pas rendre compte uniquement de l'histoire des vainqueurs. Pour finir, il faut également rectifier idées reçues et erreurs communes, même s'il est impossible d'entrer dans le détail.

Le second défi est de rendre compte de toutes les facettes du christianisme, qui est à la fois culte et culture, foi et civilisation. Nous avons voulu éviter tout réductionnisme, dans un sens comme dans l'autre. L'histoire du christianisme est religieuse, politique et culturelle, et les diverses formes de christianisme présentent des ressemblances et des différences dans leurs rapports à ces domaines.

Le troisième défi, majeur, est de porter un regard d'historien sur le christianisme, en pratiquant l'« agnosticisme méthodologique ». Que signifie cette expression ? Simplement que l'historien, dans l'exercice de son métier, ne doit pas se demander si le christianisme est « vrai » ou « faux », de la même façon qu'un médecin qui examine un accidenté de la route ne cherche pas à savoir s'il s'agit de l'auteur de l'accident ou de la victime d'un chauffard. Cette attitude est nécessaire pour qu'une histoire, même vulgarisée, garde un aspect « scientifique ».

Cet ouvrage s'adresse à tous et propose à chacun de mieux comprendre autrui. Nous voudrions que le lecteur chrétien de cet ouvrage comprenne mieux les anticléricaux ; que le lecteur athée, musulman, taoïste... comprenne ses contemporains chrétiens. De même, nous souhaiterions que le lecteur catholique sache que la doctrine de la prédestination a ses raisons et le lecteur protestant que celle du purgatoire a un sens ; à l'un et à l'autre, nous voudrions rappeler que le christianisme orthodoxe a gardé sa vitalité après le XIe siècle.

Tels sont les défis que nous tenterons de relever en moins de cent pages, ce qui nécessite des choix et des raccourcis conscients. Mais telle est aussi la formule de Librio, et nous trouvons précieux qu'à côté d'ouvrages savants existent aussi des essais vulgarisateurs ambitieux.

Nota bene :

1. Il est difficile de ne pas utiliser des termes passés dans le langage courant tels orthodoxie, hérésie, païen, évangélisation, Barbare... Nous l'effectuons sans jugements de valeur. Pour le manifester, certains termes sont mis entre guillemets lors de leur premier emploi.

2. Jusqu'au XVIe siècle, les dates de décès indiquées sont parfois approximatives.

3. Nous n'accolons pas le mot « saint » aux personnes canonisées par l'Église catholique. Rappelons qu'elles n'étaient pas forcément considérées comme « saintes » de leur vivant.

I

L'ÉMERGENCE DU CHRISTIANISME

A. Chrétiens avant d'être citoyens

Dans l'Empire romain où le sacrifice aux divinités protectrices constitue un acte de loyauté politique, des individus bizarres refusent de participer à ce culte. Ils se rendent ainsi coupables d'un crime de lèse-majesté et lorsque épidémies, mauvaises récoltes et défaites militaires frappent la cité, ils suscitent la colère de la foule, qui voit ces catastrophes comme la conséquence de leur conduite « impie ». Lorsque le magistrat les interroge, ils affirment s'appeler « chrétiens » et annoncer un « évangile ».

Ce terme est familier du monde gréco-romain. Lors de l'accession au trône d'un empereur, on proclame son évangile, c'est-à-dire « la bonne nouvelle » qu'il va apporter prospérité, paix et justice.

Mais ces chrétiens prétendent qu'il n'existe qu'un seul « évangile », incarné par l'enseignement, la mort et la résurrection d'un certain Jésus, qu'ils qualifient de Christ. Par extension, ils désignent aussi, par le terme « évangile », des récits de sa vie destinés à susciter la foi dans ce Christ et le Dieu qu'il révélerait.

Le terme Christ correspond, en grec, à l'hébreu Messie et signifie « envoyé de Dieu ». Les juifs, qui forment des communautés dynamiques en divers endroits de l'Empire, attendent la venue d'un Messie. Les chrétiens affirment qu'il est déjà venu, puisqu'il s'agit de Jésus, et pensent qu'il va bientôt revenir.

En soi, cela ne dérange pas l'ordre impérial ouvert à la multiplicité des cultes, et les chrétiens, de leur côté, se déclarent soumis aux autorités. Mais ils désobéissent à la loi en refusant d'adorer toute autre divinité que leur Christ et son Dieu. Cela les place notamment à l'écart de la vie publique : certains métiers ou certaines manières de vivre sont liés aux cultes traditionnels et à la divination. Ceux qui n'ont pas différé leur baptême sont chrétiens avant d'être citoyens. Ils font donc preuve de « haine du genre humain » (Tacite[1]) et forment une « secte » dangereuse qui adore un criminel, condamné par le magistrat au supplice infamant de la croix. Pourtant l'Empire, accommodant, ferme souvent les yeux. Mais en cas de crise, il doit néanmoins sévir.

Longtemps, tolérance et répression alternent ou coexistent suivant les lieux. Commencées à Rome sous Néron en 64 (l'apôtre Pierre en est une des victimes), les persécutions tendent à se généraliser au milieu du IIIe siècle, en raison du nombre grandissant de chrétiens. On délivre alors un certificat, *libellus,* à ceux qui participent aux cérémonies sacrificielles. Cela permet d'arrêter facilement les contrevenants. Ils sont emprisonnés, torturés, mis à mort par milliers. En fait, tous les chrétiens ne résistent pas jusqu'au martyre. Certains, les *sacrificati,* obéissent à l'ordre impérial ou transigent et font brûler quelques grains d'encens devant une divinité, les *thurificati.* D'autres réussissent à acheter un certificat de complaisance, les *libellatici.* Ceux qui n'ont pas cédé les considèrent comme des *lapsi* – ceux qui sont tombés – et se disputent pour savoir si l'on doit ou non réintégrer les repentis.

B. Le christianisme et les Écritures juives

Il ne s'agit nullement du seul sujet de division. Un grave point de désaccord concerne les textes sacrés. L'expression « Ancien Testament », ou Ancienne Alliance, est donnée aux Écritures (livres sacrés juifs), dans lesquelles il est question d'une alliance conclue par Dieu avec le peuple hébreu, d'où est issu le judaïsme, et dont Jésus faisait donc partie. Les disciples de Jésus, également juifs, ont trouvé dans ces écrits l'annonce de la venue de leur Christ, et des éléments d'interprétation de sa vie et de son enseignement. Des lettres d'apôtres, ou mises sous leur patronage (les épîtres), et des récits du ministère de Jésus lus au cours du culte (évangiles) vont constituer le Nouveau Testament, symbole d'une « Nouvelle Alliance », qui renouvelle celle qui existait et l'étend à l'ensemble de l'humanité. La prédominance de cette interprétation universaliste s'effectua lors d'une réunion tenue à Jérusalem en l'an 49. Elle entraîna une coupure progressive du judaïsme et du christianisme qui, à sa naissance, était une secte

1. Historien et critique littéraire romain (v. 55-v. 120).

juive parmi d'autres, au même titre que les sadducéens ou les esséniens.

Un premier sujet de dispute entre chrétiens concerne cette adoption des Écritures juives pour former la première partie de la Bible chrétienne. Au IIe siècle, Marcion les rejette, considérant leur Dieu comme un despote juste et vengeur, à l'opposé du Dieu d'amour annoncé par Jésus-Christ. Irénée de Lyon († 202) estime, en revanche, que le Christ y est annoncé et sa venue préfigurée. Refuser ces Écritures reviendrait à nier la continuité de « l'histoire du salut ». Cette interprétation va dominer, mais une Église marcionite subsistera jusqu'au Ve siècle. Elle fera partie de la mouvance « gnostique », rapidement considérée comme « hérétique ». La gnose se veut une connaissance salvatrice des mystères du monde divin. Elle procure la certitude du salut aux initiés qui connaissent l'issue heureuse du combat que se livrent un Démiurge[1] et le Dieu transcendant et bon, source du monde spirituel, qui envoie le Christ délivrer les âmes des élus, retenues prisonnières par leur corps matériel. Le Christ, dans cette optique, révèle la connaissance indispensable au salut. Pour les Pères de l'Église[2], Irénée, Clément d'Alexandrie († 220), Hippolyte de Rome, Origène († 253), Tertullien († 223), le Christ libère les êtres humains du péché par sa mort sur la croix.

C. Premières communautés et formation du canon

Un autre vif débat intervient sur les écrits à retenir pour former le « canon » du Nouveau Testament, la série de livres qui feront autorité. Au IIe siècle, la quantité d'écrits relatant la vie de Jésus ou rapportant ses paroles est nettement supérieure aux quatre évangiles finalement retenus.

Ainsi la littérature chrétienne égyptienne se réfère à d'autres évangiles : Évangiles de Thomas, des Égyptiens, des Hébreux, protévangile de Jacques... On ne connaît aucune décision formelle établissant les quatre évangiles canoniques. Ce choix semble fixé vers 180, quand Irénée le justifie par l'existence des quatre points cardinaux. Ensuite, des théologiens insisteront sur l'expression de la diversité liée à la pluralité des évangiles et sur leur sobriété : les évangiles devenus apocryphes (extérieurs au canon) contiennent souvent des récits merveilleux de l'enfance de Jésus

1. Qui peut se confondre avec le Dieu de l'Ancien Testament.
2. Ceux qui seront considérés comme ayant approfondi la doctrine chrétienne.

ou des spéculations attribuées au Christ ressuscité. Les trois premiers évangiles (Matthieu, Marc, Luc) suivent un plan analogue et possèdent nombre de récits communs ; le quatrième, celui de Jean, est assez différent. Les évangiles canoniques ont été rédigés, à partir de récits fragmentaires ou de traditions orales existants, à la fin du Iᵉʳ siècle, dans différentes communautés. Il faut les considérer moins comme une relation historique, au sens moderne du terme, que comme un témoignage croyant en vue de susciter la foi. Leur accentuation propre indique des orientations théologiques différentes. L'importance des récits de la passion (arrestation, jugement et mort de Jésus), dans lesquels ces évangiles présentent le plus de points communs, veut rappeler aux communautés chrétiennes d'alors que la glorification de la résurrection, souvent au centre de leur culte, ne doit pas faire oublier l'abaissement de la crucifixion.

Les Évangiles sont précédés de lettres, « épîtres », de l'apôtre Paul (vers 60-67), principal fondateur du christianisme. Ce juif de culture grecque commença par combattre les chrétiens. En route vers Damas, il perçut une apparition du Christ qui entraîna sa conversion. Dans les années 40 et 50, il effectua de nombreux voyages en Asie Mineure et en Europe du Sud-Est, écrivit à différentes Églises. La lettre aux Romains est un exposé théologique général. D'autres lettres de Paul, ou qui lui sont attribuées, portent sur les problèmes qui se posaient aux communautés chrétiennes et tentent de leur donner des réponses : difficultés de la vie commune entre chrétiens d'origine « païenne » et d'origine juive ; attirance de religions de salut antiques ; espérance déçue d'un retour proche du Christ (Faut-il encore travailler ? Que signifie mourir avant que le Christ soit revenu ?). Ces lettres furent échangées entre les Églises destinataires, et des recueils se constituèrent rapidement.

Paul se fit le champion de l'ouverture du christianisme aux non-juifs, sans les astreindre aux observances (circoncision...) et aux interdits alimentaires du judaïsme. Il abolit ainsi la distinction du pur et de l'impur, sur laquelle reposent les prescriptions de la Torah[1]. Sa position triompha à la rencontre de Jérusalem où il entraîna le disciple de Jésus, Pierre, à une vue qui transformera le christianisme en religion universaliste. Cette posture fut combattue par une tendance judéo-chrétienne. Ce dissensus religieux est aussi politique : en Palestine, la résistance à l'occupation romaine s'organisait, entraînant une solidarité des juifs de

1. Loi juive.

la diaspora (guerre judéo-romaine de 69-70, révolte de 135). Or l'attitude de Paul désolidarisait les chrétiens de ce combat. Ce fut l'une des conditions de l'essor du christianisme. Le judaïsme était une *religio licita* dans l'Empire, et une part de l'opinion « éclairée » éprouvait une attirance envers son monothéisme et sa morale rigoureuse. Cependant, la circoncision, objet de dégoût, constituait un obstacle pour les hommes, les cantonnant au statut intermédiaire de « prosélytes » ou « craignant Dieu ». Le christianisme le leva et les deux religions se trouvent rapidement rivales.

La rencontre de Jérusalem est relatée dans le livre des « Actes des Apôtres », dans lequel Luc retrace l'annonce de la « bonne nouvelle » chrétienne de Jérusalem aux confins de la terre (à l'époque : Rome). Ce texte, construit autour de Pierre et de Paul, fut intégré dans le canon. Celui-ci comporte aussi d'autres lettres[1], qualifiées de « catholiques » (c'est-à-dire universelles), qui n'étaient pas adressées à des Églises particulières et qui traitaient de problèmes rencontrés par les communautés au tournant des Ier et IIe siècles. L'Apocalypse, qui veut maintenir l'espérance à travers les épreuves de la persécution, clôt l'ensemble des livres canoniques.

La formation du canon est un processus complexe qui s'est étendu sur des décennies : dans sa liste de 180, Irénée ne mentionne pas deux épîtres devenues ensuite canoniques. Quatre épîtres manquent dans une autre liste dressée en 200, qui contient, en revanche, deux apocalypses. L'Apocalypse fut difficilement reconnue par les Églises d'Orient, qui trouvaient son contenu peu spirituel. L'épître aux Hébreux fut contestée en Occident comme trop spéculative. La notion d'« apostolicité » (texte dit écrit par un apôtre ou par quelqu'un de proche) et la lutte contre des doctrines jugées hérétiques constituèrent des critères de tri, mais aussi de pluralité (Marcion ne retenait que l'Évangile de Luc). Les débats ne seront clos qu'au IVe siècle, moment où le canon chrétien actuel sera fixé.

À ce moment, le christianisme est établi dans l'Empire romain. Vers 177, le « païen » Celse rejette, peut-être en exagérant, cette religion de « gens niais, vulgaires, stupides esclaves, bonnes femmes et jeunes enfants ». Le converti se coupe de son milieu, il va à contre-courant de son éducation, et doit renoncer à la vengeance, à la luxure, à la magie. Cependant, un siècle plus tard, les diverses couches de la population de l'Empire sont touchées,

1. Épîtres de Jacques, de Pierre, de Jean.

notamment des femmes nobles, surtout dans les provinces orientales où le grec sert de langue de culture. Mais l'évangélisation chrétienne est aussi allée jusqu'en Grande-Bretagne celtique. Quand Dioclétien effectue une violente persécution à partir de 303, on compte des membres des milieux dirigeants parmi les « martyrs ». Un nouvel empereur, Constantin (306-337), entre à Rome, après sa victoire à Milvius où il a brandi un symbole chrétien. Progressivement, il favorise le christianisme. Celui-ci s'organise autour d'églises épiscopales. L'évêque, appelé « pape » ou père, obligatoirement un homme, élu par le peuple chrétien, est ensuite ordonné et prend place dans une chaîne ininterrompue d'ordinations censées remonter aux apôtres. Souvent, l'élection devient l'affaire de clercs masculins qui se distinguent peu à peu de la masse des fidèles.

II

L'ÉTABLISSEMENT DU CHRISTIANISME

A. VERS UN CHRISTIANISME RELIGION DE L'EMPIRE

Constantin restaure progressivement l'unité de l'Empire, que se dispute une demi-douzaine de rivaux. Il devient chrétien mais ne se fait baptiser qu'à sa mort. Cela n'a rien d'inhabituel à l'époque, pour ceux que leurs fonctions conduisent à faire verser le sang. En 313, Constantin, qui domine l'Occident, scelle une alliance, l'édit de Milan, avec Licinius, qui règne sur l'Orient. Les deux souverains affirment « donner aux chrétiens comme à tous la possibilité de suivre la religion de leur choix ».

En fait, le christianisme se trouve progressivement privilégié, notamment à partir de la victoire de Constantin sur Licinius, qui manifestait des velléités antichrétiennes, en 324. Cette année-là, la basilique Saint-Jean-de-Latran est consacrée. Don privé de Constantin, elle se situe à l'est de Rome, pour ne pas se trouver dans le centre de la ville qui revêt un caractère sacré pour la religion traditionnelle. Les basiliques réutilisent le genre architectural de la salle de tribunal : ce sont des bâtisses rectangulaires éclairées par de larges fenêtres.

Les églises peuvent bénéficier de dons, acquièrent des propriétés immobilières ; les figurations « païennes » disparaissent des monnaies au profit de symboles chrétiens ; les sentences des tribunaux épiscopaux sont reconnues par l'État. Pour surveiller efficacement la frontière du Danube et de l'Euphrate, Constantin transforme Byzance en une seconde Rome qui porte son nom, Constantinople, où il transfère la capitale de l'Empire. Des cérémonies chrétiennes et païennes s'entremêlent lors de l'inauguration (330).

Il existe déjà alors un pays officiellement chrétien : le royaume d'Arménie, où le roi Tiridate a été converti vers 295 par l'un de ses compatriotes, Grégoire l'Illuminateur. La Bible y a été traduite, créant un alphabet arménien. Dans l'Empire, le paganisme est toujours toléré, mais il subit des restrictions : ainsi en 341, une loi de l'empereur Constant déclare « que soit abolie la folie des sacrifices ». Cette religion traditionnelle survit dans l'aristocratie (notamment au Sénat) et la paysannerie. L'empereur Julien, né chrétien et revenu à l'ancienne religion, tente de la favoriser de nouveau, mais son règne est court (361-363). Par ailleurs, d'autres croyances, telles que le manichéisme, restent importantes. Mettant en contraste lumière et ténèbres, principes coéternels liés au bien et au mal, Mani († 276) voit sa doctrine se répandre dans l'Empire et en Perse. En 297, Dioclétien accuse ses partisans d'espionner pour le compte de ce dernier pays. Réprimé, le manichéisme survit pourtant dans l'Empire (Augustin sera manichéen avant d'être chrétien) et pénètre en Asie centrale et en Chine du Sud.

Dans les années 380, les empereurs Gratien et Théodose renoncent au titre de « pontife suprême [1] » et font enlever du Sénat la statue et l'autel de la victoire. Les immunités des sacerdoces des anciens cultes sont supprimées. Des temples sont fermés voire démolis. Un ensemble de lois interdit les différentes manifestations publiques païennes et les sacrifices du culte domestique. La religion traditionnelle perd tout droit de s'exprimer ; avec Théodose, le christianisme devient officiellement la religion de l'Empire.

Évêque de Césarée en Palestine, Eusèbe († 340) justifie théologiquement la nouvelle situation : la venue du Christ s'est produite au temps de l'empereur Auguste pour qu'« un Dieu unique soit proclamé à tous dans le temps où une royauté unique s'établissait chez tous ». La paix romaine apparaît nécessaire pour répandre le christianisme. La fonction religieuse traditionnelle de l'empereur est christianisée et il est considéré comme une image terrestre de Dieu, un « évêque du dehors ». Son rôle est d'être le garant, parfois l'architecte, de l'unité doctrinale de l'Église. Mais, en tant qu'homme « pécheur », l'empereur est « fils de l'Église » et non « au-dessus d'elle ». Cet aspect est mis en avant en Occident. Ainsi, Ambroise († 397), évêque de Milan réprimande l'empereur à plusieurs reprises. En 388, des moines d'Asie Mineure incendient une synagogue et Théodose veut obli-

1. Qui fait de l'empereur le chef de la religion traditionnelle.

ger l'évêque du lieu à la faire reconstruire. Ambroise menace de ne plus offrir le sacrifice de la messe devant l'empereur et il obtient ainsi l'impunité des incendiaires. De même, en 390, après le massacre de plusieurs milliers de personnes à Thessalonique en représailles à une émeute, il oblige l'empereur à faire une pénitence publique de neuf mois.

B. Nicéens et ariens

Eusèbe a également formalisé l'idée d'une Église primitive possédant une doctrine unique (dite « orthodoxe » ou droite) et se trouvant ensuite menacée par des « hérésies » (ou fausses doctrines). La réalité historique est différente. Un pluralisme doctrinal a toujours existé mais, à partir du milieu du IIe siècle, on applique des schémas provenant de la « fausse prophétie » juive et des disputes entre écoles philosophiques grecques pour discriminer entre de « bonnes » doctrines et d'autres jugées pernicieuses. Des débats théologiques auront toujours lieu, mais le pluralisme ne pourra être légitime qu'à partir de frontières progressivement définies. Aux IVe et Ve siècles, les fluctuations politiques contribuent à la prédominance de doctrines différentes. En outre, une certaine répartition territoriale aura lieu entre Églises de diverses tendances.

Dès 313, des chrétiens demandent à l'empereur d'arbitrer leurs querelles. À ce moment, l'élection de Cécilien comme évêque de Carthage, la grande métropole de l'Afrique latine, se trouve contestée par un courant dirigé par Donat qui estime que, parmi les électeurs, certains ont failli lors des persécutions (or il veut une Église de purs). L'empereur juge l'élection valide et va réprimer les donatistes de 317 à 321. Ensuite, tolérance et répression alterneront sans mettre fin à la division du christianisme dans la partie africaine de l'Empire.

Les chrétiens d'Orient se montrent également divisés. Le christianisme se veut un monothéisme, comme le judaïsme dont il est issu. Mais avec Jésus-Christ, Dieu ne s'est-il pas fait homme ? Dès les IIe et IIIe siècles, certains points de vue sont considérés comme hérétiques : l'adoptianisme (Jésus est un homme adopté par Dieu lors de son baptême) et le docétisme (Jésus n'a souffert qu'en apparence). Désormais, le problème se concentre sur la relation du « Fils » et du « Père ». Un prêtre d'Alexandrie, Arius († 335), voulant sauvegarder l'unicité de Dieu, estime que seul le Père est increé. Jésus, son Fils est une créature subordonnée à Lui. Cette thèse est popularisée, en Égypte et en Libye, dans un cantique que chantent volontiers matelots et voyageurs. Un concile d'évêques de ces régions la condamne en 318, comme risquant de minorer la divinité du Christ. Les adversaires les plus radicaux d'Arius sont « modalistes » ; selon eux, le Fils est un aspect du Père.

En 325, Constantin convoque un concile à Nicée. Il préside en personne les séances, fixe l'ordre du jour, promulgue les décisions. Ce concile est dit « œcuménique [1] ». En fait, sur près de trois cents participants, cinq seulement proviennent de l'Occident (dont deux délégués de l'évêque de Rome et l'expert de Constantin, Osius de Cordoue). Sans aller jusqu'au modalisme, le concile affirme que Jésus-Christ est « le Fils unique de Dieu ». « Il est Dieu, né de Dieu, lumière, née de la lumière, engendré, non pas créé, consubstantiel au Père. » Ce mot, « consubstantiel » (*homoousios*), vient de la notion philosophique grecque d'*ousia* qui signifie « substance » ou « essence » [2]. Conviction, opportunisme ou crainte, seuls deux évêques soutiennent Arius ; ils sont excommuniés et exilés avec lui. Cependant, certains conciliateurs gardent des réserves sur la définition nicéenne. Des camps se forment. Athanase († 373), nouvel évêque d'Alexandrie aux méthodes parfois violentes, est un nicéen strict, tout comme l'évêque de Rome. Mais d'autres, tel l'ambitieux évêque Eusèbe de Nicodémie, restent proches de l'arianisme et c'est lui qui baptisera Constantin sur son lit de mort, en 337. L'empereur, en effet, a accepté le retour d'exil d'Arius, réhabilité par le concile de Jérusalem en 335, peu avant sa mort.

Les successeurs de Constantin sont, en Occident, Constance, nicéen, et en Orient, Constance II, arien modéré. En 353, ce dernier devient également empereur d'Occident ; l'arianisme modéré triomphe : Athanase, Osius de Cordoue et Libère, évêque de Rome, sont exilés. Le concile de Constantinople (360) présente le Fils comme légèrement subordonné au Père. Cependant, les débats continuent et, comme le rapporte l'historien Henri Marrou, les commerçants répondent aux demandes des clients par une dissertation sur « l'engendré » ou en affirmant que « le Fils est issu du néant » ! Avec Eunome, un arianisme radical nie toute divinité du Christ. Des positions nicéennes sont alors réaffirmées à Alexandrie et Antioche. En Cappadoce [3], l'évêque Basile († 379), son frère Grégoire de Nysse († 395) influencé par Platon, et son

1. D'un terme grec signifiant « terre habitée », synonyme d'universel.
2. Dans la langue ordinaire, cela désigne des alliages de même métal.
3. Asie Mineure.

ami Grégoire de Naziance († 389) élaborent une théologie de la Trinité : Père, Fils et Saint-Esprit, un Dieu en trois personnes.

Le revirement nicéen est soutenu par l'empereur Théodose. Il convoque un nouveau concile à Constantinople en 381, au cours duquel la position de Nicée, réaffirmée, est complétée par l'indication de la divinité de l'Esprit-Saint « adoré et glorifié avec le Père et le Fils ». Un édit impérial proclame que ne sont admis comme chrétiens que ceux qui partagent ces croyances. Aujourd'hui, le symbole dit de « Nicée-Constantinople », appelé le « Credo », est considéré par les catholiques, la plupart des protestants et les orthodoxes (avec un désaccord sur le statut de l'Esprit) comme énonçant les croyances fondamentales chrétiennes. À l'époque, le conflit entre nicéens et ariens n'est pas terminé.

C. Église et société

L'Empire romain est une monarchie absolue et l'État est devenu chrétien quand les souverains le devinrent. Désormais, le calendrier chrétien règle la vie sociale : le dimanche devient férié en 321 et, en 389, les fêtes chômées sont essentiellement chrétiennes. L'influence du christianisme se manifeste dans la législation : interdiction de commettre l'infanticide, de pratiquer le concubinage pour l'homme marié, de laisser les prisonniers mourir de faim. Des obstacles sont mis au divorce, jusqu'alors très facile, et on fait preuve de sévérité à l'égard de l'adultère et du mariage par rapt. Le statut des femmes est amélioré. Cependant la pratique de la torture reste fréquente, même si Augustin la dénonce, et l'esclavage est adouci sans pour autant être supprimé. Des évêques organisent des œuvres de charité. Ainsi Basile édifie à Césarée un hospice et un hôpital pour les voyageurs, les pauvres et les malades. Des privilèges sont consentis au clergé (immunités fiscales, dispenses de charges civiques).

L'Église révise ses positions dans certains domaines. Origène, tout en admettant la légitimité de l'Empire, revendiquait le droit des chrétiens d'être exemptés de l'armée. Lactance († 330) qualifiait de « criminel » le sang versé à la guerre. Avec la christianisation de l'Empire, tuer devient possible pour les laïcs, moyennant pénitence. Lors des attaques des Barbares, Augustin va élaborer une théologie de la « guerre juste » qui s'effectue en vue de la paix. Par certains côtés, l'Église récupère un héritage païen tout en cherchant à désacraliser ce qui appartient à ce monde-ci. Ainsi, Firmicus Maternus combat la divinisation des quatre éléments [1].

L'année liturgique rythme la vie religieuse et s'organise autour de deux pôles. D'abord Pâques, fête de la résurrection de Jésus et reprise de la Pâque juive. Préparée par le carême (temps de pénitence et de jeûne), la Pâque est prolongée quarante jours plus tard par l'Ascension du Christ au ciel, puis dix jours après par la Pentecôte, fête de la diffusion de l'Esprit sur les disciples. Le second pôle est la célébration de la naissance de Jésus, Noël, fête fixée au 25 décembre à Rome et au 6 janvier à Alexandrie. D'autres fêtes s'organisent autour de martyrs et de saints, dont la vénération induit une littérature édifiante (miracles...) et un attachement de plus en plus fort envers les reliques inventées, découvertes, transférées, malgré l'opposition de Théodose à de telles pratiques. Ambroise introduit dans l'Église latine l'usage oriental des psaumes et des hymnes chantés par la foule. Le culte, diversifié suivant les régions, comporte deux phases. L'avant-messe se caractérise par la lecture de textes bibliques et la prédication. Ensuite, on renvoie les catéchumènes, les pénitents et autres énergumènes (les possédés) et le rituel eucharistique [2] commence, réservés aux baptisés. Le baptême des adultes est, en effet, le plus général et il demande une préparation qui s'accompagne d'une formation doctrinale et de rites spéciaux (exorcismes...). Le sacrement de pénitence n'est donné qu'après une période expiatoire, d'une longueur diverse suivant la faute, et ne peut être renouvelé : le baptisé a vocation de sainteté.

Le christianisme existe aussi en dehors de l'Empire. En plus de l'Arménie, il a progressé dans l'actuel Azerbaïdjan et en Perse (Empire sassanide), où il se trouve persécuté à partir des années 340 par le roi Shapuhr II, grand ennemi de Rome. Une diffusion sporadique s'effectue également en Arabie. L'Abyssinie [3] est touchée vers 350 par Froumentios, jeune Phénicien qui, pris comme esclave dans ce pays, gagne la confiance de la famille royale, propage le christianisme et devient évêque. Si Froumentios est nicéen, c'est sous la forme de l'arianisme modéré que le christianisme se répand chez différentes tribus germaniques et chez les Vandales.

1. L'eau sous le nom d'Isis, le feu adoré par les adeptes de Mitra, la terre considérée comme la déesse-mère Cybèle et l'air avec le culte de Junon la céleste.
2. Célébration de la Cène, dernier repas de Jésus.
3. Éthiopie.

III

Le christianisme, l'Empire et les Barbares

A. Vitalité et débat du christianisme oriental

Moins d'un siècle après sa reconnaissance officielle par l'Empire, l'Église doit affronter, en Occident, le début des invasions barbares, chassés par les Huns venus s'installer sur le Danube. Rome est prise d'assaut et mise à sac en 410 par le chef goth Alaric. En 476, le dernier empereur occidental est déposé et exilé. Malgré sa reconquête, entre 533 et 555, par l'empereur d'Orient Justinien, l'empire d'Occident ne sera que très temporairement reconstitué. Dès la mort de Justinien (565), la menace lombarde se précise. L'Église perd une bonne partie de la force matérielle qu'elle a acquise : bâtiments détruits, terres rendues incultes, revenus amoindris. Les évêques et les clercs distribuent vivres et aumônes, organisent la résistance ou négocient avec les Barbares. L'Empire ne subsiste véritablement que dans sa partie orientale qui, au milieu du VIIe siècle, avec l'émergence de l'islam et ses progrès militaires et religieux, sera réduite à la majeure partie des territoires grec et turc actuels.

Cinq patriarcats se partageaient l'autorité religieuse dans l'Empire : Alexandrie, Antioche, Jérusalem, Constantinople et Rome (dont l'évêque se réserve de plus en plus le titre de pape), ce dernier possédant une primauté morale sans pouvoir administratif, juridique ou dogmatique sur les autres patriarcats. Il ne restera d'important, au VIIe siècle, que les deux derniers.

L'école d'Alexandrie et celle d'Antioche ont constitué des lieux très vivants de débats sur l'interprétation de la Bible. L'école d'Alexandrie veut montrer l'accord de la révélation biblique et de la philosophie grecque, notamment le platonisme, pour mieux faire accepter le christianisme dans les milieux lettrés. Influencée par le philosophe juif Philon, cette école affirme que beaucoup de passages bibliques possèdent une signification d'abord allégorique. Origène distingue un sens littéral (qui parle des événements historiques), un sens moral et un sens mystique, ou allégorique, qui permet de comprendre la Bible en profondeur. Cela expliquerait les divergences entre les textes. Ce principe d'interprétation favorise la prise au sérieux du christianisme par des milieux philosophiques, tout en rendant le texte biblique très dépendant de la clef d'interprétation choisie.

À l'inverse, les membres de l'école d'Antioche veulent sauvegarder l'aspect historique. Selon eux, si l'exégèse doit aller plus loin que le sens littéral, elle ne l'évacue pas. Ainsi, les prophètes de l'Ancien Testament parlent d'événements de leur époque et annoncent la venue future du Christ. L'archevêque de Constantinople, Jean Chrysostome († 407), complique ce point de vue en comparant le texte biblique à un tableau : l'esquisse est le sens historique, le tableau achevé, le sens typologique, centré sur le Christ. Grand orateur, Chrysostome est surnommé « Bouche d'or ». Il critique le faste de la cour impériale et meurt exilé.

D'abord partisan de méthodes allégoriques, le théologien latin Jérôme († 420) se rapproche, en lisant des exégètes juifs, de la lignée d'Antioche. Dans sa traduction de la Bible en latin, la Vulgate, il en revient, par-delà la version grecque dite des Septante, à l'examen des originaux hébraïques de l'Ancien Testament. Sa traduction deviendra officielle dans l'Église catholique au XVIe siècle. D'une manière générale, les deux écoles ont eu une influence durable, mais celle d'Antioche supplantera sa rivale, sans être pour autant considérée comme exempte de dangers : les œuvres de l'un des siens, Théodore de Mopsueste († 428), sont condamnées au concile de Constance (553) pour avoir trop privilégié le sens littéral.

B. CHALCÉDONIENS, NESTORIENS, MONOPHYSITES

Alexandrie et Antioche s'opposent également dans leur vision de la coexistence en Jésus-Christ de l'humain et du divin. Cyrille d'Alexandrie († 444) combat un ancien moine d'Antioche devenu patriarche de Constantinople, Nestorius († 451). Pour ce dernier, natures humaine et divine sont davantage juxtaposées qu'unies dans la personne du Christ, et Marie est mère de Jésus sans être, comme le pense le peuple, « Mère de Dieu » (*Theotokos*). Le débat est compliqué car les notions de « nature » et de « personne » n'ont pas la même signification suivant les écoles, et des rivalités personnelles et des ingérences politiques entrent aussi en ligne de compte. Condamné par le pape Célestin en 430, Nestorius obtient de l'empereur Théodose II la tenue d'un concile à Éphèse l'année suivante. Mais les évêques partis d'Alexandrie arrivent avant ceux d'Antioche, permettant ainsi à Cyrille de faire acclamer la formule « Mère de Dieu » et excommunier Nestorius. Quand Jean d'Antioche et les évêques syriens arrivent, ils se réunissent et excommunient à leur tour Cyrille. Éphèse est en effervescence : des rixes éclatent. Bientôt les légats du pape parviennent eux aussi à Éphèse. Ils approuvent Cyrille et excommunient Jean d'Antioche. Théodose dissout alors le concile et exile Nestorius.

Cyrille compare l'union du divin et de l'humain en Christ à celle de l'âme et du corps. Cette idée est poussée à son paroxysme par un moine, Eutychès. Soutenu par l'évêque d'Alexandrie Dioscore, il attribue au Christ une seule nature, divine, à laquelle s'adjoint un corps humain. L'empereur approuve cette doctrine, le monophysisme, prônée par le concile d'Éphèse (449), duquel les Antiochiens et les légats du pape sont violemment écartés (« brigandage d'Éphèse »). Un nouvel empereur convoque un concile à Chalcédoine en 451, qui condamne le monophysisme tout en maintenant la formulation « Marie, Mère de Dieu ». Le Christ possède deux natures, l'humaine et la divine, « sans division, sans séparation », dont les propriétés « se rencontrent en une seule personne ». Le pape Léon Ier, représenté par ses légats, est le principal inspirateur de cette doctrine, qui se veut conciliatrice.

Comme ceux de Nicée et de Constantinople, les conciles d'Éphèse et de Chalcédoine sont maintenant communs aux catholiques, aux orthodoxes et à la plupart des protestants mais, alors, plusieurs Églises n'ont pas accepté les décisions prises. Le christianisme perse, qui s'est déclaré autonome pour faire preuve de loyalisme à l'Empire sassanide, adhère au nestorianisme en 484, sans arriver à faire cesser la persécution. Inversement, l'Église arménienne, qui n'a pas participé à Chalcédoine, devient monophysite. L'Église éthiopienne le sera au VIe siècle, sous l'influence de moines syriens. En Égypte, il se développe une Église copte, monophysite, d'abord persécutée par Justinien, puis soutenue par l'impératrice Théodora (542), avant d'être de nouveau réprimée. En Syrie se crée une Église monophysite dite « jacobite », du nom de Jacques Baradée, évêque d'Éphèse († 578), qui l'organise clandestinement en se déplaçant déguisé en colporteur, pour échapper à la répression. Les Églises monophysites du Proche-Orient, subissant les persécutions de Constantinople, accueillent favorablement l'arrivée des musulmans au VIIe siècle. Nestoriens et monophysites, dont une bonne partie parle des langues sémitiques comme l'araméen (langue de Jésus) et le syriaque, se répandent vers l'Inde du Sud, la Malaisie et l'Indonésie. Par la route de la soie, ils parviennent au Tibet, en Mongolie et en Chine. Leur histoire reste peu connue.

C. Christianisme latin et Barbares

L'orthodoxie, définie par les quatre conciles[1] dits « œcuméniques », ne fait donc pas l'unanimité. D'ailleurs, tantôt alliés, tantôt ennemis de l'Empire, les Wisigoths ont été convertis au christianisme arien par Ulfila, consacré évêque par Eusèbe de Nicodémie en 341. Ulfila traduit la Bible en langue gothique, envoie des catéchistes auprès d'autres tribus.

Avec les migrations du Ve siècle, le christianisme arien se développe en Occident, utilisant les langues vernaculaires dans la liturgie et la prédication. Vers l'an 500, l'Italie est dominée par les Ostrogoths, l'Afrique latine par les Vandales, l'Espagne et la Gaule méridionale par les Wisigoths, tous ariens, comme les Burgondes installés dans la vallée du Rhin. Certains rois barbares tolèrent le pluralisme, tels les Ostrogoths, au mode de vie romanisé et dont l'arianisme marque l'identité ; d'autres adoptent une politique répressive. Ainsi, le roi vandale Hunéric réunit, dans cette optique, un concile à Carthage en 484, et exile les évêques nicéens. De même, le roi wisigoth Euric fait fermer les églises de la Gaule méridionale.

La seule exception à la suprématie arienne est due aux Francs, restés païens. Un jeu d'influences s'organise autour de leur roi Clovis, dont la sœur est arienne et la femme, Clotilde, est nicéenne (elle fondera de nombreux monastères et églises). Ce sont finalement Clotilde et la volonté d'alliance avec les élites gallo-romaines qui l'emportent : l'évêque nicéen de Reims, Rémi, baptise Clovis vers 496, ainsi que trois mille guerriers, entraînant ainsi la conversion des Francs. C'est le premier royaume à être chrétien sans être arien, et le début de la reconquête. Vainqueur à Vouillé en 507, Clovis conquiert le sud de la Gaule. L'arianisme recule : le roi burgonde Sigismond adopte la doctrine nicéenne, que Justinien rétablit dans les régions latines qu'il conquiert. L'Espagne wisigothe cède en 485-489. De nouveaux barbares

1. Nicée en 325, Constantinople en 381, Éphèse en 431 et Chalcédoine en 451.

ariens, les Lombards, envahissent l'Italie. Ils deviendront nicéens au milieu du VIIe siècle, sous l'influence du pape et des moines. Ainsi, le pouvoir politique et militaire de l'Empire latin se disloque, et les évêques nicéens ont un rôle religieux et politique.

Les Celtes, au christianisme identitaire, refusent d'évangéliser leurs vainqueurs, Angles et Saxons. À l'inverse, les autres chrétiens, universalistes, évangélisent et sont des agents de « civilisation ». Ainsi, l'architecture va conjuguer l'influence hellénistique et romaine avec un style qui la rapproche de l'esprit des conquérants. Le double baptistère de Ravenne, celui des ariens et celui des nicéens, en est un exemple. Les clercs doivent cependant subir les attaques d'aristocrates païens. Pour l'un d'eux, Volusien, le christianisme ne convient pas à la conduite de l'État dans la mesure où il veut rendre le bien pour le mal. Dans ce contexte, un Berbère, Augustin († 430), évêque d'Hippone[1], écrit *La cité de Dieu*, dans lequel il distingue deux « cités » : la cité terrestre et la cité céleste. L'ouvrage est tourné vers l'eschatologie[2], et la cité de Dieu ne correspond pas à l'Église. Mais certains interpréteront la primauté de cette cité comme celle du pouvoir spirituel sur le temporel. Selon Augustin, Rome a subi « la coutume de la guerre qu'elle avait imposée à d'autres peuples ». Mais l'homme, citoyen de la cité terrestre et de ses vicissitudes, est appelé à être un fidèle de la cité de Dieu. Les deux cités, enchevêtrées dans le présent, coexistent au cœur même de chaque humain et seront démêlées au Jugement dernier. Alors, on sera conduit « vers ce royaume qui n'aura point de fin ».

Augustin combat le donatisme, mouvement de protestation contre la routinisation du christianisme et contestation des abus de propriétaires fonciers. Les donatistes souhaitent une Église de saints. Parfois, ils recherchent le martyre, en provoquant des païens ou en effectuant même des suicides collectifs. Augustin justifie la répression du bras séculier. Il soutient également une querelle théologique avec Pélage († 440) et son disciple, Célestius. Excommunié au concile de Carthage (411), Célestius est absous en 415 par un autre concile, tenu à Jérusalem. En 418, un nouveau concile réunit à Carthage deux cents évêques de l'Afrique latine ; il renouvelle la condamnation de Célestius et excommunie Pélage. Le pape Zozime, qui avait d'abord adhéré aux idées pélagiennes, approuve ces décisions.

Pour Pélage, l'être humain, créature de Dieu capable de distinguer le bien du mal, peut de lui-même accomplir la loi divine

1. Aujourd'hui Annaba, en Algérie.
2. Étude des fins dernières de l'être humain et du monde.

et accéder au salut. La grâce est attribuée selon les mérites, cette doctrine se situant dans une certaine filiation de la pensée stoïcienne et correspondant aux aspirations du monachisme. Au contraire, pour Augustin, l'être humain est marqué par le péché de façon irrémédiable (conséquence de la faute d'Adam) et seule la grâce sauve les élus. Il estime avoir été saisi par cette grâce et relate, dans ses *Confessions*, sa jeunesse, ses errances et sa conversion.

Pélagien, Julien d'Éclane pense que puisque Dieu a créé les organes génitaux, le désir qui pousse à l'activité sexuelle n'est pas plus blâmable que la respiration. Cependant, comme les philosophes grecs, il estime que la modération sexuelle volontaire différencie l'humain de l'animal, et, *in fine*, il cautionne, pour les meilleurs, l'idéal monastique de continence absolue. Il sera cependant condamné en 431. Augustin, lui, dénonce l'amour de soi présent dans la passion sexuelle.

Peu après la mort d'Augustin en 430, sa ville, Hippone, est assiégée par les Vandales, chrétiens ariens.

D. Les moines, agents de civilisation

L'effondrement de l'Empire latin va donner un rôle et une puissance considérables aux moines. Ceux-ci ont quitté le monde ; paradoxalement ils vont le transformer. Le monachisme chrétien est né en Égypte au IVe siècle, prenant la succession du martyre comme voie de perfection spirituelle. Il met en valeur la chasteté et le renoncement au monde. Antoine († 356) est le précurseur des ermites qui expérimentent la communion de Dieu dans la solitude. Ils parviennent à un état de prière grâce à de courtes formules, prononcées selon le rythme respiratoire, ou par la rumination méditative de versets bibliques. Pacôme († 346) fonde le cénobitisme, vie monastique communautaire pour les hommes, et sa sœur, Marie, fait de même pour les femmes. Basile de Césarée écrit des *Règles* pour les communautés, qu'il incite au travail intellectuel et à l'obéissance.

Martin de Tours transporte le monachisme en Gaule. Benoît († 547), considéré comme le « père des moines d'Occident », fonde un monastère au mont Cassin. La Règle bénédictine va être adoptée dans les monastères d'Italie, de Gaule et d'Angleterre. Benoît y prescrit un travail manuel double : d'une part le travail agricole, valorisé à une époque où les guerriers méprisent les paysans, qui permet à la communauté de vivre sur ses propres ressources ; d'autre part la copie de manuscrits, qui permet d'accéder à la Bible et à ses commentaires, et de sauvegarder de la culture antique ce qui est compatible avec le christianisme et susceptible de l'éclairer. Une stricte répartition du temps est imposée, et il se crée ainsi une organisation qui fait défaut ailleurs : le travail, des prières à heures fixes, la pratique de la lecture et de la méditation de la Bible. Les moines propagent le christianisme, tel le Breton Patrick († 461) qui, capturé et devenu esclave, évangélise l'Irlande, terre extérieure à l'Empire. Il crée une Église marquée par une empreinte monastique forte et une attirance pour des pratiques ascétiques (le « martyre blanc »).

Privées du droit à l'épiscopat, les femmes contribuent à la création de monastères dans les régions non défrichées. Les historiennes Joan McNamara et Suzanne Wemple ont montré qu'il existe en France et en Angleterre, au VIIe siècle, de nombreux monastères mixtes, comprenant parfois des milliers d'hommes et de femmes, dispersés sur de vastes territoires et dont le supérieur commun peut très bien être une abbesse. Ainsi Hilda de Whitby fonde sept couvents dans lesquels de futurs évêques reçoivent leur formation religieuse. Ces monastères mixtes ont, en effet, le monopole de l'éducation et de la formation religieuse.

Aujourd'hui le personnage de frère Cadfael, dans les romans d'Ellis Peters, fait connaître à un large public la vie quotidienne du moine. Agent économique et culturel, le monachisme développe autour de lui toute une vie sociale : autour du cloître où vivent les moines, les « hommes du monastère » et leurs familles habitent dans une enceinte plus vaste incluse dans le monastère. Autour de celui-ci, se constitue le bourg. Des fermes surgissent sur ses propriétés. Un réseau de routes relie la communauté monastique à ses propriétés et les communautés entre elles. Des marchés assurent la circulation des biens et les foires mêlent activités commerciales, rencontres sociales et célébrations religieuses.

IV

Le divorce entre les chrétientés d'Orient et d'Occident

A. L'éloignement entre Constantinople et Rome

Dans le langage courant, le Moyen Âge est souvent synonyme d'obscurantisme. En réalité, les initiatives et les innovations n'ont pas manqué dans une période marquée par l'insécurité (invasions barbares, peste noire, etc.). À la fin du premier millénaire, dans le monde latin, Charlemagne tente de restaurer un empire chrétien à travers la construction de cathédrales, la mise en place d'un système d'éducation, l'ouverture de bibliothèques ou encore le développement de la théologie. De son côté, l'Empire byzantin apparaît comme le bastion de la chrétienté.

Dans le même temps, une religion nouvelle, dynamique et conquérante, arrive d'Arabie : l'islam. Désormais, la notion de « chrétienté » prend un sens territorial : la Méditerranée est pensée comme une limite entre deux civilisations rivales, et non plus comme un trait d'union. À partir du VIIe siècle, l'islam se diffuse rapidement dans la moitié méridionale de l'ancien Empire, où les chrétiens sont divisés, et dans le monde persan. En revanche, aux IXe et Xe siècles, les christianismes grec et latin évangélisent de nouvelles terres au nord, traçant ainsi les frontières de l'Europe.

Avant cela, le pape Grégoire, dit « le Grand » († 604), fait de la papauté le pôle de l'Occident barbare. Il conclut une paix séparée avec les Lombards (l'empereur d'Orient est souverain en titre de l'Italie) puis œuvre à leur conversion, de l'arianisme à la foi nicéenne. Il rédige le *Pastoral,* dans lequel il indique comment prêcher à différentes catégories de chrétiens. Il envoie également des missionnaires en Angleterre. Augustin de Cantorbéry convertit Erhelbert, roi du Kent. Grégoire donne l'ordre de ne détruire que les idoles et non les temples, estimant « que le peuple nouvellement chrétien, habitué à ses temples, y viendra comme à l'accoutumée, mais pour y adorer le vrai Dieu ». Abbesses, reines et princesses contribuent à promouvoir le christianisme, convertissant parfois leurs maris et leurs sujets et éduquant les enfants des deux sexes. Les mœurs rudes des Germains à l'égard des femmes sont atténuées, la polygamie et le divorce-répudiation sont interdits.

Hormis dans les « pays de mission », le baptême des enfants se généralise, signe qu'être chrétien est moins un choix personnel qu'un héritage social. Le catéchisme n'existe pas et l'instruction religieuse se fait surtout par les sermons qui, parfois, reprennent en les simplifiant ceux des Pères de l'Église. Les offices se déroulent en latin, que le peuple ne comprend pas forcément ; il lui arrive alors de bavarder. Pour le détourner des rites païens, les fêtes religieuses sont nombreuses ; il y participe volontiers par le geste, la parole, les danses et les chants. Naturel et surnaturel s'entremêlent sans cesse. La mort rôde et l'enfer épouvante. On protège les reliques et les riches font des donations à l'Église. L'usage de la dîme[1] au profit de l'Église se développe au VIIe siècle. Charlemagne le transformera en loi civile.

En Orient, l'empereur byzantin Héraclius vainc les Perses et cherche à résoudre la crise issue du concile de Chalcédoine : Jésus-Christ a bien deux natures mais, concession aux monophysites, il n'est animé que d'une seule énergie. C'est le monoérgisme. Du pape Honorius aux Églises monophysites, l'accord semble se faire. Mais des conciles provinciaux condamnent cette doctrine, comme le fait ensuite le nouveau pape, Martin Ier. Constant II, successeur d'Héraclius, fait alors enlever Martin Ier et l'exile en Crimée, où il meurt en 655. Cependant, en 685, un concile à Constantinople réaffirme la doctrine de Chalcédoine. Ces querelles doctrinales se doublent de rivalités ecclésiastiques : en 691, le patriarche de Constantinople affirme être l'égal du pape (concile dit « de la Coupole »).

Le patriarcat de Constantinople apparaît en Orient comme l'autorité ecclésiastique principale, car les communautés florissantes d'Égypte, de Palestine et de Syrie deviennent progressivement minoritaires avec la conquête musulmane. Les patriarcats d'Alexandrie, d'Antioche et de Jérusalem continuent d'exister, en jouant désormais un moindre rôle. L'empereur, dit « couronné

1. Prélèvement du 1/10e des fruits de la terre, de son industrie et de son commerce.

de Dieu », et le patriarche se considèrent solidairement responsables de l'Église. Au VIIIe siècle, des païens avars et slaves envahissent les Balkans. Ces différents événements font que si les contacts entre Constantinople et Rome demeurent, ils sont plus difficiles et moins nombreux.

B. La querelle iconoclaste

Les chrétientés barbare et latine restent relativement étrangères à la crise iconoclaste qui se déroule pendant cent vingt ans dans l'Empire byzantin. L'Église avait hérité du judaïsme la méfiance à l'égard de l'art religieux, soupçonné de favoriser une piété idolâtre. Mais lors des persécutions, des catacombes avaient été décorées de scènes bibliques et le culte des « saintes images » devient une dévotion populaire byzantine à partir des VIe et VIIe siècles. Théoriquement, les icônes constituent, à leur manière, une prédication. Mais des lettrés craignent que l'objet sensible soit adoré en tant que tel. L'islam remet d'ailleurs en avant le refus de l'image religieuse, également présent dans le courant monophysite.

En 726, l'empereur Léon III détruit une icône du Christ, objet de vénération populaire, et prend un édit d'interdiction des images, que désavouent le patriarche Germain, le pape Grégoire II et, à Jérusalem, le moine Jean Damascène. La destruction des images culmine sous le règne de Constantin V (741-775), durant lequel seule la représentation de la croix nue est admise. Le concile de Hièreira ratifie cette interdiction. Il affirme que la seule icône admissible du Christ est le rite eucharistique, que la véritable icône des saints est de suivre leur exemple. Ces décisions se doublent de lynchages de moines partisans des images, ou de mascarades les ridiculisant. De grands monastères sont pillés, brûlés ou confisqués. Le patriarche Constantin est décapité. Le concile dit « des Saints-Apôtres » de 786 est dispersé par la garde impériale. Mais celle-ci est épurée par l'impératrice Irène et, l'année suivante, le VIIIe concile de Nicée, dirigé par le patriarche Taraise, annule les décisions conciliaires de 754 et rétablit la légitimité des icônes. Un nouveau rebondissement s'effectue cependant avec l'empereur Léon V, porté au pouvoir par l'armée, qui fait rétablir l'interdiction décidée à Hièreira et reprendre la répression. La dévotion populaire envers les images continue malgré tout, et l'impératrice Théodora réhabilite le culte de l'icône, selon les décisions de Nicée VIII, le 11 mars 843. Cette date devient une fête de l'Église byzantine sous le nom de « triomphe de l'orthodoxie ».

Mar Timothée, premier patriarche nestorien à Babylone, nous apprend l'existence de communautés nestoriennes en Inde et en Chine qui taisent la crucifixion de Jésus pour ne pas heurter hindouistes et bouddhistes. Des fouilles effectuées dans la province chinoise de Shanxi ont permis de retrouver des « sutras de Jésus » datant de cette époque. Si l'araméen est la langue sacrée, on a retrouvé des recueils de cantiques en persan, turc, ouïgour et chinois.

C. Le retour de l'empire chrétien en Occident

Les Arabes musulmans sont implantés au nord-ouest de la Méditerranée, notamment dans la péninsule Ibérique. Le maire du palais franc, Charles Martel, les vainc à Poitiers (732). Il s'agit d'une escarmouche mais ce coup d'arrêt est confirmé en 737 à proximité d'Avignon. Le pape Zacharie, toujours menacé par les Lombards et brouillé avec l'empereur à cause de la querelle iconoclaste, propose un accord au chef franc, Pépin. Celui-ci reçoit l'onction royale du légat Boniface[1] donnant au pouvoir royal une légitimité de droit divin. Pépin délivre alors Rome et sa région des Lombards, et attribue au pape les territoires repris, alors qu'ils auraient dû revenir à l'empereur byzantin. Cela fait qualifier la Gaule par le pape de « fille aînée de l'Église ». La papauté devient une puissance temporelle. Elle l'est toujours aujourd'hui avec le Vatican, même si elle a perdu ses territoires en 1870. Cet État fut justifié par un document dit la « donation de Constantin » qui affirme que cet empereur aurait donné Rome au pape quand il a établi sa capitale à Constantinople. Au XVe siècle, il fut démontré qu'il s'agit d'un faux.

Le fils de Pépin, Charlemagne, accède à la dignité impériale en étant couronné à Rome par le pape Léon III en 800. L'Empire restauré reçoit sa légitimité de la religion chrétienne, même s'il comporte une minorité juive active. Il reprend la tradition de collaboration du temporel et du spirituel sous l'égide de l'empereur chrétien. Celui-ci préside à l'élection des évêques, associe le clergé aux affaires de l'État et se soucie de l'instruction religieuse. Il mène de brutales campagnes militaires contre les Saxons païens et les convertit de force. Au concile d'Aquilée

1. Évangélisateur de la Germanie.

(797), il arbitre en faveur de la doctrine selon laquelle l'Esprit procède à la fois du Père et du Fils (*Filioque*), doctrine adoptée par l'Église wisigothe par les conciles de Tolède en 447 et 589, et les moines francs de Jérusalem. Comme Constantinople, le pape Léon III refuse cet ajout au symbole de Nicée. De nouvelles églises, souvent colossales, sont construites. On intègre des clochers à leurs façades, ce qui donne une élévation verticale : la cité est dominée par l'église et son clergé.

Les divisions territoriales tracées lors du traité de Verdun en 843 changent la donne : l'Empire carolingien cesse en 924. La représentation impériale, politique et religieuse, continue de hanter les esprits. En 962, le prince germanique Otton Ier se fait couronner empereur par le pape, et lui demande ensuite un serment de fidélité, se situant également dans la filiation de Constantin. Excluant le royaume de France à la suite de l'élection et du sacre d'Hugues Capet comme roi grâce au soutien des évêques en 987, le Saint Empire romain germanique prétend rassembler les peuples chrétiens latins. En fait, il se limite à un édifice germano-italien et le pouvoir de l'empereur, soumis à l'élection, est faible.

Se développe alors un ensemble complexe d'autonomies et d'interdépendances hiérarchisées que l'on nomme la féodalité. Le lien personnel en constitue le nerf. Évêques et abbés, souvent propriétaires de domaines fonciers, sont partie intégrante de ce système et, détenteurs d'un certain pouvoir temporel, ils se trouvent, y compris dans l'exercice de leur rôle spirituel, sous la dépendance de suzerains, hommes et femmes : ainsi Mathilde, abbesse de Quedlinburg et sœur de l'empereur Otton, préside plusieurs conciles. Les nominations épiscopales et les bénéfices sont effectués par les seigneurs et les empereurs. La simonie[1] est courante, tout comme le mariage ou le concubinage des prêtres, et la transmission héréditaire des biens ecclésiastiques. À Rome, les factions politiques se disputent la papauté, ce qui peut donner du pouvoir à certaines femmes, comme Théodora et sa fille Marozia qui, un temps, contrôlent la papauté. En revanche, la légende de la papesse Jeanne[2] provient du surnom de « papesse » donné à Jean VIII († 882), considéré comme trop faible face à Constantinople. L'histoire ecclésiastique affirmera ensuite que cette période fut celle où l'Église était sous la « tutelle des laïcs ».

1. Trafic d'objets sacrés.
2. Femme travestie en homme, qui, devenue pape, aurait accouché lors d'une procession.

D. Réforme grégorienne, rupture Orient-Occident

Le mode de désignation de la papauté change : jusqu'alors le pape était élu par le clergé et le peuple de Rome. Désormais, voteront les prêtres et les diacres des églises romaines, et les cardinaux[1]. Le collège des cardinaux va se mettre au service du pape au point de constituer une véritable cour, la « Curie ». Jusqu'alors, l'Église latine tendait à la décentralisation et à l'autonomie épiscopale ; désormais, elle va se centraliser au profit du siège romain. Le célibat est imposé aux prêtres, ce que refusent les chrétiens orientaux, et les laïcs sont privés de rôle religieux, ce qui marginalise les femmes. Ces changements sont d'abord dus à Léon IX († 1054) ; ensuite et surtout à Grégoire VII († 1085). Ce dernier édicte les *Dictatus papae*, vingt-sept propositions, rythmées par l'adjectif *solus*[2]. Elles visent à établir la prééminence papale sur les évêques : « Seul, il peut déposer ou absoudre les évêques » ; et sur le pouvoir temporel : « Le pape est le seul homme dont les princes baisent les pieds. Il lui est permis de déposer les empereurs. Le pape peut délier les sujets du serment de fidélité. »

Grégoire VII veut mettre en œuvre ce programme. Pour surveiller les évêques, il confie des pouvoirs de décision à ses légats. Il veut également enlever à l'empereur le contrôle des nominations ecclésiastiques et mène un dur conflit avec l'empereur Henri IV qu'il excommunie et dépose à deux reprises (1076 et 1080). L'épisode le plus célèbre de cette querelle est la venue d'Henri à Canossa (1077) où, pendant trois jours, pieds nus et en costume de pénitent, il doit implorer le pardon du pape. Reddition symbolique car en 1080, Henri IV impose par la force un autre pape, et Grégoire VII meurt en exil en 1085. Cependant, l'œuvre de Grégoire s'avère durable. Le développement du pouvoir pontifical va de pair avec un renouveau du droit canonique, par le décret de Gratien en 1140, et du droit romain comme discipline influençant le droit ecclésiastique. Quant à la querelle des Investitures, elle se termine par le concordat de Worms (1122), qui distingue office spirituel et charge temporelle : l'élection, effectuée par le clergé, se prolonge d'un serment au monarque, avant la consécration par l'archevêque métropolitain. Une procédure du même type est adoptée dans le reste de la chrétienté latine.

1. Évêques des diocèses les plus proches de Rome.
2. « Seul ». Ex. : « Seul le pontife romain peut... »

Les deux chrétientés élargissent leurs territoires. Du IXe au XIe siècle, l'Empire byzantin connaît une période faste. Les moines Cyrille et Méthode établissent l'alphabet slave, et traduisent la Bible et plusieurs textes liturgiques en slavon. Les Serbes sont convertis. En 988, la Russie kiévienne [1] est évangélisée à son tour. Les Latins ne sont pas en reste : Tchèques, Polonais, Hongrois et, plus au nord, Scandinaves et Islandais sont évangélisés. Mais le fossé se creuse entre les deux ensembles chrétiens. Le pape Benoît VIII († 1024) accepte le *Filioque*. La papauté veut établir son autorité de façon universelle, ce que Constantinople refuse. Les deux camps se disputent la direction de l'Église bulgare. En 1054, le pape et le patriarche s'excommunient mutuellement. Comme une double excommunication avait déjà eu lieu, la rupture ne semble pas définitive. Cette fois pourtant, elle le sera.

1. Ou Rus' de Kiev, située sur le territoire de l'actuelle Ukraine et de la partie occidentale de la Russie.

V

La chrétienté médiévale

A. Les trois ordres

La société médiévale occidentale est profondément marquée par le christianisme. À partir de 1100, elle bénéficie d'un essor démographique, d'un développement de la production agricole et de l'extension des villes. Avant l'an mil, en Occident, moines, clercs et laïcs étaient distingués ; or la réforme grégorienne tend à imposer à tous les ecclésiastiques les devoirs des moines ; en revanche, la catégorie des laïcs se scinde en deux. Le modèle de société comprend alors trois ordres hiérarchisés, configuration idéale « voulue par Dieu » (l'anthropologue Georges Dumézil a montré qu'on la trouve dans diverses civilisations indo-européennes) : au sommet, les *oratores,* ceux qui prient, puis les *bellatores,* ceux qui combattent, et enfin, tous les autres, les *labores,* ceux qui travaillent.

La réforme de l'Église latine a comme agents les moines et les clercs. L'abbaye de Cluny, créée en 909, dépend directement du pape et joue un rôle fondamental dans le mouvement réformateur. L'office choral s'allonge aux dépens du travail manuel. L'hospitalité envers pauvres et infirmes croît. Les monastères clunisiens couvrent la France, l'Angleterre, l'Écosse, l'Espagne, l'Italie, la Pologne. Les dons et les taxes en font une abbaye riche, puissante. En réaction se fonde l'abbaye de Cîteaux, qui remet à l'honneur le travail manuel et refuse tout revenu ecclésiastique. Les ordres cistercien et clunisien sont incarnés par les figures contrastées des abbés Bernard de Clairvaux († 1153) et Pierre le Vénérable († 1156). Bernard prône l'austérité, fait condamner Abélard (qui cherche à expliquer rationnellement la Trinité) et prêche l'appel à la croisade. Pierre, lui, refuse une trop grande mortification, accueille Abélard après sa condamnation, étudie le Talmud et fait traduire le Coran.

La réforme rapproche le clergé du modèle monastique. Le célibat des prêtres permet au pape de disposer d'un corps dévoué, non soumis aux transmissions d'héritage. L'apologie de la chasteté et de la pauvreté des clercs est liée à l'idée d'une pureté indispensable pour consacrer l'hostie[1]. Au XIe siècle apparaît le terme « transsubstantiation », pour désigner la présence quasi physique du Christ dans les « saintes espèces » de la Cène[2].

Sous l'influence chrétienne, la fonction guerrière prend figure d'idéal chevaleresque, dont le symbole littéraire est la quête du Graal : les chevaliers de la Table ronde partent à la recherche de « l'écuelle de Jésus-Christ au jeudi saint ». La chanson de geste, mise en forme par les clercs, relaie la prédication. Le rite de l'adoubement prend de l'importance. Après avoir condamné la torture en 866, l'Église tente de limiter la guerre : il devient interdit de se battre le dimanche (1027), puis trois jours (1033) et enfin quatre jours (1041) par semaine. En 1066, on en est à une interdiction de trois cents jours par an. Au XIIe siècle, les tournois sont, eux aussi, condamnés. L'impossibilité de faire respecter ces interdits est l'une des raisons de la théorie de la « guerre juste », dont le but est de rétablir la justice entre princes chrétiens, ainsi que de la « guerre sainte » : à partir de 1020 des chevaliers non espagnols participent aux opérations de reconquête des territoires conquis par les musulmans sur le royaume des Wisigoths.

Parmi les *labores*, les bourgeois des villes se distinguent des ruraux et se groupent en associations politiques, les communes, et religieuses, les confréries, qui développent la solidarité spirituelle et l'entraide matérielle. La piété des populations de l'an mil, souvent en proie à la famine et aux épidémies, était nourrie par la crainte de l'Antéchrist et l'attente anxieuse des derniers temps (mais moins qu'on ne l'a dit ensuite). La culture mathématique, qui émerge dans les villes, contribue à transformer la vision de l'au-delà. La dualité enfer-paradis est remplacée par un schéma ternaire grâce au purgatoire, lieu où les âmes des défunts, tourmentées pendant un temps déterminé, expient ainsi leurs fautes et peuvent finalement entrer au paradis. L'historien Jacques Le Goff a montré que « l'invention du purgatoire » donne une espérance nouvelle. Elle crée aussi de nouveaux rapports entre morts et vivants : ces derniers peuvent abréger les souffrances de leurs

1. Pain de la communion eucharistique.
2. Dernier repas du Christ au cours duquel il instaura l'eucharistie.

disparus par des bonnes œuvres : aumônes, gestes de piété, prières, messes, achat d'indulgences prélevées sur le « trésor », dont l'Église dispose grâce aux mérites infinis du Christ et à ceux des saints.

Au concile de Latran IV (1215), la pénitence, qui était alors publique et concernait des fautes graves, devient la confession auriculaire, aveu détaillé des péchés à l'oreille du prêtre. Elle est suivie de l'absolution et de la pénitence. La communion annuelle de Pâques devient obligatoire, alors que l'eucharistie tendait jusque-là à être objet d'adoration, plus que de consommation sacrificielle. Le mariage devient l'un des sept sacrements, et l'Église lutte, avec plus ou moins de succès, pour que le consentement des futurs époux soit requis. Le baptême s'effectue dans les jours qui suivent la naissance. Par ailleurs, les saints sont vénérés. Ils doivent guérir ou maîtriser les éléments ; la colère populaire peut briser leurs statues s'ils déçoivent. Les pèlerinages à leur tombeau (Rome, pour les apôtres Pierre et Paul, ou Saint-Jacques-de-Compostelle) sont très fréquentés.

B. Les croisades

Pendant la même période, sous la dynastie des Commènes (1081-1185), l'Empire byzantin, pris en tenaille entre l'Occident et les Turcs, perd des territoires, mais reste un lieu de culture. Constantinople a évangélisé et civilisé l'Europe orientale, il y organise de nouvelles églises décentralisées, dont le patriarche consacre lui-même les évêques. Certaines d'entre elles vont devenir indépendantes, « autocéphales » : chaque évêque local sera alors élu par ses pairs. La vitalité religieuse de l'Orient se manifeste par le monastère du mont Athos, fondé dans la péninsule grecque en 961, dans lequel s'effectue le passage souple d'une discipline communautaire à des expériences spirituelles solitaires et diverses. Au XIIIe siècle, Grégoire le Sinaïte initie les moines d'Athos à la « prière du cœur », et fonde des monastères. La vie monastique pousse certains au mysticisme : au XIe siècle, Syméon estime que les sacrements et les œuvres ne sont pas nécessaires au salut, qui peut s'atteindre par la crainte de Dieu et la soumission à un père spirituel. Il est exilé. Mais ses idées rencontrant des aspirations de laïcs lettrés, il revient à Constantinople et fonde le monastère de Sainte-Marina.

L'affaiblissement de l'Empire devient manifeste avec les croisades. En Occident, la notion de « chrétienté » signifie, lors du pontificat d'Innocent III (1198-1216), un ensemble organique regroupant des royaumes chrétiens dont le pape se veut la tête. Défendre la chrétienté, ou « terre de saint Pierre », devient un « devoir » royal ou princier et un « ministère » papal. La « menace » est double : elle vient d'ennemis de l'intérieur, les juifs, sur lesquels on colporte de fausses accusations, et d'ennemis de l'extérieur, les Sarrasins, dont les assauts sont de plus en plus considérés comme des attaques d'ordre religieux. La destruction du Saint-Sépulcre en 1009 donne lieu à des récits associant (à tort) juifs et musulmans. Ils annoncent une radicalisation à l'égard de l'autre, qui conduit à des pogroms et aux croisades. Celles-ci se déroulent de 1095 à 1272 et induisent un état d'esprit, lié à celui de la *Reconquista* espagnole, qui se prolonge par d'autres luttes contre les Turcs, les païens de Lituanie, les juifs et les hérétiques. Elles constituent une tentative pontificale pour imposer la paix entre princes chrétiens et se substituer à l'empereur pour prendre la direction effective de la chrétienté. La papauté relie l'expédition destinée officiellement à soutenir les chrétiens d'Orient au pèlerinage au Saint-Sépulcre. Une indulgence plénière est accordée pour deux ans passés en Terre sainte et à ceux qui meurent en chemin. La croisade est donc un pèlerinage en armes, au rebours de la discipline de l'Église.

La première croisade (1095-1099) met d'abord en branle des foules populaires, avec femmes et enfants, enflammées par la prédication de Pierre l'Ermite. Mal armées et peu organisées, elles sont battues et massacrées par les Turcs près de Nicée. Les troupes féodales franques traversent l'Empire byzantin qui tente de les contrôler. La mésentente se manifeste déjà lors de la prise d'Antioche, effectuée sans secours byzantin. Le 15 juillet 1099, plein d'une ferveur entretenue par des prédications, des jeûnes et des processions, les croisés entrent à Jérusalem et massacrent juifs et musulmans. Un royaume franc est installé à Jérusalem, et trois autres principautés sont fondées. Démographiquement faible, ce royaume ne sera guère durable.

Les deuxième (1147-1149) et troisième (1189-1192) croisades sont des échecs. Lors de la suivante, détournée de son but par suite des objectifs de Venise (qui équipait la flotte), les croisés s'emparent de Constantinople, qu'ils pillent. En 1204, ils créent l'Empire latin de Constantinople qui durera jusqu'en 1261. Le pape, qui avait d'abord condamné l'entreprise, réunifie temporairement les deux chrétientés sous son égide mais certains historiens estiment que 1204 est la véritable date de la rupture. Après un nouvel échec, la sixième croisade est l'occasion d'une reconquête pacifique de Jérusalem (1229-1244), grâce à des négociations menées par l'empereur Frédéric II, par ailleurs excommunié. Les septième (1248-1254) et huitième (1265-1272) croisades sont marquées par la captivité puis la mort de Louis IX, qui sera canonisé. Grignotés par les reconquêtes musulmanes, les États francs du Levant tombent définitivement en 1291 avec la prise d'Acre.

Les croisades ont des conséquences culturelles et économiques importantes. Par exemple, les Européens connaissent fort peu le sucre avant elles. Une minorité fortunée y prend alors goût. Ils apprennent des Arabes comment le sucre permet la conservation d'aliments. Une pratique de personnalités puissantes va consister à offrir des dragées. Les Européens chercheront à effectuer la culture de la canne dans les reliquats des conquêtes des croisades : à Chypre, en Crète et à Malte. Elle sera par ailleurs l'une des premières cultures introduites dans les îles atlantiques au XVe siècle.

Mais ces deux siècles de croisades voient également disparaître, en Afrique du Nord qui comptait encore cinq évêchés, les derniers éléments de chrétienté, et provoquent le développement de ressentiments antichrétiens dans l'ensemble du monde arabo-musulman. En revanche, en Afrique de l'Est et en Asie, on compte alors près de deux cents diocèses, nestoriens et monophysites. La mère de Kubilaï Khan, empereur mongol du XIIIe siècle, est nestorienne. Mais à la fin du XIVe siècle, Tamerlan élimine presque entièrement les Églises nestoriennes de ses territoires.

C. Églises, cathédrales et universités

Les XIe et XIIe siècles sont marqués par l'émergence de l'art roman, dont l'un des thèmes est celui du Christ en gloire à la fin des temps. Cet art, lié aux grands domaines ruraux et aux grands ordres monastiques, cherche à voûter de pierres des églises vastes et hautes. Diverses solutions sont trouvées, comme les berceaux brisés (Paray-le-Monial) ou transversaux (Tournus), les voûtes d'arêtes (Vézelay) ou renforcées par des doubleaux (Saint-Savin-sur-Gartempe). La sculpture épouse les formes de l'architecture. Selon l'historien Georges Duby, l'église romane est orientée vers l'aurore pour marquer l'espérance de la résurrection et exprime l'ordre de Dieu par les rapports d'équilibre que ses différentes parties entretiennent entre elles.

Des cathédrales[1] monumentales se multiplient, dans la seconde moitié du XIIe et au XIIIe siècle, à travers toute l'Europe, grâce à

1. Églises où l'on peut recevoir les sacrements des mains de l'évêque.

l'art gothique. La voûte d'arêtes romane est perfectionnée par la construction d'un cadre de deux arcs diagonaux et de quatre arcs latéraux qui sont porteurs. Cela permet d'alléger la carapace couvrante et de percer les murs latéraux de grandes fenêtres et de rosaces. Sans ignorer la pénombre nécessaire pour se recueillir, celles-ci font triompher la luminosité en ressuscitant l'art ancien du vitrail, qui évoque l'histoire biblique et la vie des saints en un chatoiement de bleu, de rouge et d'or. Les sculptures, elles aussi, témoignent d'un regard neuf, et les visages des personnages gagnent en intériorité. Sculptures burlesques et gargouilles montrent que rire et dévotion peuvent s'entremêler.

Fruit de la renaissance des villes, et de l'émulation entre évêques et municipalités, les cathédrales sont toujours plus hautes : 35 mètres à Paris, 37 mètres à Chartres, 42 mètres à Amiens, 51 mètres à Beauvais ; et toujours plus vastes (de 5 500 mètres carrés à Paris à 11 500 à Milan). Elles manifestent, d'un même mouvement, piété collective et réussite sociale. Aux revenus des dîmes s'ajoutent les contributions de riches bourgeois et les dons des corporations. Lieux de ferveur, elles peuvent aussi devenir, lors de la fête des Innocents[1], des lieux d'inversion sociale ritualisée.

Les cathédrales gothiques témoignent aussi de la décadence des écoles monastiques, situées à l'écart des nouveaux centres d'activité urbaine. Les écoles cathédrales (ou rattachées à une abbaye urbaine) se développent au XIIe siècle ; certaines d'entre elles attirent des élèves de lieux parfois fort éloignés. Leur accès est interdit aux filles, qui continuent d'être éduquées dans les couvents. Ce clivage éducatif, lié au développement de la civilisation urbaine et à l'émergence d'une bureaucratie d'État, entraîne progressivement l'élimination des femmes de certaines professions libérales.

Dans les écoles cathédrales, si les disciplines religieuses continuent de constituer l'essentiel de l'enseignement, l'exposé rationnel du dogme y est en vogue. Cependant, au tournant des XIIe et XIIIe siècles, l'autorité des instances épiscopales locales décline et à Paris (grâce à Robert de Sorbon), Oxford (philosophie et théologie) et Bologne (droit), maîtres et élèves, conscients de former un corps homogène, constituent des sortes de syndicats qui prennent le nom d'université. D'autres universités se forment et l'en-

1. Ou fête des Fous, avait lieu en janvier et avait pour objet d'honorer l'âne qui avait porté Jésus à Jérusalem. Après un office, la foule formait une procession et se livrait à toute sorte d'extravagances. Elle fut interdite à partir du XVIe siècle en raison des débordements qu'elle provoquait.

semble va constituer un espace intellectuel européen. La papauté soutient cette nouvelle institution. Les maîtres parisiens reçoivent l'appui d'Innocent III qui reconnaît la distinction entre les fonctions religieuses et enseignantes. L'université organise son enseignement et contrôle ses maîtres et ses étudiants. À l'issue d'une nouvelle crise, le pape Grégoire IX, par la bulle *Parens scientarum* (1231), confirme les privilèges universitaires. Cela coïncide avec l'avènement de la scolastique, méthode qui promeut la légitimité de la *disputatio*, l'usage de la logique d'Aristote et de son primat de l'expérience. Cet auteur est redécouvert grâce à des philosophes musulmans comme Averroès, qui prône l'alliance de l'empirisme et de la raison. La nature n'est plus, comme on le pensait auparavant sous l'influence de Platon, un ensemble de symboles qui cachent et révèlent des vérités divines.

L'approche des textes bibliques change. On y cherchait quatre sens : le sens littéral qui enseigne ce qui est arrivé, l'allégorique qui apprend ce qu'il faut croire, le moral qui dit ce qu'il faut faire et l'analogique qui donne le but vers lequel on doit tendre. Beaucoup estiment désormais que seul le sens littéral est pertinent pour fonder une argumentation doctrinale, réservant les trois autres à l'édification. Le plus célèbre défenseur de cette primauté du sens littéral interprété rationnellement est le dominicain Thomas d'Aquin († 1274), auteur d'une *Somme théologique* qui propose une synthèse entre la pensée néo-platonicienne[1] et l'aristotélisme intégral. Pour Thomas, il existe une cohérence entre la raison et la foi. La foi s'élabore en une théologie, « science » au sens aristotélicien, nécessaire pour comprendre le plan divin pour l'être humain et le monde. Face à la tradition augustinienne, il estime que « la grâce ne supprime pas la nature, mais l'accomplit ». Et la raison peut rendre compte de la nature.

Certaines audaces de l'université sont condamnées par l'évêque de Paris en 1277, notamment l'hypothèse d'une « double vérité », celle de la révélation et celle de la raison naturelle, défendue par Siger de Brabant. Thomas lui-même est visé, mais il ne tardera pas à être canonisé en 1323, avant d'être de nouveau contesté, puis que le thomisme devienne finalement, avec Léon XIII, en 1879, la doctrine officielle du catholicisme.

1. Pensée selon laquelle toutes choses proviennent de Dieu et retournent vers Dieu.

VI

La montée des autonomies

A. Des contestations à l'Inquisition

L'exemple de Thomas d'Aquin montre que la distance entre condamnation et reconnaissance officielle n'est pas toujours très grande. Cela tient à une tension, apparue tôt dans le christianisme, entre les nécessités de la réflexion plurielle pour parvenir à « l'intelligence de la foi » et la volonté de fixer des limites, de trouver la « bonne » doctrine et de la défendre. Le succès du christianisme a ajouté une autre tension entre d'une part la prédication d'un sauveur né dans une étable, mort sur une croix, qui a demandé à ses disciples d'être « dans le monde » sans être « du monde » et d'attendre son « retour » ; et d'autre part une Église qui, installée dans son siècle, a acquis du pouvoir, fait face à des responsabilités sociales, possède une certaine richesse et exerce une domination. Cela implique une perte de la pureté et du dynamisme évangéliques que des mouvements tentent de retrouver, en lien avec des transformations sociales. Villes et bourgades voient les professions se diversifier. Par le commerce, les relations avec des régions lointaines s'intensifient ; l'encadrement clérical se relâche et on discute de tout, religion comprise.

Là encore, la distance entre contestation interne et contestation externe, ou hérétique, est moins considérable qu'on ne le croit. Ainsi Dominique († 1221) fonde, en Languedoc, ce qu'on appellera l'ordre des Dominicains ou Frères prêcheurs, « moines mendiants » vivant dans la pauvreté individuelle et collective. Il s'agit de prêcher contre l'hérésie. Mais c'est implicitement admettre que, pour cela, il faut se distinguer d'une Église riche et puissante. Rattachés directement à Rome en 1216, les Frères prêcheurs entrent souvent en conflit avec le clergé local. L'élection de leurs supérieurs, inspirée des pratiques communales, s'effectue de façon prédémocratique.

Si les dominicains reçoivent progressivement des rentes de villes ou de souverains, l'idéal de pauvreté est plus marqué chez les frères mineurs. Il s'agit au départ d'une sorte de fraternité évangélique fondée par François d'Assise († 1226), ermite itinérant qui fut presque considéré comme un fou. Sur pression de Rome, un ordre de moines mendiants est formé (on les appellera les franciscains) et, après un premier refus, une règle est approuvée par la Curie (1223). Une aristocrate d'Assise, Claire, fonde la branche féminine du mouvement : les clarisses.

D'autres contestations étaient alors devenues « hérétiques ». L'hérésie, assimilée au crime de lèse-majesté, est une dissidence religieuse considérée comme acte politique, danger social dans une société où la foi commune est facteur d'unité idéologique. Pierre Valdo († 1217), riche marchand lyonnais, vit dans la pauvreté évangélique, et son mouvement annonce celui de François d'Assise. Prêchant malgré l'interdiction de son évêque, il est excommunié en 1184 et les vaudois sont pourchassés en France, en Italie et en Allemagne. Ils se mettent à nier le purgatoire et l'enfer, font dépendre la validité des sacrements de la sainteté du prêtre, affirment les droits des femmes et condamnent la guerre.

Les cathares, quant à eux, prônent le retour aux pratiques des premières communautés chrétiennes. Également adeptes de la pauvreté, ils se rapprochent des manichéens. En fait, il faut distinguer ceux qui croient en un seul Dieu et font de Satan un ange rebelle de ceux qui opposent deux principes absolus, le bon et le mauvais, également créateurs et éternels. Des « croyants » émerge une élite, les « parfaits », qui mènent une vie de prières et de mortifications. Les cathares recrutent en Allemagne rhénane et dans le sud de la France. On sait que la répression fut atroce, notamment lors de la chute de Montségur (1244) qui les prive de l'appui de petits seigneurs. Elle se continue en Italie, où certains se réfugient, et s'étend sur une longue période. En 1208, Innocent III, inquiet des succès cathares, a, en effet, appelé à la « croisade » contre les albigeois. Il est relayé par le roi Philippe Auguste, et la disparition du catharisme va de pair avec le rattachement des fiefs méridionaux au domaine royal.

Le « danger » cathare pousse l'Église latine dans la voie de la répression et à l'organisation de l'Inquisition, entre 1231 et 1233. Celle-ci est une juridiction d'exception, où l'enquête, secrète, est surtout confiée aux dominicains et aux franciscains, car elle est perçue comme une modalité de la prédication. Elle met en œuvre des techniques issues de la rationalité universitaire. Les interrogatoires sont enregistrés et les registres fort bien tenus. La torture est autorisée en 1252. On cherche d'abord à obtenir du suspect l'abjuration de ses « erreurs », quitte à l'employer ensuite comme auxiliaire pour démasquer d'autres déviants. S'il persiste, sa condamnation est l'objet d'une délibération dans laquelle les représentants de l'Église sont majoritaires. Le pouvoir politique exécute la sentence, promulguée lors d'une cérémonie qualifiée de « sermon général ». Y assister permet d'obtenir une indulgence, tandis que ne pas s'y rendre peut créer une suspicion. L'indulgence est d'autant plus importante si l'on dénonce d'autres suspects. Ainsi le peuple chrétien se trouve-t-il associé à la répression. Quant aux peines infligées, elles vont de la flagellation au bûcher.

L'Inquisition est particulièrement féroce envers les femmes, à la fois parce que celles-ci participent aux mouvements hérétiques et parce que des milliers d'entre elles se trouvent accusées de sorcellerie. Accusées de détruire la foi, mais aussi de s'attaquer à la puissance sexuelle masculine et au pouvoir reproducteur des femmes (notamment les sages-femmes qui, si besoin, sacrifient la vie de l'enfant pour sauver la mère), elles sont brûlées vives. En 1431, le procès de condamnation de Jeanne d'Arc (réhabilitée en 1456) appartient à la même logique. La spiritualité de Jeanne montre l'influence des ordres mendiants, coexistant avec des croyances provenant de rites agraires. La guerre qu'elle conduit sur ordre de ses « voix » est une guerre sainte. On lui demande ce qu'elle fera si l'Église lui indique que ses révélations sont « choses diaboliques ». Selon le réquisitoire, elle réplique « qu'elle s'en rapportera à Notre Seigneur, premier servi », hérésie qui lui vaut le bûcher.

B. Rois, papes et conciles

Alors que la papauté a réussi à réunir le christianisme latin autour d'elle, son pouvoir va s'affaiblir. La querelle du pape et de l'empereur perdure sous Frédéric II et se marque par l'excommunication de ce dernier. En Italie, les guelfes, partisans du pape, s'opposent aux gibelins, défendant l'empereur. Bientôt, le roi de France prend le relais. Philippe IV le Bel est le plus puissant souverain d'Europe, et son État est assez centralisé. Ses démêlés avec la papauté ne sont pas un signe d'impiété : les rois possèdent eux-mêmes des pouvoirs religieux. Ainsi guérissent-ils des écrouelles [1]. En fait, le conflit est d'ordre fiscal : le clergé, chargé de l'assistance publique, n'est pas assujetti à l'impôt mais peut faire des dons. Philippe IV obtient d'une assemblée du clergé l'autorisation d'un prélèvement. Des prélats protestent auprès de Rome et Boniface VIII interdit ce versement. Le roi empêche alors toute sortie d'or du royaume, ce qui gêne les finances pontificales. Finalement, le pape doit céder.

Lors d'un autre conflit, le pape réaffirme sa suprématie, même au point de vue temporel, si « la puissance terrestre dévie » (*Unam Sanctam*, 1302). Philippe réunit alors une assemblée d'évêques français (1303) et accuse (faussement) le pape d'hérésie, de simonie et de sodomie. Son conseiller, Nogaret, avec l'aide d'ennemis italiens du pape, le fait prisonnier : c'est l'attentat d'Anagni. Boniface sera ensuite délivré par ses partisans, mais brisé par l'épreuve, il meurt.

En 1307 a lieu l'arrestation des Templiers qui, privés de leur fonction de protection des pèlerins en Terre sainte, jouent un rôle important d'intermédiaires financiers. Des aveux sont obtenus sous la torture, des bûchers s'allument. Le pape Clément V doit supprimer l'ordre lors du concile de Vienne de 1311-1312. En 1309, il s'était installé à Avignon, à portée des pressions françaises. Les papes vont se succéder à Avignon jusqu'en 1378. À cette date débute le « grand schisme », avec l'existence de deux papes (en 1378, Urbain VI au Vatican et Clément VII à Avignon) et même, en 1409, trois papes. Ce schisme durera jusqu'en 1417. C'est l'époque où le concile de Constance proclame que « tout homme, fût-il pape, doit obéir au saint concile qui tient son pouvoir directement du Christ ».

La notion de *majestas*, popularisée par la remise en ordre du droit romain comme droit impérial, glisse du plan impérial au plan royal. Les légistes de Philippe cherchent à en diriger le bénéfice au profit du roi de France. Les théories conciliaires vont de pair avec l'émergence du gallicanisme, dans lequel le clergé prend l'habitude de soutenir le roi contre la Curie. Ainsi, la pragmatique sanction de Bourges (1438), sous Charles VII, rédigée par une assemblée ecclésiastique et d'inspiration conciliaire, rétablit l'élection des évêques ; le pape ne peut les consacrer. Les droits du Vatican sont réduits en matière de bénéfices ecclésiastiques et de procès. Mais aux pressions de Rome se substituent alors celles du roi, qui a ses candidats. La pragmatique sanction sera

1. Adénite chronique d'origine tuberculeuse.

abolie, restaurée, de nouveau abolie, et finalement restaurée de nouveau sous Louis XI.

La notion de « corps mystique » qui définissait l'Église se déplace vers les monarchies nationales. Par ce symbole, l'État peut, à son tour, réclamer obéissance et sacrifice. En 1324, le médecin Marsile de Padoue soutient la prééminence de l'État. Le mouvement conciliaire n'arrivant pas à rétablir durablement un pouvoir collégial dans l'Église latine, ce sont les rois qui réaliseront les aspirations d'autonomie portée par ce courant. Le cardinal Nicolas de Cues († 1464) estime que la souveraineté du peuple est une règle qui s'applique à la fois au droit divin et au droit naturel.

Affaiblissement et divisions provoquent de nouvelles dissidences. Le professeur d'Oxford John Wyclif († 1384) affirme, face à la papauté qui se proclame vicaire du Christ et non plus seulement de Pierre, que l'Église est la totalité des chrétiens. Il traduit la Bible en anglais et l'estime supérieure à la tradition. Sa somme théologique est condamnée en 1382 et ses adeptes, les lollards, sont persécutés. Ses idées se répandent en Bohême, inspirant Jean Hus († 1415), réformateur lié à des milieux patriotes. En prônant un accès direct aux sources de la foi, ce dernier influence notamment des béguines[1]. Alors que l'usage voulait qu'on ne donne aux laïcs que le pain, Hus rétablit la communion sous les deux espèces (pain et vin). Convoqué au concile de Constance, il s'y rend, muni d'un sauf-conduit. Il y est pourtant condamné et brûlé vif. Les hussites se révoltent, cinq croisades n'en viendront pas à bout. En 1433, le concile de Bâle doit négocier avec les modérés (utraquistes), leur accorder la communion sous les deux espèces et la lecture liturgique du Nouveau Testament en tchèque. Pour la première fois, une hérésie a obligé l'Église latine à composer.

C. Changements culturels, nouvelle donne politique

Le changement du climat intellectuel se marque par de nouveaux débats. Selon certains, le thomisme donne trop d'importance à la philosophie grecque. Pour le franciscain d'Oxford Guillaume d'Occam, seul ce qui peut être vérifié par l'expérience

1. Communautés de femmes célibataires ou veuves apparues au XIIe siècle, en particulier dans les Flandres, pour faire retraite sans prononcer de vœux ni obéir à une règle monastique.

a une réalité. Le « nominalisme » estime donc que les idées, abstractions produites par le cerveau humain, n'ont pas de réalité en elles-mêmes. Et pour ce qui concerne la connaissance de Dieu, le surréel, il faut s'en remettre à la Bible. Cette pensée s'ouvre à la mystique, dont le plus célèbre représentant est Maître Eckhart († 1327), pour qui elle consiste à devenir « par grâce, ce que Dieu est par nature » et qui est souvent illustrée par des femmes telles Brigitte de Suède ou Catherine de Sienne († 1380). Les mystiques peuvent susciter aussi bien l'admiration que la méfiance, en raison de leur caractère individualiste fondé sur une proximité ressentie avec Dieu. La *Devotio moderna* flamande se veut une spiritualité accessible à tous. L'*Imitation de Jésus-Christ,* écrite vers 1430 dans ce milieu, propose une voie spirituelle qui insiste sur la relation d'amour unissant, à travers Jésus, le croyant à Dieu. Son succès est considérable.

Avec la grande peste et la guerre de Cent Ans, l'époque ressent une présence multiforme de la mort, attisée par des prédicateurs qui insistent sur l'enfer et le Jugement dernier. La danse macabre, dans laquelle des personnes de toutes conditions effectuent une farandole avec des squelettes, l'illustre. Une théologie de l'assomption de la Vierge se développe, donnant au chrétien l'espoir de surmonter la pourriture macabre par la foi en la préservation du corps de Marie.

La destruction de la Russie kiévienne par les Mongols en 1240 isole les chrétiens slaves, même s'ils jouissent encore d'une relative tolérance. À partir du XIVe siècle, le métropolite réside à Moscou. Un renouveau multiplie les monastères, centres d'évangélisation de la paysannerie, lieux de culture chrétienne, mais aussi de défrichement des forêts nordiques. L'Église russe devient missionnaire, convertissant certains Mongols, ainsi que des tribus finnoises au nord. Le monastère de la Trinité-Saint-Serge à Zagorsk est un centre de rayonnement et le moine-peintre Andreï Roublev († 1430) porte l'art de l'icône à son apogée. Le concile de Moscou (1551) proposera son icône de la *Trinité* comme modèle de perfection.

L'Empire byzantin, qui s'était replié à Nicée, a retrouvé en 1261 sa capitale, Constantinople, laissée à l'abandon par les chrétiens latins. Elle va alors devenir un gouffre financier. Lors du concile de Lyon de 1274, l'union des deux Églises est proclamée mais reste lettre morte. Sous la poussée des Mongols, les Turcs progressent tandis que les grandes métropoles religieuses, Éphèse et Nicée, déclinent. L'Empire devient un État balkanique, reprenant les établissements francs du Péloponnèse et se heurtant à de nouvelles ambitions ottomanes. Dans cette conjoncture, l'Église grecque perd une bonne part de ses domaines, confisqués par les empereurs désireux d'acquérir des ressources pour se défendre. La progressive conquête ottomane la prive aussi de biens, même si le sultan reconnaît des droits de propriété au groupe de monastères de l'Athos.

Le déclin de l'empire d'Orient repose la question de l'unité chrétienne, qui inciterait peut-être les Occidentaux à le sauver. L'empereur et le patriarche, présents au concile de Florence en 1439, acceptent l'ajout du *Filioque*. Mais certains estiment cette concession inacceptable et, se souvenant des événements de 1204, pensent que « mieux vaut le turban des Turcs que la mitre des Latins ». Devenue une enclave en territoire ottoman, Constantinople chute en 1453. Pour préserver sa nouvelle capitale, le sultan Mehmed II fait rapidement cesser massacres et pillages. Il effectue une entrée solennelle à Sainte-Sophie, qui va devenir une mosquée, et nomme patriarche Georges Scholarios, adversaire du *Filioque*.

De nombreux humanistes byzantins, venus au concile de Florence, restent en Italie, tel le métropolite de Nicée, Bessarion, qui lègue sa magnifique bibliothèque à Venise. Après 1453, si des membres de l'élite passent au service du sultan (certains se convertissent à l'islam), d'autres viennent en Occident et gagnent leur vie en enseignant le grec. Le contact est directement renoué avec la culture antique grecque, partiellement connue auparavant à travers des traductions arabes. Cela contribue à la volonté de dialogue avec des auteurs païens, déjà présente, pour l'Antiquité latine, chez Francesco Pétrarque, par ailleurs admirateur de la vie contemplative. Cette tension entre méditation chrétienne et exaltation profane se retrouve dans la peinture : au XIVe siècle, Giotto était passé de l'icône au portrait en individualisant ses personnages. Au XVe siècle, Sandro Botticelli mêle vierges pleines de spiritualité et déesses antiques. La conscience historique se transforme, par la découverte par exemple que la dotation de Constantin est un faux. Une nouvelle époque commence.

VII

Extension chrétienne, naissance du protestantisme, paix de religions

A. Extension hors d'Europe et nouveau contexte

En 1492, deux événements ont lieu en Espagne : la fin de la *Reconquista*, avec la disparition du dernier État musulman (Grenade), et l'accord entre Christophe Colomb et les souverains, point de départ de l'européanisation des Amériques, dérivation des croisades et de la *Reconquista* vers d'autres horizons. En effet la dynamique de la *Reconquista* ne se termine qu'en 1578 avec la défaite d'Alcazar-Quivir, qui voit la chevalerie portugaise massacrée en cherchant à envahir le Maroc, entraînée par les rêves de croisades de son roi. Colomb veut atteindre l'Asie par l'ouest. L'historien Denis Crouzet l'a qualifié de « héraut de l'Apocalypse ». Il veut convertir le grand Khan et rapporter de l'or pour financer une croisade qui reprendra Jérusalem ; alors le Christ reviendra. Le projet de Colomb s'inscrit dans un processus de « grandes découvertes » au cours duquel, par suite de la désagrégation de l'Empire mongol et de la nouvelle puissance ottomane, on assiste à la raréfaction des produits orientaux (épices...). Une nouvelle route suit les côtes africaines. En 1491, le roi du Congo devient catholique ; en 1485, le point le plus méridional de l'Afrique est atteint. On remonte l'océan Indien pour trouver le royaume du Prêtre Jean, puissant souverain chrétien, au-delà de l'espace islamisé selon la légende. Mais là, le Portugal ne peut lutter contre le commerce arabe. En revanche, des empires

« américains[1] » sont rapidement conquis, dans un climat où appétit de richesse et devoir d'évangélisation s'entremêlent.

Cette victoire éclair est due à plusieurs éléments : l'effet de surprise, le fait que les populations prennent les Européens pour des dieux revenus et, surtout, un désastre sanitaire, joint à des massacres. Le dépeuplement des Amérindiens va amener la traite négrière, justifiée notamment par un texte de l'Ancien Testament, la malédiction de Cham[2]. Dès 1493, le pape Alexandre VI partage la souveraineté des terres à découvrir entre l'Espagne et le Portugal. Il leur confie la responsabilité de créer des diocèses et de nommer des évêques (système du *patronat*), ce qui subordonne le religieux au politique. Mais comment doit-on considérer ces « Indiens » ? Des philosophes affirment, en s'appuyant sur Aristote, qu'ils constituent une race inférieure. Un débat a lieu à Valladolid en 1550 et, grâce à l'évêque de Chiapas[3], Las Casas, on affirme : « Toute la race des hommes est une. » Déjà en 1537, la bulle *Sublimis Deus* déclarait que les « Indiens étant vraiment des hommes, [ils] sont aptes à recevoir la foi chrétienne ». Cela n'empêchera pas les exactions contre la main-d'œuvre amérindienne, combattues par des missionnaires. Si le rêve d'un royaume indien au Mexique, soutenu par le franciscain Jérôme de Mandiéta, ne se réalise pas, la création par des jésuites, au début du XVIIe siècle dans l'actuel Paraguay, d'une sorte de république chrétienne, protège les Guarani[4] des chasseurs d'esclaves. Les religieux apprennent les langues indigènes, baptisent souvent après une instruction superficielle (on n'insiste pas sur la mort du Christ pour ne pas exalter le sacrifice humain) et construisent des églises sur d'anciens lieux de culte.

Les Portugais de Vasco de Gama atteignent l'Inde au tournant des XVe et XVIe siècles, amenant avec eux franciscains et dominicains. Ils recourent fréquemment à la manière forte pour obtenir des conversions, notamment de femmes de « basses » castes en vue de mariages avec des Portugais. Un diocèse est créé à Goa en 1534. Le jésuite espagnol François Xavier y arrive en 1542, se limite aux régions côtières et poursuit jusqu'au Japon. Là, contrairement à l'Inde, il réussit à entrer en contact avec des

1. Cette désignation apparaît en 1507.
2. Épisode biblique au cours duquel Cham, fils de Noé, « voit la nudité de son père » enivré. En l'apprenant, Noé maudit le fils de Cham, Canaan, et ses descendants.
3. Sud de l'actuel Mexique.
4. Peuples amérindiens du Brésil, du Paraguay, de l'Argentine, de la Bolivie et de l'Uruguay, de langue guarani.

élites et il entreprend une œuvre missionnaire. En Chine, l'action d'évangélisation reprend et un évêché est fondé à Macao en 1575.

Cette extension va de pair avec une modernisation culturelle et politique. Synthèse de techniques variées, l'invention de l'imprimerie a changé la donne culturelle : on a édité, entre 1455 et 1500, six millions d'ouvrages, soit plus que tous les manuscrits copiés au Moyen Âge. Les États dynastiques, embryon des futurs États-nations, prennent de la consistance. Le Concordat de 1516 confie à François Ier la nomination des évêques. L'empereur Charles Quint est un souverain puissant. L'humanisme se développe, il n'épargne pas les autorités ecclésiastiques (*Éloge de la folie* d'Érasme en 1509). Une approche savante de la Bible se conjugue avec la volonté de recentrage sur l'Écriture et sur la personne de Jésus-Christ. La papauté a perdu de son prestige ; certains papes ne font rien pour la lui redonner : Alexandre VI a deux fils en étant pape et Jules II étend l'État pontifical et pratique l'assassinat politique. La voie conciliaire semble elle-même une impasse : Latran V (1512) élabore un programme de réformes qui n'a guère de suites. En 1498, le dominicain Jérôme Savonarole, qui avait instauré une sorte d'État chrétien rigoriste et réformateur à Florence, est brûlé vif.

B. Naissance du protestantisme et... du catholicisme

Dans ce contexte, en 1520, un moine théologien allemand, Martin Luther († 1546), brûle la bulle du pape qui l'excommunie, et transforme ainsi une contestation menée à l'intérieur de l'Église latine en protestation qui va créer de nouvelles Églises. Luther avait, en 1517, rédigé 95 thèses contre la « vertu des indulgences » vendues pour favoriser la reconstruction de la cathédrale Saint-Pierre à Rome et censées remettre la peine de certains péchés. Avec l'imprimerie, Luther peut expliquer sa position à une sorte d'opinion publique chrétienne que le renouveau humaniste rend avide de changements. Ainsi, il publie trois écrits manifestes. Le premier affirme la doctrine du sacerdoce universel (les laïcs sont aussi des prêtres, il n'existe que des différences de fonction) et l'intelligibilité de l'Écriture (la Bible est directement accessible par la foi). Pour le deuxième, les sacrements sont devenus des moyens d'asservissement ; seuls sont bibliques le baptême et la Cène. Enfin, le troisième considère le chrétien comme « assujetti à personne » et, en même temps, serviteur de tous. Cette liberté-service se vit dans le monde et Luther refuse la vie monastique.

Convoqué devant la diète de Worms par l'empereur, Luther affirme que ni le pape ni le concile ne sont infaillibles et refuse de se rétracter car sa « conscience » est liée par les textes bibliques, notamment l'épître de Paul aux Romains, dans lesquels il est enseigné que Dieu sauve l'être humain par pure grâce. L'amour de soi prime chez l'être humain et il ne peut aimer son prochain qu'en se convertissant au Christ. Là, il doit faire ce qui est utile aux autres, et non des œuvres méritoires ; ainsi la chasteté n'est-elle pas supérieure au mariage. Peu après, à Zurich, sous l'influence d'un prêtre, Zwingli († 1531), le Conseil de la ville remplace la messe par un culte centré sur la prédication. Pendant ce temps, Luther, mis au ban de l'Empire, est caché par son prince[1] puis, estimant que le mouvement qu'il a lancé dévie vers l'illuminisme, il en reprend la direction. Il désavoue durement, en 1525, une révolte de paysans brutalement réprimée, menée par le réformateur radical Thomas Müntzer ; il se marie par ailleurs avec une nonne et il rompt avec Érasme, défenseur du libre arbitre. Il publie ensuite deux catéchismes et une traduction de la Bible qui contribue à façonner l'allemand moderne, donnant une unité culturelle à cette nation morcelée.

Luther et Zwingli divergent au sujet de l'eucharistie. Ils rejettent la transsubstantiation catholique : le pain et le vin restent tels ; mais pour l'un, pain et vin sont aussi corps et sang du Christ (consubstantiation) alors que pour l'autre il s'agit de faire mémoire de la mort du Christ. Un autre réformateur, le juriste Jean Calvin († 1564), adopte une position intermédiaire : le Christ est réellement présent dans la Cène, mais de façon spirituelle. Français, Calvin doit se réfugier à Genève en 1536. De 1541 à sa mort, il devient le guide spirituel de cette cité, refuge de persécutés. Dans son *Institution chrétienne*, il développe une doctrine de la prédestination qui implique un « décret d'élection », fruit de la bonté de Dieu et un « décret de réprobation », fruit de sa justice. Les élus sont ainsi ordonnés à « la vie éternelle », les autres à « l'éternelle damnation ». Contestée, cette doctrine aura longtemps le soutien du peuple calviniste : en effet, les puissants, les riches, les « bien nés », souvent adeptes de doctrines plus libérales, manifesteraient par là même qu'ils ne sont pas forcément les élus.

Si les mots d'ordre « Dieu seul, l'Écriture seule, la grâce seule » sont communs à l'ensemble de la Réforme protestante, celle-ci crée plusieurs Églises, au gré des circonstances géopolitiques.

1. Frédéric III le Sage, prince-électeur de Saxe.

Réprimée par l'Église officielle, elle réprime elle-même son aile radicale : les anabaptistes, qui créent les premières communautés indépendantes du pouvoir civil, refusent les charges de la cité (serment, port d'armes) et baptisent seulement les adultes, après une profession de foi. Par ailleurs, Michel Servet est brûlé vif à Genève pour avoir nié la Trinité (1553), considérée comme le dogme fondamental commun du christianisme.

En effet, on ne prend pas facilement son parti de la rupture, et des tentatives de conciliation ont lieu. Pour l'une d'elles, Melanchthon († 1560) rédige la *Confession d'Augsbourg* (1530) qui va être la marque du luthéranisme. Mais ces tentatives échouent et le concile de Trente (1545-1563) constitue une réponse à la Réforme protestante. Pour les historiens, ce concile marque, *stricto sensu*, la naissance du catholicisme. Il définit la doctrine en s'inspirant de la théologie scolastique : Écriture et tradition sont les sources de la croyance, les sept sacrements sont réaffirmés, ainsi que la nécessité de « coopérer à la grâce en vue d'obtenir la justification ». Il déclare également légitime le culte de la Vierge ; il insiste sur la distinction fondamentale entre clercs et laïcs et sur le rôle capital des évêques et des prêtres ; il décide, pour bien former ces derniers, la création de séminaires. Pour les fidèles, il prévoit l'élaboration d'un catéchisme et d'un Index des livres défendus. À partir de 1566, Pie V met en œuvre ces réformes, avec notamment la publication d'un missel romain.

À la fois Contre-Réforme et Réforme, ce renouveau catholique a été précédé par la création, entre 1534 et 1540, de la Compagnie de Jésus, ou Jésuites, par Ignace de Loyola († 1556) qui en sera l'un des meilleurs instruments. Elle associe une pratique spirituelle exigeante, une forte formation intellectuelle et un encadrement militaire marqué par un vœu spécial d'obéissance au pape. Autre forme de renouveau : les mystiques, avec Jean de la Croix et Thérèse d'Ávila († 1582) à qui visions et ravissement font contempler « l'humanité du Christ » et écrire des chefs-d'œuvre religieux et littéraires. Sous son influence, l'ordre des Carmélites se réforme pour aller vers une vie de complet dépouillement. De grands évêques coopèrent au renouveau, tel celui de Milan, Charles Borromée († 1584), dont l'*Instruction pour la construction des églises* allonge la nef où sont les fidèles et la sépare du chœur, réservé au clergé ; et celui de Genève en exil à Annecy, François de Sales († 1622), qui initie les laïcs à la « vie dévote ». L'art baroque surgit en Italie, se répand en Europe centrale et dans la péninsule Ibérique, et s'épanouit en Amérique latine, où son exubérance foisonne en toute liberté, dans des compositions où l'or le dispute à la couleur.

C. Guerres et paix de religions

Le terme « protestant » est né de la protestation de princes et de villes libres, adeptes de la Réforme, contre l'imposition de l'unité religieuse en 1529. En 1555, les protestants obtiennent la paix d'Augsbourg, qui reconnaît le droit d'être luthérien selon le principe non individuel du *cujus regio ejus religio* : « à chaque région sa religion ». C'est la fin du rêve d'un Empire chrétien : la diète est divisée en deux partis confessionnels. À ce moment, les deux tiers des Allemands et l'ensemble des Scandinaves sont devenus luthériens tandis que, sous sa forme zwinglienne et surtout calviniste, la Réforme progresse en France, aux Pays-Bas et en Suisse. En Angleterre, la situation est mouvante. Henri VIII a effectué un schisme après le refus du pape d'annuler son mariage, et en 1534, l'Acte de suprématie a fait du roi le chef de l'Église d'Angleterre. Cette sorte de catholicisme anglican se protestantise sous Édouard VI avec qui la doctrine devient calviniste ; les catholiques sont pourchassés. Marie Tudor tente une recatholicisation violente qui échoue, et qui lui vaut son surnom de Marie la Sanglante. Élisabeth Ire instaure un anglicano-protestantisme ralliant les modérés des deux camps : les Trente-Neuf Articles (1571), encore aujourd'hui plate-forme doctrinale de cette Église, sont teintés de calvinisme tempéré et la liturgie garde des aspects quasi catholiques (différence avec l'Écosse, devenue calviniste). Les « puritains » considèrent que la Réforme reste inachevée ; ils veulent une *religio purissima*. La royauté anglaise est excommuniée et déposée par le pape, ce qui fait que les catholiques anglais seront longtemps considérés comme des « traîtres » en puissance.

En France, la rupture avec le catholicisme devient un clivage au sein du mouvement réformateur vers 1540. Les Églises réformées s'organisent et adoptent une confession de foi au synode de La Rochelle (1571). Mais, dès 1562, des guerres de religions commencent, entrecoupées de trêves et d'édits de pacification. À chacun ses violences. Du côté catholique, ce sont des crimes rituels ayant pour but de purifier le royaume : en 1572, la « saison des Saint-Barthélemy » (Paris, Troyes, Saumur, Lyon, Bordeaux, Toulouse...) débute par la volonté du pouvoir de décapiter le parti huguenot et se prolonge par la violence d'un peuple redoutant la vengeance divine à cause du « sacrilège » de la tolérance de l'hérétique. Du côté réformé, des crimes prédicatifs veulent montrer, en les détruisant, que Dieu ne protège pas les personnes et les objets sacralisés de la religion traditionnelle (prêtres égorgés à Nîmes en 1567 et actes iconoclastes). Avec l'édit de Nantes

(1598), la France reste un royaume catholique, mais les réformés obtiennent certains lieux de culte, des places fortes (jusqu'à la paix d'Alès en 1629) et l'accessibilité à tous les emplois. L'édit sera révoqué en 1685.

En Allemagne, une reconquête catholique s'effectue à partir de la Bavière, grâce aux jésuites. Les hostilités recommencent en 1618 par la révolte de la Bohême protestante. C'est la guerre de Trente Ans, conflit où les aspects confessionnels se doublent d'un combat pour l'hégémonie européenne entre Habsbourg et Bourbons (Richelieu aide les protestants allemands et suédois). Les traités de Westphalie (1648-1649) reconnaissent l'existence du calvinisme dans l'Empire et assouplissent le *cujus rejio ejus religio* : la dévotion privée est admise comme la liberté d'émigration (près de quatre cents territoires, très voisins). Nouveauté : le Saint-Siège ne signe pas ce traité international. Des juristes protestants, comme Grotius, cherchent dans la sociabilité naturelle de l'homme le fondement du droit, permettant un langage juridique commun entre adeptes de diverses croyances.

L'historien Olivier Christin a mis en lumière l'importance des « paix de religion ». Elles contribuent à l'émergence d'un espace autonome où les enjeux politiques sont distingués et préservés des problèmes confessionnels : le politique et le juridique constituent le lieu où se construit l'intérêt général que la religion, devenue conflictuelle, n'arrive plus à incarner. Cela est complété par des changements économiques, où la « sécularisation » de propriétés foncières ecclésiastiques participe à un mouvement de monétarisation et de désenclavement économique de différentes fonctions sociales.

VIII

Le christianisme et les Lumières

A. Le « Moyen Âge orthodoxe »

La période du XVe siècle au début du XVIIIe siècle a été qualifiée de « Moyen Âge orthodoxe » (O. Clément). Les Églises sont coupées en deux zones géopolitiques. Au sud, les Balkans, devenus territoire ottoman. Là, l'islam est la religion officielle mais le système de *millets* permet, entre autres à la communauté grecque orthodoxe, d'exercer sa religion en ayant ses tribunaux et son système scolaire, mais en s'abstenant de tout prosélytisme et en payant de lourds impôts. Le mont Athos reste un foyer de spiritualité, éditant des textes sur la prière du cœur. Le clergé orthodoxe relève du patriarche de Constantinople, dont le sultan renforce l'autorité. Catholiques et protestants veulent avoir de l'influence : en 1582, le pape Grégoire XIII tente de négocier avec le patriarche Jérémie sa réforme du calendrier[1]. En 1629, le patriarche Loukaris écrit une confession de foi d'inspiration calviniste répudiant la Tradition et le culte des saints. Il est déposé puis étranglé. Cela pousse l'orthodoxie à préciser sa doctrine. Le patriarche de Jérusalem, Dosithée, y contribue en remettant en valeur les Pères de l'Église.

Le second foyer est la Russie. Moscou a proclamé son « autocéphalie » en 1448 par refus de l'union proclamée à Florence ; un patriarcat est instauré en 1589. Se développe alors la théorie de Moscou « Troisième Empire » ou « Troisième Rome » : « deux Rome sont tombées, la troisième est debout et il n'y aura pas de

1. Le calendrier grégorien, calendrier international actuel, vient remplacer le calendrier julien le 15 octobre 1582 (lendemain du 4 octobre) dans la chrétienté latine.

quatrième » (Philotée de Pskov, 1510). La doctrine de la « symphonie », harmonie du temporel et du spirituel, héritée de l'Empire byzantin, donne un pouvoir religieux au tsar. Au début du XVIIe siècle, un usurpateur catholique, le « faux Dimitri », est soutenu par les jésuites. À peine couronné, il est assassiné. Cela fait suite à la décision des évêques orthodoxes d'Ukraine (alors territoire polonais) au synode de Brest-Litovsk (1596), d'accepter le *Filioque* et la primauté de Rome, en gardant leur liturgie et l'ordination d'hommes mariés. C'est la naissance de l'Église uniate, ou grecque catholique. Des Églises nestoriennes (patriarcat de Babylone, Inde du Sud) se rattachent également à Rome qui respecte leurs usages (rite chaldéen).

L'orthodoxie russe latinise l'enseignement théologique pour mieux résister à l'influence catholique. Un réformateur, Nikon, devient patriarche de Moscou en 1652. Soutenu par le tsar Alexis, il veut extirper les survivances païennes et améliorer la formation du clergé. Il révise missel et rituel à partir des textes de l'Église mère grecque. Un changement touche un geste habituel de la piété : le signe de croix ne doit plus se faire à deux doigts, en levant l'index et le majeur (signe de la double nature du Christ, les trois doigts repliés et joints symbolisant la Trinité) mais à trois doigts, en ajoutant le pouce, exprimant à la fois la double nature du Christ et la Trinité. En 1666, le concile de Moscou, auquel prennent part les patriarches d'Antioche et d'Alexandrie, dépose Nikon mais confirme ses réformes. Les opposants, les « vieux croyants », sont déclarés hérétiques et schismatiques (*raskolniki*). Les contrôles qui s'ensuivent sur les paroisses et les monastères brident une autonomie séculaire et renforcent la distance entre d'une part la hiérarchie et d'autre part le bas clergé et les fidèles. Des persécutions refoulent les dissidents, divisés en *Popovcy* (sacerdotaux) et *Bezpopovcy* (sans prêtres), vers le nord, l'Oural, la Sibérie et les steppes du Sud. Pierre le Grand renonce à la répression en 1716 et utilise leur esprit d'entreprise pour l'industrie du fer. En 1721, il profite de l'affaiblissement issu de ces divisions pour remplacer le patriarcat par un Saint-Synode, où le pouvoir appartient surtout au représentant laïc de l'État.

B. De la Chine à l'Amérique du Nord

En 1582, des jésuites, dont Matteo Ricci, arrivent en Chine et prennent le costume des lettrés confucéens. Ils se font apprécier grâce à leur connaissance en astronomie et en mathématiques. Après la mort de Ricci, les conversions progressent et le pape autorise la célébration liturgique dans le chinois des lettrés. Les jésuites acceptent que les chrétiens chinois s'inclinent devant les tablettes sur lesquelles sont gravés les noms des ancêtres. Ils considèrent les honneurs rendus à Confucius comme un culte purement civil. Après 1630, arrivent des franciscains et des dominicains, qui tentent d'évangéliser des couches plus populaires et se plaignent des choix des jésuites. Le conflit se focalise sur la traduction du mot Dieu. Les jésuites ont choisi le terme des lettrés de « Principe suprême » plutôt que celui, bouddhique, de « Seigneur du Ciel ». Les jésuites sont condamnés par Rome en 1645, mais cela est adouci en 1656, année pourtant où Pascal les attaque vivement dans ses *Provinciales* : ils « suppriment le scandale de la Croix » et « permettent aux chrétiens l'idolâtrie ». En Chine même, après une persécution (1665), les jésuites regagnent la faveur du pouvoir. Un édit de l'empereur autorise la diffusion du catholicisme dans l'Empire (1692). En 1708, à la suite d'une nouvelle condamnation papale, l'empereur envoie à Rome une délégation qui fait naufrage. Rome interdit tout culte des ancêtres et de Confucius. L'empereur expulse alors les missionnaires, à l'exception des jésuites de Pékin. Ceux-ci devront finalement partir en 1756. Entre-temps, le pape Benoît XIV a condamné les rites chinois par la bulle *Ex quo singularis* de 1742. Cependant, les jésuites auront fait connaître la civilisation chinoise et Confucius en Occident et les Lumières s'en serviront contre la prétention universaliste du christianisme.

Un autre pays d'Asie s'est fermé au christianisme : le Japon, à qui l'exemple de l'Amérique latine a fait craindre que la mission ne serve à une colonisation. La création pontificale de la *Propaganda Fide* en 1622 a pour objet d'enlever aux États le développement des missions. Les premières sociétés missionnaires protestantes se créent plus tardivement, dans la seconde moitié du XVIIe siècle. En revanche, les « Pères pèlerins » du *Mayflower*, puritains anglais, arrivent en Amérique du Nord (Nouvelle-Angleterre) en 1620 et organisent leurs communautés selon un modèle congrégationaliste : chaque paroisse est autonome et la communauté choisit son pasteur, qui n'a pas de supérieur ecclésiastique. Ils se considèrent comme le « Nouvel Israël », peuple élu pour qui l'Amérique est la « Nouvelle Jérusalem », ce qui justifie les spoliations qu'ils font subir aux Indiens. De nombreux collèges sont fondés pour former pasteurs et élites (Harvard, 1636), tandis que des catholiques s'installent dans le Maryland, et des anglicans plus au sud. La vie religieuse est le centre de la vie sociale et ses codes s'imposent. À Salem, en 1692, ont lieu des procès de sorcellerie et dix-neuf femmes sont mises à mort.

Cependant, un pasteur baptiste[1], Roger Williams († 1684), défend les Indiens, fonde le Rhode Island et y réalise la séparation des Églises et de l'État ; un quaker, William Penn († 1718), crée la Pennsylvanie, dont la Constitution garantit la liberté religieuse. Des quakers mettent en cause l'esclavage au nom de l'amour évangélique. Au nord des Grands Lacs, des Français, protestants puis catholiques, s'installent sur le fleuve Saint-Laurent. Mystique et femme d'action, Marie de l'Incarnation fonde le monastère de Québec et accueille des Indiennes dans ses classes. La « Nouvelle-France » devient anglaise en 1763 sans subir de dispositions anticatholiques.

C. Christianisme latin et État

La Réforme protestante crée des Églises nationales et l'État moderne naît dans un contexte théologico-politique avec l'absolutisme, théorie de la souveraineté du roi par délégation divine au spirituel et au temporel. En France, l'absolutisme sera durable mais il voudra garder la tradition de la « fille aînée de l'Église » et donc la « communion » avec Rome. La Déclaration des Quatre Articles (1682) accentue cependant le gallicanisme, sans le laïciser : Bossuet défend une *Politique tirée de l'Écriture sainte*. Alliances et conflits alternent et se mélangent, face au protestantisme et au mouvement janséniste. En 1640 et en 1653, le pape condamne certaines doctrines de Jansénius († 1638), évêque d'Ypres et auteur de l'*Augustinus*. Influent en France, le jansénisme imprègne le couvent de religieuses de Port-Royal, dirigé par Angélique Arnauld († 1661). Il prône une théologie de la grâce, est hostile à la sensualité de la piété baroque et combat la casuistique jésuite. Malgré un compromis trouvé en 1668, Louis XIV le considère comme séditieux. Il fait raser Port-Royal et obtient une nouvelle condamnation papale, la bulle *Unigenitus* de 1713. Le jansénisme reste pourtant présent dans la bourgeoisie parlementaire et se lie à des théories antiabsolutistes.

Louis XIV combat le protestantisme selon le principe « Une loi, une foi, un roi ». Il défait progressivement l'édit de Nantes, détruit les temples et interdit les synodes, éléments essentiels de l'organisation collégiale réformée. En 1685, l'édit est révoqué, les pasteurs sont expulsés et les protestants forcés de devenir catholiques. Certains partent au péril de leur vie, d'autres se révoltent

1. Partisan du baptême des adultes.

(révolte des camisards, 1702-1710) et des synodes clandestins ont lieu à partir de 1715. Un édit, en 1724, maintient la persécution ; elle se prolonge tard dans le siècle, entraînant la protestation de Voltaire en 1763.

La Grande-Bretagne a une évolution différente. Roi théologien, traducteur de la Bible, Jacques Ier incarne l'absolutisme. Son fils, Charles Ier, catholicisant, entre en conflit avec le Parlement ; cela aboutit à son procès, et à son exécution (1649), transgression religieuse autant que politique : on a tué légalement le représentant de Dieu sur terre et aboli la royauté. Lors du Commonwealth[1] de Cromwell, la ferveur religieuse favorise la création de multiples associations religieuses protestantes, souvent fondées sur la profession personnelle de la foi. La notion de « progrès » émerge dans un contexte religieux : le retour du Christ sera l'aboutissement d'une progression de l'histoire. Après la réapparition de la royauté et l'arrivée sur le trône du catholique Jacques II, la Glorieuse Révolution (1689) induit l'adoption d'une Charte des droits dans laquelle le Parlement, représentant la nation, impose le protestantisme à la royauté ; cela entraînera un changement de dynastie en 1714. La monarchie devient constitutionnelle. Un édit de tolérance pour les protestants « non conformistes[2] » est édicté. Aux Provinces-Unies existe, dès la seconde moitié du XVIIe siècle, une certaine tolérance : l'Église réformée y est officielle, l'appartenance à d'autres christianismes et au judaïsme se marque par des limitations civiles ; c'est une terre de refuge pour les intellectuels : Descartes, Spinoza, Bayle et les protestants français, et un temps, Locke.

Ailleurs, une certaine tolérance s'impose, au XVIIIe siècle, par le « despotisme éclairé » de princes philosophes qui fondent leur pouvoir sur le droit divin, mais aussi sur un échange utilitaire de services entre gouvernants et gouvernés. Quand elle s'étend (1745, 1772), la Prusse luthérienne, dont le prince est réformé, tolère le catholicisme. Catherine II de Russie publie un édit de tolérance en 1773, tout en s'ingérant dans les affaires religieuses. L'empereur Joseph II adopte une attitude identique : il subordonne l'Église catholique à l'État (« joséphisme ») et il instaure le pluralisme religieux, le mariage civil et le divorce (1781). De plus, le pape doit céder à la pression d'États catholiques en supprimant l'ordre des Jésuites (1773).

1. Gouvernement républicain instauré par le Parlement croupion en 1649. Il évolua vers le pouvoir personnel de Cromwell, en 1653.
2. Non-membres de l'Église d'Angleterre.

D. Théologie, science et culture

Le catholicisme tridentin[1] fait preuve, au XVIIe siècle, d'une belle vitalité, notamment en France. Connu pour ses œuvres charitables, Vincent de Paul œuvre pour l'amélioration du recrutement sacerdotal, tout comme Jean-Jacques Olier qui fonde, en 1642, la Compagnie des prêtres de Saint-Sulpice. Les séminaires servent également pour les missions, et la France va être le grand pays missionnaire catholique. Les jésuites fondent de très nombreuses écoles. Dans le protestantisme, des courants veulent réaliser le mot d'ordre de la Réforme : donner la Bible au peuple. C'est le cas des puritains qui, par ailleurs, mettent de l'énergie dans leur activité professionnelle : la réussite devenant signe d'une prédestination au salut. Ils favorisent ainsi l'ascension sociale et l'essor du capitalisme, au détriment de la « bonne naissance » féodale. Le piétisme germanique prône, après le drame de la guerre de Trente Ans, une religion intériorisée, où le culte dominical est complété par des réunions particulières, les *collegia pietatis*, lieux d'instruction et d'édification mutuelle. La « justification par Dieu seul » se complète par la « sanctification », vie chrétienne en acte dans le monde. Le piétisme favorise la création d'écoles et contribue à faire évoluer, au même rythme, la religion et la société. Par ailleurs, les cantates dominicales, telles celles de Jean-Sébastien Bach, sont considérées comme un double musical de la prédication.

Des courants libéraux se manifestent. Dans les milieux aisés des Provinces-Unies, l'arminianisme, d'abord réprimé puis toléré après 1625, remplace la prédestination par la prescience de Dieu : Il sait à l'avance si l'homme acceptera ou refusera le salut. Même adoucissement, combattu par les jansénistes, chez le théologien jésuite Luis Molina : la grâce suffisante est donnée à tous les humains, qui peuvent la transformer librement en grâce efficace. L'oratorien, mis à l'Index, Richard Simon, pose les fondements de la critique biblique.

L'Église latine de la Renaissance acceptait les hypothèses de Nicolas de Cues affirmant que l'univers, indéfini, n'a pas de centre ; de même Copernic, chanoine, écrit en 1543 sans être inquiété que le Soleil est le centre de l'univers. Mais l'Église catholique du concile de Trente veut faire preuve d'autorité, et l'inquisition romaine, alors créée, fait brûler vif Giordano Bruno, auteur de *De l'univers infini et des mondes* (1600). L'héliocentrisme est mis

1. Issu du concile de Trente.

à l'Index en 1616. Le protestant Kepler venait alors de démontrer que les planètes tournent autour du Soleil selon une ellipse, ce qui lui fait penser que Dieu a ordonné le monde selon une perfection mathématique. Galilée montre avec un télescope la rotation de la Terre et tente de le justifier en réinterprétant l'Écriture. Poursuivi par Rome comme hérétique, il doit renier sa découverte sous la contrainte en 1633.

Penseurs et savants cherchent à s'affranchir de Rome, qui s'attribue le monopole de la vérité, et des Églises protestantes qui, sans aller si loin, se flattent chacune d'être plus chrétienne que les autres. La persécution et l'exil suscitent des idées novatrices, comme l'indication par le protestant français Bayle que l'athée n'est pas un être antisocial (Locke et Voltaire refusent d'aller si loin). On tente d'être croyant à distance des Églises. Ainsi, Isaac Newton, féru de théologie, conclut, à partir de la Bible, que la fin du monde adviendra entre 2060 et 2344. Les Lumières allemandes et anglaises recherchent un « christianisme raisonnable » (Locke), une religion éclairée, où Dieu laisse la Nature qu'il a créée se développer suivant ses propres lois et n'intervient plus dans le cours des choses, mais où il peut aussi prendre la figure d'un père miséricordieux, éduquant l'humanité (Lessing). La franc-maçonnerie, créée en Angleterre entre 1719 et 1723 par le pasteur Anderson, propage une religion naturelle (condamnation papale en 1751). D'autres sont plus radicaux, comme l'Écossais Hume, qui estime qu'imagination et passions sont les sources des convictions religieuses (1757). En France, la prise de distance devient franchement anticléricale : « Écraser l'Infâme » écrit Voltaire à propos des institutions religieuses. Il faut dire que dans ce pays perdure une intolérance devenue incongrue en Europe. Avec les protestants, le chevalier de La Barre en est victime : accusé d'impiété, il est décapité (1766).

IX

Christianisme et modernité triomphante

A. Les révolutions et leur suite

Les Révolutions américaine et française proclament les droits de l'homme et séparent Églises et État. Pourtant, dès le départ et dans la longue durée, la situation de la religion diverge. La Déclaration d'indépendance américaine (1776) affirme que les êtres humains « sont dotés par leur Créateur de droits inaliénables » : Dieu est l'auteur des droits de l'homme ; d'où leur caractère « sacré » et la possibilité de l'adorer librement, en conscience. La Déclaration française de 1789, elle, s'effectue « en présence et sous les auspices de l'Être suprême », qui les cautionne sans en être l'auteur. Pourquoi cette différence ?

Les États-Unis se créent dans un contexte de pluralisme religieux : mettre en Dieu l'origine des droits ne signifie pas confier leur interprétation à une Église : Dieu est déconnecté des Églises. C'est le fondement de la religion civile américaine, qui va s'épanouir avec la guerre de Sécession. Pour Lincoln, l'Amérique, « sous le regard de Dieu (*under God*) doit renaître dans la liberté ». (Alors que le Ku Klux Klan [1] va être, au contraire, l'expression d'un racisme protestant.) La religion civile, en cautionnant la Nation de façon religieuse mais non cléricale, se développe comme un ciment social dans un pays de fortes vagues d'émigrations ; celles des pays latins fait progresser le catholicisme. D'autre part, la Révolution américaine est issue des

1. Organisation suprématiste protestante qui revendiquait la supériorité de la « race blanche » sur toutes les autres. Formé en 1865, le KKK avait à l'origine pour objectif de faire perdurer les liens entre les soldats vaincus de la guerre de Sécession : les troupes confédérées sudistes. Il disparaît officiellement en 1944.

Lumières et d'un Réveil, mouvement qui veut redonner de la ferveur aux chrétiens des Églises protestantes. Bien des fils de revivalistes deviennent ses agents actifs. Religion et révolution sont loin d'être ennemies et la séparation opérée en 1791 va de pair avec la liberté religieuse. Pour le meilleur et pour le pire, les Églises (et des Réveils successifs) accompagnent religieusement l'évolution de la société et participent à ses conflits. De nouvelles formes de protestantisme se créent, comme l'adventisme à partir des écrits de la prophétesse Ellen White († 1915). L'observation du repos le samedi, la dîme (à un moment où elle n'est plus pratiquée par les grandes Églises) et la réforme sanitaire constituent ses caractéristiques. L'apprentissage de la démocratie et des activités associatives s'effectue souvent dans des assemblées d'inspiration religieuse. La contestation elle-même est teintée de religion : parce que des pasteurs leur refusaient le droit de parler dans des églises, des femmes revendiquent l'égalité des sexes (Sarah Grimké, 1838) et le droit à la prédication (convention de Senaka Falls, 1848). À la fin du siècle, des féministes protestantes anglo-saxonnes affirment même : « Priez Dieu, Elle vous exaucera ! »

Le « conflit des deux France » n'était pas fatal, un quart des auteurs de la Déclaration de 1789 étant membres du clergé. Mais la liberté donnée aux protestants et aux juifs, et la Constitution civile du clergé – dans laquelle la Nation, souveraine, restructure l'Église catholique sans l'aval du pape, souverain étranger – engendrent la rupture. Deux Églises catholiques se font face : l'Église constitutionnelle de l'abbé Grégoire et l'Église réfractaire liée à Rome. La politique religieuse de la Révolution fragilise l'Église constitutionnelle : laïcisation de l'état civil (mariage civil, divorce), instauration de cultes révolutionnaires et persécution religieuse (trois mille prêtres tués), séparation de l'Église et de l'État entre 1795 et 1801 qui n'instaure pas une véritable liberté, révolte de la Vendée. Napoléon Bonaparte négocie âprement un concordat avec le pape : il met fin à la séparation et à la division du catholicisme français sans redonner à l'Église catholique le statut de religion d'État. Au contraire, le pluralisme devient officiel (cultes reconnus protestants, puis israélite), le Code civil (1804), qui va s'exporter, ne se réfère aucunement à des normes catholiques (en contraste avec le concordat autrichien de 1855) et l'enseignement est confié à l'État. En 1809, Rome est annexée et le pape détenu prisonnier.

La « Sainte Alliance » de 1815 redonne au pape ses États pontificaux et la papauté devient un allié de l'Europe monarchique et conservatrice, contre le libéralisme et le mouvement des nationalités. L'ordre des Jésuites est rétabli. Tandis qu'en France l'instabilité des régimes politiques voit se succéder cléricalisme et anticléricalisme d'État, l'ultramontanisme[1] se veut le défenseur de « la liberté de l'Église » face aux traditions gallicane et joséphiste. La liturgie romaine supplante les liturgies locales. Le bas clergé se tourne vers Rome, faisant ainsi face aux évêques trop proches des États. Le dogme de l'Immaculée Conception de Marie (préservée du péché originel) est proclamé en 1854, parallèlement au développement d'une piété populaire (apparitions de la Vierge à La Salette en 1846, à Lourdes en 1858). Marquées par le romantisme, des spiritualités émergent : exaltation de la sensibilité voire de la douleur, et plus tardivement, culte du Sacré-Cœur. Les congrégations développent des œuvres hospitalières et d'instruction populaire, et alimentent les missions intérieures et outre-mer. En France, les congrégations féminines sont particulièrement actives car elles permettent aux femmes, contrairement au Code civil qui les infériorise, d'exercer des responsabilités sociales. Contre un catholicisme bourgeois qui accepte que la religion ne soit qu'un des domaines de la société, cette vitalité catholique se veut intransigeante à l'égard du monde moderne. En 1864, par le *Syllabus*, Pie IX réaffirme l'idéal de l'État chrétien (il édicte des lois conformes à l'enseignement de l'Église, contribuant ainsi au salut des humains), et il désavoue « la liberté civile de tous les cultes ».

B. Changements en Europe du Nord et orientale

En Grande-Bretagne, la Révolution française agit comme un repoussoir. Le courant évangélique apporte un renouveau religieux ; opposé au rationalisme des Lumières, il rassemble la plupart des protestants non conformistes et les méthodistes, ces derniers étant issus d'un réveil religieux, animé par John Wesley († 1791), qui se développe dans les nouvelles cités industrielles. William Wilberforce († 1833), riche parlementaire et chef laïc du mouvement, se consacre à l'abolition de la traite des Noirs (1807), de l'esclavage (1833) et à la « réforme des mœurs », à savoir le respect strict du dimanche, l'interdiction des distractions cruelles et de la littérature licencieuse. Des sociétés bibliques, de nombreuses écoles et « écoles du dimanche » pour l'instruction religieuse, sont fondées. La vitalité catholique en Irlande impose

1. Doctrine qui insiste sur la nécessité, pour les catholiques, d'être soumis au pape.

l'obtention des droits politiques pour les catholiques (1829), la création d'une école irlandaise déconfessionnalisée (dont la morale est fondée sur un « *Common christianity* ») et la séparation de l'Église d'Irlande (anglicane) et de l'État (1859). Autre mesure laïcisatrice du Royaume-Uni : le divorce passe du tribunal ecclésiastique au tribunal civil (1868). Mais en général, l'évolution s'effectue par une progressive sécularisation, où la modernité se justifie d'abord par la Bible, puis prend son autonomie : ainsi un médecin, fils de pasteur, retraduit un verset biblique (« Tu accoucheras avec effort », et non « dans la douleur ») pour légitimer l'accouchement sans douleur. Un renouveau liturgique, le mouvement d'Oxford, mène certains à considérer l'anglicanisme comme une voie moyenne entre protestantisme et catholicisme ; chez d'autres, comme John Newman († 1890), cela aboutit à la conversion au catholicisme, qui reprend de la vitalité en Angleterre .

Dans le monde germanique, l'évolution tend également vers la sécularisation. Kant, issu du piétisme et des Lumières, sépare le monde de la science et des phénomènes repérables et identifiables de celui de la religion. Friedrich Schleiermacher considère la religion comme intuition de l'Univers, piété et présence de Dieu. Les professeurs de théologie jouissent de plus de liberté que d'autres et, à partir de 1840, les hégéliens de gauche qui se déclarent athées vont de la théologie aux facultés de philosophie sans conflit majeur. C'est dans les facultés de théologie que futurs juristes et fonctionnaires apprennent, avec les futurs pasteurs, l'exercice de la raison. La démarche « historico-critique » veut étudier la Bible de façon scientifique. L'école de Tübingen distingue, au début du christianisme, les partis judéo-chrétien et pagano-chrétien. Leur lutte se termine par une synthèse – hégélienne ? –, qui devient le christianisme historique. David Strauss refuse même aux Évangiles toute validité autre que mythique. Renan vulgarisera ces recherches auprès du public francophone en 1863. Chez les catholiques, Möhler développe une vision mystique et historique de l'Église. Pour le protestant libéral, Adolf von Harnack, « l'essence du christianisme » (1900) consiste à croire en la paternité de Dieu et la fraternité entre humains.

Le renouveau de l'orthodoxie commence avec la parution d'une anthologie de textes spirituels, la *Philocalie* (Amour de la beauté, 1782) des Pères neptiques[1], réalisée par Nicodème l'Hagiorite, moine d'Athos, et Macaire, évêque de Corinthe. Traduite

1. Du terme grec *nepsis*, « sobriété de l'âme ».

en slavon, langue liturgique, en 1793, cette encyclopédie de l'adoration va influencer la piété de toute l'orthodoxie jusqu'à aujourd'hui. Dans l'Empire russe, il se constitue une « théologie polémique » pour se confronter au christianisme latin, qui va évoluer vers une « théologie comparée » enseignée dans des académies ecclésiastiques (Saint-Pétersbourg, Moscou, Kazan). À partir des années 1830, l'intelligentsia se partage en trois courants. Le premier est occidentaliste, le second slavophile (l'orthodoxie est l'identité principale du peuple russe) et le troisième, une petite minorité, est composé de convertis au catholicisme, qui restent de culture orthodoxe. Le problème des uniates gêne tout rapprochement durable, mais Bolotov introduit la notion relativiste de *theologoumenon*[1], ce qui revisite la querelle du *Filioque* ; et le théologien laïc Khomiakov développe une notion orthodoxe de catholicité (*sobornost*) comme libre communion. Dans les Balkans, l'emprise ottomane diminue et l'Église orthodoxe, gardienne de la foi mais aussi de la langue et de la culture, est partie prenante des luttes nationales. Si la proclamation de l'autocéphalie par l'Église de Grèce, en 1833, est reconnue par le patriarcat de Constantinople en 1850, celle de l'Église bulgare va créer une crise d'un siècle (1860-1961) : au concile de Constantinople de 1872, le « phylétisme[2] » est condamné.

C. Un christianisme sur la défensive et en extension

Dans ses terres historiques et dans les Amériques, le christianisme est atteint par un double processus de sécularisation et de laïcisation. La sécularisation, ou éloignement culturel à l'égard du christianisme, s'effectue en lien avec le développement de l'industrie, de l'urbanisation, de la rationalité instrumentale et administrative. Sur le plan philosophique, l'athéisme conquiert ses lettres de noblesse avec Feuerbach, Comte, Marx, Nietzsche, et aussi Haeckel et le « darwinisme social ». Désormais, la liberté de conscience doit englober l'athée pour être égalitaire. Les démarches scientifiques s'autonomisent à l'égard de la théologie et de la philosophie. Faisant suite au transformisme de Lamarck, la parution de *De l'origine des espèces* (1859) de Darwin déstabilise les Églises et suscite de nombreuses controverses. En 1894, le théologien protestant anglais Henry Drummond répond, dans

1. « Opinion théologique ».
2. Nationalisme religieux.

L'ascension de l'homme, que l'évolution conduit à une humanité supérieure voulue par Dieu. La religion ne peut plus constituer un savoir permettant une compréhension globale de l'être humain et du monde, et elle doit réinterpréter certains textes bibliques, dont la compréhension traditionnelle est devenue incompatible avec les « données de la science », ou devenir une contre-culture. L'infaillibilité pontificale, décrétée au concile de Vatican I (1870), va dans cette seconde direction ; elle est refusée, en Allemagne et en Suisse, par une petite minorité : les « vieux-catholiques ». Le néothomisme, adopté par Léon XIII, veut affirmer une rationalité chrétienne pour laquelle la philosophie reste l'antichambre de la théologie. Dans le protestantisme, le pentecôtisme répond à sa manière à la mentalité scientifique : grâce au baptême de l'Esprit, Dieu accorde visiblement les promesses bibliques : des dons, une puissance qui guérit les malades, libère des « démons », transforme la vie des gens... autant de preuves « expérimentales » de l'action divine qui séduisent des laissés-pour-compte de l'intellectualisation.

La laïcisation touche au politique et au juridique. Elle atteint d'abord l'école, qui était affaire d'Église et qui devient affaire d'État. Parfois, un cours de religion est maintenu, quitte à ce que l'État le contrôle ; dans d'autres cas, l'école publique adopte une neutralité confessionnelle (États-Unis, Pays-Bas, Royaume-Uni) et enseigne une morale chrétienne commune qui échappe aux Églises. Parfois, cette école devient religieusement neutre (Australie, 1872, Belgique de 1879 à 1884, France, 1882). La laïcisation peut aussi être la séparation des Églises et de l'État. Elle existe en Colombie de 1853 à 1863 ; elle est réalisée au Mexique en 1861-1873 et au Brésil en 1891. La France la décide à son tour en 1905, et le pape Pie X, qui ne dispose plus des États pontificaux depuis l'unité italienne de 1870, ordonne aux catholiques de ne pas s'y conformer. L'historien Maurice Larkin a montré que, plus que le contenu de la loi elle-même, le risque de « contagion » était craint. Genève effectue la séparation en 1907, le pays de Galles en 1914-1920 et l'Uruguay en 1917.

En dépit des contestations dont il est l'objet en Occident, le christianisme s'étend à l'ensemble de la planète. Les orthodoxes évangélisent des populations d'Asie du Nord et traduisent des textes bibliques et liturgiques dans plusieurs langues d'Asie centrale et de Haute Asie. Les protestants fondent de nombreuses sociétés, et les catholiques s'appuient sur les congrégations. Deux modèles fonctionnent : le modèle protestant est foisonnant (trois cents sociétés missionnaires en 1900, ce qui souligne l'ampleur du travail et la dispersion), et le modèle catholique est centralisé, la *Propaganda Fide* pontificale délimitant les territoires et envoyant les instructions. La France est le grand pays missionnaire catholique avec plus d'un tiers des hommes et la moitié des femmes en 1900. Dans le protestantisme, l'Angleterre passe progressivement le relais aux États-Unis : 40 % des missionnaires en 1900. L'effort missionnaire est populaire, soutenu par de nombreux périodiques. Les missionnaires sont dynamiques, entreprenants, autoritaires. Hommes et femmes orchestres, ils poursuivent la tradition du christianisme créateur de civilisation, en fondant écoles, hôpitaux, imprimeries... en modernisant l'agriculture, et en cherchant, en Afrique, à détruire l'institution économique de l'esclavage, la remplaçant par des exportations de matières premières. Les protestants traduisent la Bible en langues vernaculaires, faisant ainsi souvent accéder ces langues à l'écrit. Catholiques et protestants s'entourent de collaborateurs autochtones, entretiennent des rapports plus ou moins étroits avec les administrateurs et les soldats coloniaux. Les missions constituent par ailleurs un enjeu dans la rivalité coloniale franco-britannique. Le christianisme s'implante ainsi en Afrique subsaharienne, équatoriale, orientale, australe, à Madagascar et dans les îles du Pacifique. Le catholicisme existe en Indochine avant même la conquête française et les Philippines, espagnoles jusqu'en 1898, sont très majoritairement catholiques. En Chine et, pendant un temps, au Japon, des « traités inégaux » permettent aux missionnaires de jouir de l'extraterritorialité, d'en appeler au consul de leur pays pour soutenir les intérêts de leurs convertis. Mais cela ne les rend pas populaires auprès de la majorité de la population. Dans ces pays comme en Inde, les résultats sont faibles sur le plan religieux, mais l'action sanitaire et sociale a été réelle et les écoles ont formé des élites.

X

Christianisme et défis contemporains

A. De multiples défis

Le terme « Kulturkampf[1] » attribué à la politique anticatholique allemande des années 1870 indique une perception du catholicisme comme ennemi de la modernité. L'Allemagne n'est pas isolée. En Italie, le pape est reclus volontairement dans ses palais apostoliques, à la suite de la perte de ses États. Les manifestations contre le cléricalisme sont également nombreuses en Amérique latine, où la puissance financière de l'Église catholique est atteinte, dans la péninsule Ibérique. En France, la Commune (1870) a mis à mort Mgr Darboy et l'anticléricalisme d'État républicain culmine quand, après une campagne hostile à Dreyfus, les congrégations sont combattues (1899-1904), entraînant l'exil de trente mille congréganistes.

L'évolution diverge suivant les pays. Au Mexique, la Constitution de 1917 radicalise la séparation ; il en résulte la *Guerra Cristera*[2]. En France, la loi de 1905 séparant l'Église de l'État marque un tournant libéral, accentué par de nouvelles lois après le refus de Pie X ; Pie XI accepte un compromis en 1924. En Espagne, en revanche, la guerre civile (1936-1939) engendre des violences contre les prêtres et les religieux assimilés aux forces nationalistes. Sur le plan des idées, le modernisme de Loisy[3], qui répond à Harnack[4] sur son terrain, est condamné (1907). Dans le protestantisme, longtemps le rôle religieux joué par des laïcs et l'im-

1. « Combat pour la civilisation ».
2. « Guerre christique » (1926-1929).
3. Théologien catholique français.
4. Théologien protestant allemand.

portance des fils, puis des filles, de pasteurs dans l'évolution culturelle empêchent un conflit avec la société moderne. Il éclate avec l'émergence du fondamentalisme (1909), pour lequel la Parole de Dieu est la Bible et non dans la Bible (comme dans la théologie protestante dominante), et sa lutte, dans le sud des États-Unis, contre les théories de l'évolution (1925). Cependant, à la sécularisation et à la laïcisation répond une vitalité associative chrétienne, à côté des paroisses. Les protestants fondent les Unions chrétiennes de jeunes gens (Young Men's Christian Associations, YMCA en anglais, 1850), la Fédération universelle des étudiants chrétiens et le scoutisme (1907, accepté par le catholicisme en 1920). Créée à la fin du XIXe siècle, l'Action catholique devient l'organisation de masse la plus importante de la catholicité au XXe siècle.

Le développement du socialisme constitue un autre défi. L'encyclique *Rerum novarum* de Léon XIII le rejette, condamne aussi le libéralisme économique, prône la réconciliation du capital et du travail, et la création de syndicats. Dans le protestantisme, une aile minoritaire souhaite un « socialisme chrétien » (Walter Rauschenbusch aux États-Unis, Élie Gounelle et Wilfred Monod en France ; Keir Hardie, l'un des fondateurs du Parti travailliste, en Grande-Bretagne). La Grande Guerre, durant laquelle le pape Benoît XV et l'archevêque luthérien de Suède, Söderblom, tentent des médiations, voit le massacre des chrétiens arméniens et l'instauration du communisme en Russie (1917), ce qui radicalise les enjeux. Au moment où l'Église orthodoxe retrouve le patriarcat, elle doit accepter une séparation avec l'État, effectuée dans une perspective du « dépérissement de la religion ». La persécution, qui atteint aussi les minorités catholiques et protestantes, se marque par des dizaines de milliers d'exécutions, des déportations de prêtres des villages, la fermeture des monastères et des séminaires, et la création d'une Église orthodoxe acquise au régime. Celle-ci est supprimée lors de la Seconde Guerre mondiale, où la nécessité d'un certain consensus restreint les mesures répressives. L'exil entraîne la création de diasporas orthodoxes en Occident. Celle de Paris est très vivante, avec des intellectuels comme Boulgakov et Berdiaev.

L'arrivée au pouvoir de Mussolini en Italie est suivie par les accords du Latran dans lesquels Pie XI accepte d'être souverain du micro-État du Vatican (quarante-quatre hectares). Un concordat est signé ; un autre le sera en 1933 avec Hitler en Allemagne. Mais les prétentions totalitaires des régimes fasciste et nazi mènent aux encycliques de Pie XI *Non abbiamo bisogno* (1931), protestant contre la mainmise de l'État italien sur la jeunesse, et

Mit brennender Sorge (1937), qui condamne le néopaganisme du nazisme ; cinq jours plus tard *Divini Redemptoris* condamne le communisme. En revanche, le silence de Pie XII pendant la guerre lui sera reproché. Des catholiques allemands combattent le nazisme et les protestants de ce pays, d'abord favorables à Hitler, voient une minorité d'entre eux créer une « Église confessante » (*déclarations théologiques de Barmen*, 1934). L'un de ses théologiens, Dietrich Bonhoeffer, participe à un complot contre Hitler. Les tragédies d'Auschwitz et d'Hiroshima s'interprètent aussi bien comme négatrices de la foi en Dieu que comme faillite de l'optimisme des Lumières dans le « Progrès ».

Face au communisme, l'Église catholique soutient des régimes autoritaires qui s'appuient sur elle (Franco en Espagne, Salazar au Portugal) et des mouvements démocrates-chrétiens (Italie, Allemagne, France) qui la conduisent à une attitude positive envers la démocratie. Le communisme s'est étendu en Europe de l'Est et frappe de nouvelles communautés orthodoxes (Balkans), protestantes (Allemagne de l'Est...), catholiques (Pologne...). Rome condamne en 1954 les prêtres-ouvriers suspects de sympathie pour le marxisme. Aux États-Unis, le président Eisenhower ravive la religion civile, légitimation religieuse de l'Amérique. Malgré sa pointe anticommuniste, elle peut comporter des aspects progressistes et elle forme le contexte de la campagne pour les droits civils des Noirs du pasteur baptiste Martin Luther King († 1968).

B. L'Œcuménisme

En 1846 a été fondée l'Alliance évangélique, regroupant des protestants évangéliques de diverses dénominations. En 1910, une conférence des missions des Églises protestantes se réunit à Édimbourg et des délégués autochtones déplorent les divisions. L'emploi moderne du terme « œcuménisme », signifiant le dialogue entre confessions chrétiennes voire la recherche de « l'unité », naît de cette réflexion. Les premières Conférences œcuméniques, dans lesquelles une minorité de délégués orthodoxes s'ajoutent à ceux d'Églises protestantes, se tiennent à Stockholm (*Christianisme pratique*, tourné vers l'action sociale, en 1925) et à Lausanne (*Foi et Constitution*, plus doctrinal, 1927). Le Saint-Siège s'en tient à l'unionisme, retour à Rome avec des concessions possibles sur la liturgie et la discipline ; il condamne l'œcuménisme (*Mortalium animos*, 1929). Les deux mouvements œcuméniques décident de s'unir et créent, en 1948, à

Amsterdam, le *Conseil œcuménique des Églises*, regroupant la plupart des Églises protestantes et certaines Églises orthodoxes. La fin de la guerre froide permet à l'orthodoxie russe de rejoindre le COE à l'assemblée de New Delhi en 1961, en même temps que des Églises africaines et asiatiques, issues de missions protestantes. Au même moment, le pape Jean XXIII annonce la tenue d'un concile, auquel il invite des observateurs non catholiques, tournant ainsi le dos au raidissement manifesté sous Pie XII (dogme de l'Assomption de Marie et encyclique contre des innovations théologiques en 1950).

Le christianisme a changé. L'Action catholique a donné naissance à des mouvements spécialisés comme la Jeunesse agricole chrétienne (JAC), la Jeunesse ouvrière chrétienne (JOC) ou la Jeunesse étudiante chrétienne (JEC), qui, partis à la reconquête d'un environnement « déchristianisé », ont formé des militants capables de jeter des ponts entre le catholicisme et le monde moderne. D'abord marginalisés, leurs théologiens (comme Yves Congar) deviennent experts du concile. On croyait l'ère des sommes théologiques révolue ; le protestant Karl Barth († 1968) rédige une *Dogmatique* de vingt volumes, qui influence des théologiens de tout le christianisme. Sa « théologie dialectique » insiste à la fois sur la transcendance absolue de Dieu et sur son humanité en Jésus-Christ. La consistance propre du christianisme est conciliée avec une ouverture à la modernité. C'est dans ce climat que le concile Vatican II (1962-1965) réalise un *aggiornamento*, mise à jour du discours et de la pratique catholiques : désormais, l'Église est considérée comme « peuple de Dieu », sa direction doit être collégiale ; la déclaration sur la liberté religieuse affirme la liberté de l'acte de foi et admet le caractère laïque de l'État, celle sur l'œcuménisme aboutit à la levée des excommunications entre Rome et Constantinople et à une ouverture vers des Églises protestantes. Le renouveau biblique est consacré et le monopole du thomisme mis en cause. La réforme liturgique entraîne l'abandon du latin, et l'Index est supprimé en 1967.

Le concile libère un dynamisme catholique, notamment dans la classe moyenne intellectuelle et dans une partie du clergé qui, par refus de tout triomphalisme, prône un christianisme de l'« enfouissement ». En Amérique latine, une « théologie de la libération » participe à des luttes révolutionnaires. L'Église catholique, sans adhérer au COE, participe à sa commission doctrinale *Foi et Constitution*. Mais le concile suscite aussi des résistances. En 1971, un évêque français, Mgr Lefebvre, refuse le nouveau missel promulgué par le pape Paul VI. Sa Fraternité sacerdotale Saint Pie V rompt avec Rome en 1976. En 2007, Benoît XVI autorise la messe en latin pour résorber en partie ce schisme. Paul VI lui-même a instauré un coup d'arrêt. Contre l'avis majoritaire de la commission qu'il a nommée, il refuse la contraception par l'encyclique *Humanae vitae*, pour ne pas désavouer Pie XI qui l'avait refusée au moment où les évêques anglicans l'acceptaient, et pour ne pas faire du couple le juge final de sa morale. En revanche, l'ensemble du protestantisme y est favorable et des catholiques pratiquants l'adoptent sans sentiment de transgression. Mais l'Église catholique se veut « experte en humanité » et défend une « morale naturelle » valable pour tous les humains.

Cette perspective contribue aux limites de l'œcuménisme entre organisations ecclésiastiques, alors même qu'il s'enracine dans des activités communes entre chrétiens de différentes confessions, notamment autour d'études bibliques. La grande majorité des Églises protestantes (y compris anglicanes et des Églises évangéliques) comportent progressivement des femmes pasteurs (la première en France, en 1929, était baptiste) ; à l'inverse, catholicisme et orthodoxie refusent tout accès des femmes à la prêtrise. La laïcisation des mœurs prend de plus en plus d'importance. Beaucoup d'Églises protestantes (sauf les évangéliques) acceptent l'avortement quand il est un « moindre mal » et quelques-unes acceptent les couples homosexuels. Avec les papes Jean-Paul II (par ailleurs défenseur des droits de l'homme) et Benoît XVI, l'Église catholique refuse ce qui lui semble contrevenir à la morale naturelle. À l'heure des rapprochements théologiques, voilà de nouveaux sujets de dissensus. Souvent, ils instaurent des clivages à l'intérieur même de chaque Église. Théologie et piété peuvent devenir transversales : un néopentecôtisme se répand, à partir des années 1970, chez des catholiques et des protestants, sous la forme du Renouveau charismatique. Le protestantisme de type évangélique et pentecôtiste progresse fortement, de l'Amérique latine à la Corée en passant par l'Afrique. Au début du XXIe siècle, un équilibre s'instaure entre le maintien d'identités confessionnelles, la réaffirmation par l'Église catholique de sa primauté (2007) et la recherche d'un rapprochement entre chrétiens. À l'œcuménique se superpose le dialogue interreligieux.

Conclusion

Christianismes contemporains

Au début du XXIe siècle, le christianisme reste la première religion mondiale avec deux milliards environ de personnes s'y rattachant à des degrés très divers[1]. Mais en vingt siècles, il a beaucoup changé et son organisation s'est diversifiée. Malgré Vatican II et l'organisation de conférences épiscopales, la figure du pape reste centrale dans le catholicisme, et le pontificat de Jean-Paul II (1978-2005) l'a illustré. Cependant, toute tension n'est pas absente entre les affirmations pontificales et la souplesse pastorale de beaucoup de prêtres et d'évêques. À l'opposé, le protestantisme comporte une multiplicité d'Églises et de dénominations, certaines avec des évêques, d'autres un régime synodal[2], d'autres encore congrégationalistes[3]. Le sociologue Jean-Paul Willaime le définit comme une tension entre le libéralisme théologique, qui s'ouvre aux novations modernes, et le fondamentalisme, qui veut maintenir l'autorité de la Bible sur l'humain tout entier. La plasticité protestante va d'Églises presque catholiques (excepté la transsubstantiation, les dogmes mariaux et la primauté pontificale) à d'autres fort différentes. L'orthodoxie est une communion d'Églises. Certaines sont rattachées aux patriarcats « apostoliques » d'Alexandrie, d'Antioche et de Jérusalem, d'autres à celui, « œcuménique », de Constantinople ou à celui de Moscou. D'autres enfin sont des Églises autocéphales, nationales ou minoritaires. Les Églises monophysites (arménienne,

1. Selon la *World Christian Encyclopedia*, le christianisme serait en progression constante et comprendrait, en 2000, 1,133 milliard de catholiques, 590 millions de protestants et 200 millions d'orthodoxes. Ces chiffres regroupent des personnes dont le rattachement au christianisme est fort divers.
2. Parité entre laïcs et pasteurs.
3. L'église locale s'auto-administre.

jacobite, copte, éthiopienne, de l'Inde du Sud) ont proclamé leur « unité de foi » avec les Églises orthodoxes, mais cela tarde à donner des résultats concrets.

Le christianisme est devenu très minoritaire dans la région où il est né, le Proche-Orient : les conflits politico-religieux y suscitent un exode massif. Seules exceptions : l'Arménie, le Liban, avec l'Église maronite, rattachée à Rome, et l'Église copte en Égypte. La Syrie, l'Irak et l'Iran comportent des petites minorités respectivement grecque-orthodoxe, chaldéenne, arminienne (les deux dernières étant menacées). La garde des « Lieux saints » à Jérusalem est depuis longtemps un sujet de discorde entre Églises, et la présence chrétienne risque de disparaître en Israël-Palestine (28 % de chrétiens en 1948 pour 2 % en 2007). L'Europe, continent historique du christianisme, où la pratique régulière est faible, ne compte plus qu'un quart des chrétiens, largement sécularisés en Europe occidentale, retrouvant la liberté depuis la chute du mur de Berlin (1989) en Europe centrale et orientale.

En revanche, les Amériques sont devenues la principale « terre chrétienne ». Si le Canada s'est sécularisé après la Révolution tranquille, la religion civile américaine, revisitée par G. W. Bush après le 11 septembre 2001, et le christianisme conservateur actuel d'une partie des évangéliques (plus divers qu'on ne le croit cependant) occupent le devant de la scène médiatique. Après l'échec de la théologie de la libération (dû aux reprises en main du Vatican et à une action trop élitiste), les Églises pentecôtistes connaissent un rapide développement dans toute l'Amérique latine (en particulier au Brésil, au Venezuela et en Amérique centrale), qui reste cependant en grande partie catholique.

Le christianisme est devenu majoritaire en Afrique subsaharienne, équatoriale, orientale et australe : les indépendances ont amplifié sa progression et, à côté d'Églises créées par des Africains eux-mêmes (kimbanguisme...), des Églises nées des missions commencent à fournir du clergé aux Églises dont elles sont issues. Même suprématie du christianisme dans les îles du Pacifique. L'Asie reste centrée sur ses grandes traditions religieuses. Le christianisme constitue cependant une minorité consistante au Vietnam et en Indonésie (10 %), est hégémonique aux Philippines (90 %) et très dynamique en Corée du Sud (40 %, avec de nombreux missionnaires) ; il relève la tête en Chine dans un climat de semi-liberté (estimation : 6 à 8 %).

Contrairement aux craintes de certains, la sécularisation et la laïcisation n'ont pas entraîné la disparition du christianisme mais, conjuguées à la mondialisation, elles ont abouti, chez beaucoup de chrétiens, à une individualisation des croyances et des pratiques. Cette individualisation peut engendrer un christianisme surtout culturel, un mélange de croyances (la résurrection associée à la réincarnation), des engagements intenses, qui accompagnent la modernité ou entrent en conflit avec elle (contestations nouvelles des théories de l'évolution). L'emprise des Églises historiques est moins forte et une vitalité, de forme associative, se développe en leur sein ou en dehors d'elles. Si la contestation intellectuelle frontale du christianisme est sans doute moins importante qu'il y a cent ou deux cent cinquante ans, si l'anticléricalisme de certaines législations a disparu (Mexique en 1992) et si l'athéisme d'État communiste n'a pas duré, la progression de la rationalité instrumentale et de l'émotionnel médiatique constituent, pour le christianisme, de nouveaux défis.

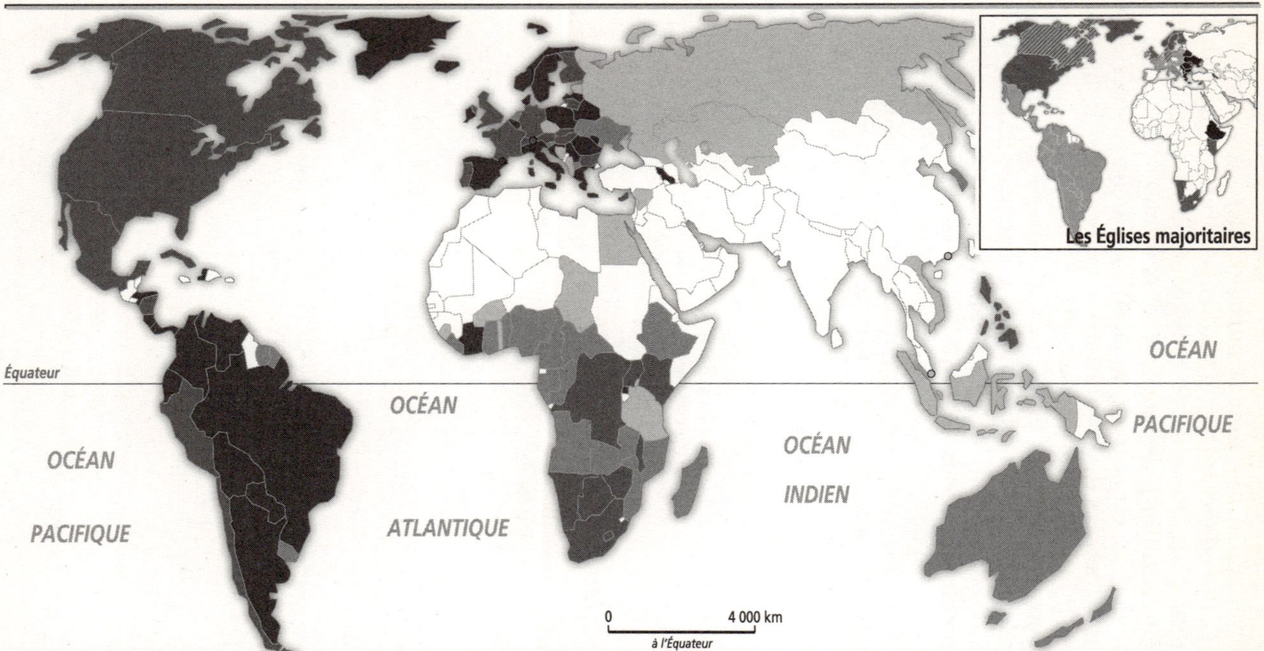

PRÉSENTATION DU MONDE CHRÉTIEN AUJOURD'HUI

10 40 70 90 en %

Les Églises majoritaires : Catholique Orthodoxe Protestante

Repères chronologiques

Vers 6 ou 4 av. J.-C.	Naissance de Jésus-Christ.
28 ou 29	Exécution de Jean-Baptiste.
Vers 30	Au lendemain de la crucifixion de Jésus, naissance de l'Église primitive à Jérusalem.
32	Conversion de Paul sur le chemin de Damas.
49	Concile de Jérusalem : les apôtres se réunissent pour discuter des problèmes posés par l'annonce de la bonne nouvelle aux païens.
60-100	Rédaction des Évangiles.
64	L'empereur Néron rejette sur les chrétiens la responsabilité de l'incendie de Rome et déclenche contre eux une violente persécution.
66 à 70	Guerre judéo-romaine en Palestine.
67	L'apôtre Pierre subit le martyre à Rome.
70	Après avoir fait le siège de Jérusalem, l'armée romaine commandée par Titus s'empare de la ville et la détruit ainsi que le Temple qui est pillé et incendié.
81 à 96	Grande vague de persécution contre les chrétiens et dans certaines provinces de l'Empire.
90 à 150	Les écrits des Pères apostoliques donnent aux Églises des directives relatives au style de vie chrétien.
112	Nouvelles persécutions à Rome.
115	Le pape Sixte Ier institue la fête de Pâques.
135 à 170	Les apologistes défendent le christianisme contre les critiques des philosophes païens.
144	Marcion déclare inconciliable le Dieu créateur de l'Ancien Testament et le Dieu révélé par le Nouveau Testament. Il est exclu et provoque un schisme.
vers 180-IVe siècle	Définition du canon fixant les écrits du Nouveau Testament.
250	L'empereur romain déclenche une persécution systématique contre les chrétiens.

303-305	L'empereur déclenche une nouvelle persécution contre les chrétiens.
312	Au pont Milvius, devant Rome, au lendemain d'une vision du Christ, Constantin remporte la victoire et devient le maître de la partie occidentale de l'Empire.
313	Promulgation d'un édit de tolérance qui accorde aux chrétiens la liberté religieuse et la compensation des pertes subies lors des persécutions.
314	Condamnation de Donat, évêque de Numidie.
318	À Alexandrie, les évêques réunis en synode excommunient la doctrine d'Arius qui nie la consubstantialité du fils.
324	Constantin devient l'unique empereur de l'Empire romain et crée Constantinople (430).
325	Concile de Nicée (le premier dit œcuménique). Promulgation du « Symbole des Apôtres ».
381	Concile de Constantinople, qui érige en dogme la doctrine trinitaire.
382-406	La Vulgate, traduction de la Bible, est écrite par Jérôme.
383	L'empereur promulgue un édit faisant du christianisme la seule religion d'État de l'Empire romain.
395	L'Empire romain se scinde en deux parties. Début de l'Empire romain d'Occident.
410	Sac de Rome par Alaric et les Wisigoths.
418	Concile de Carthage qui condamne la doctrine pélagienne.
431	Concile d'Éphèse : condamnation de Nestorius.
451	Concile de Chalcédoine : Léon Ier le Grand développe la doctrine de la dualité de nature du Christ. Condamnation du monophysisme.
476	Fin de l'Empire romain d'Occident.
Vers 496	Baptême de Clovis à Reims.
525	Le calendrier de Denys le Petit prend pour point de départ la naissance de Jésus-Christ.
568	Les Lombards envahissent la haute Italie. Ils battent en brèche l'influence byzantine. De confession arienne, ils ne reconnaissent pas le pape.
589	Le Concile de Tolède (Église wisigothe) affirme que l'Esprit procède du Père et du Fils (*Filioque*).
622	Mahomet émigre de La Mecque à Médine : hégire.
633	Quatrième concile de Tolède qui condamne les baptêmes forcés de juifs.
680	Ouverture du concile de Constantinople, le premier après l'invasion arabe.
711	Les musulmans envahissent l'Espagne et conquièrent de vastes territoires. Ils créent le califat espagnol, qui ne disparaîtra qu'en 1031.

719	Le pape Grégoire II charge Wynfrith, moine breton, de la conversion des Germains. Celui-ci prend le nom de Boniface.
732	Charles Martel refoule les musulmans à Poitiers.
756	En haute Italie, Pépin bat le roi des Lombards, Aistolf, et donne à Rome les régions conquises. Les États de l'Église sont nés.
787	Ouverture du concile de Nicée VIII qui affirme qu'il faut vénérer les images, sans les adorer.
794	Au synode de Francfort, Charlemagne ajoute le *Filioque* au symbole de foi, ce que Rome ratifiera plus tard.
800	Sacre de Charlemagne par le pape Léon III.
843	Le traité de Verdun partage le royaume des Francs en France occidentale, Francie orientale et Francie médiane.
843 (11 mars)	Fête de l'orthodoxie dans l'Église byzantine.
860	Mission chez les Slaves de Cyrille et Méthode.
879	Condamné par Rome, Photius accède une nouvelle fois au patriarcat de Constantinople. Rome et Constantinople s'éloignent l'une de l'autre.
909	Fondation de l'abbaye de Cluny par Guillaume d'Aquitaine.
961	Fondation du mont Athos par Athanase de Trébizonde.
962	Création du Saint Empire romain germanique.
987	Avènement d'Hugues Ier Capet.
988	Vladimir, prince des Russes, se fait baptiser à Kiev et élève le christianisme au rang de religion d'État.
1054	Excommunication réciproque entre le pape et le patriarche de Constantinople. Schisme entre l'Église latine et l'Église byzantine.
1059	Création du Collège des Cardinaux.
1076	Le pape Grégoire VII promulgue l'excommunication d'Henri IV et délie ses sujets de leur serment de fidélité.
1077	Pénitence d'Henri IV à Canossa.
1095	Au synode de Clermont, le pape Urbain II appelle à la croisade.
1099	Sous la conduite de Godefroi de Bouillon, les croisés s'emparent de Jérusalem. Ils y instaurent un royaume latin qui perdurera jusqu'en 1187.
À partir de 1140	Le catharisme fait son apparition en haute Italie et en France méridionale.
1140-1250	En France, les cathédrales gothiques fleurissent : Sens, Noyon, Senlis, Notre-Dame de Paris, etc.
1204	Les croisés prennent et pillent Constantinople. Ils y érigent un empire et un patriarcat latins qui subsisteront jusqu'en 1261.
1209	Croisade contre les albigeois. Sept mille personnes sont massacrées.

1215	Concile de Latran qui fait obligation à tous les fidèles de se confesser une fois par an. Il définit également la transsubstantiation eucharistique.
1231	Le pape Grégoire IX élève l'Inquisition au rang d'institution papale et confie sa direction aux dominicains.
1237-1240	La Russie kiévienne passe sous le joug mongol.
1291	Chute de Saint-Jean d'Acre, qui marque la fin des croisades.
1309	Le pape Clément V transporte sa résidence à Avignon.
1377	Le pape Grégoire XI quitte Avignon pour Rome.
1409	Concile de Pise, qui dépose deux papes et déclare Alexandre X seul légitime.
1415	Le concile de Constance condamne comme hérétique Jean Hus. Il est brûlé vif.
1417	Début du pontificat de Martin V. Fin du schisme de l'Église latine.
1431	Jeanne d'Arc, condamnée comme hérétique, est brûlée vive à Rouen.
1439	Le concile de Florence décrète la réunification des Églises latine et orthodoxe.
1440	Gutenberg invente l'imprimerie et imprime la Bible latine.
1453	Chute de Constantinople. Moscou s'affirme comme « la Troisième Rome ».
1492	Au lendemain de la conquête de Grenade, les juifs d'Espagne sont contraints soit de se faire baptiser, soit de quitter le pays. Christophe Colomb découvre l'Amérique.
1513-1519	La lecture de l'épître aux Romains conduit Martin Luther à développer une nouvelle vision de l'Évangile.
1516	Érasme de Rotterdam publie le Nouveau Testament dans sa version grecque originale.
1517	95 thèses rédigées en latin par Martin Luther, qui condamnent la pratique des indulgences.
1520	Bulle de menace d'excommunication de Luther, que celui-ci brûle.
1521	Charles Quint met Luther au ban de l'Empire.
1522	Après sa retraite forcée à la Wartburg, Luther revient à Wittenberg.
1534	Le Parlement anglais reconnaît le roi comme chef suprême et unique de l'Église d'Angleterre (Acte de suprématie). Il signe l'acte de naissance de l'anglicanisme.
1536	Jean Calvin publie l'« Institutio Christianae Religionis », texte fondateur du calvinisme.
1540	Paul III approuve la fondation de l'ordre des Jésuites (Compagnie de Jésus).

1541	« Ordonnances ecclésiastiques », rédigées par Calvin.
1542	Fondation de l'Inquisition romaine par Paul III.
1545-1563	Concile de Trente.
1549	Le *Book of Common Prayer* définit les actes de culte de l'Église d'Angleterre.
1550	Controverse de Valloris. Las Casas fait affirmer que « toute la race des hommes est une ».
1551	Le concile orthodoxe de Moscou estime l'icône de la Trinité de Koublev comme modèle de perfection.
1555	La paix d'Augsbourg reconnaît l'égalité des droits des luthériens et des catholiques.
1559	Première publication de l'Index, par Paul IV.
1571	Le Parlement anglais approuve les Trente-Neuf Articles de la confession de foi de l'Église anglicane.
1572	Nuit de la Saint-Barthélemy.
1582	Réforme du calendrier de Grégoire XIII.
1598	Édit de Nantes.
1600	Giordano Bruno est brûlé à Rome pour avoir contredit la doctrine de l'Église par ses spéculations sur le monde révélées par la recherche astronomique.
1601	Mattéo Ricci, jésuite influent à Pékin.
1609	République chrétienne des Guarani au Paraguay.
1612	Fondation des premières communautés baptistes en Angleterre.
1618-1648	Guerre de Trente Ans.
1620	Les Pères pèlerins débarquent dans la baie du Massachusetts.
1626	À Rome, consécration solennelle de la basilique Saint-Pierre.
1629	L'édit impérial de Destitution contraint les protestants à rendre aux catholiques tous les biens qu'ils avaient sécularisés depuis 1552.
1633	Galilée est forcé de se rétracter.
1642	En Angleterre, le conflit entre le Parlement et le roi débouche sur une guerre civile.
1647	George Fox fonde la congrégation des Quakers en Angleterre.
1648-1649	Traités de Westphalie, le politique et le juridique se détachent du religieux.
1649	En Angleterre, Cromwell abolit la monarchie. Charles Ier est décapité.
1653	La bulle *Cum occasione* résume le jansénisme en cinq propositions et les condamne comme hérétiques.
1660-1661	En Angleterre, rétablissement de la monarchie Stuart en la personne de Charles II et de l'Église anglicane.

1666	La tentative de réforme de l'Église orthodoxe russe, initiée par le patriarche Nikon, provoque la scission des « vieux-croyants ». Un synode confirme la soumission de l'Église au tsar.
1682	L'assemblée du clergé de France promulgue la Déclaration des Quatre Articles, résumé de la doctrine gallicane.
1685	En France, la révocation de l'édit de Nantes provoque l'exode de nombreux protestants.
1688-1689	En Angleterre, la Glorieuse Révolution conduit à la déposition du roi catholique et la Déclaration des droits garantit la liberté des personnes et assure la prépondérance du Parlement sur le roi ainsi que le partage du pouvoir avec un Édit de tolérance.
1719-1723	Création de la franc-maçonnerie.
1721	Le tsar Pierre Ier institue le Saint-Synode qui subordonne l'Église à l'État.
1739	Débuts du méthodisme.
1742-1744	La bulle *Ex Quo singulari Providentia* condamne l'adaptation de la mission catholique aux rites chinois.
1751-1765	Première édition de l'*Encyclopédie*.
1773	Suppression de la Compagnie de Jésus. Édit de tolérance de Catherine II (Russie).
1776	Déclaration d'indépendance de l'Amérique (4 juillet).
1781	L'Empereur Joseph II impose des réformes à l'Église catholique et instaure le pluralisme religieux dans ses États (« joséphisme »).
1789	Début de la Révolution française. Proclamation de la Déclaration des droits de l'homme et du citoyen. Émancipation des protestants.
1790	La Constitution civile du clergé fait des prêtres des employés de l'État.
1791	Séparation des Églises et de l'État aux États-Unis d'Amérique.
1792	France : laïcisation de l'état civil.
1792-1824	Création des grandes sociétés de missions protestantes.
1801-1802	Napoléon signe un concordat avec Pie VII. Il promulgue les *Articles organiques* qui en modifient les clauses dans un sens gallican et établit un pluralisme religieux stable.
1804	Code civil des Français qui ne contient aucune référence à la religion. Il va s'exporter.
1806	L'empereur François II renonce à la couronne impériale et prononce la dissolution du Saint Empire romain germanique.
1809	À Vienne, Napoléon décrète le rattachement des États pontificaux et de Rome à la France et la fin du pouvoir temporel de la papauté. Pie VII excommunie les auteurs de « Rapt du Patrimonium Petri ».

1814	Rétablissement de la Compagnie de Jésus.
1816	Dans les États pontificaux rétablis, Pie VII abroge toutes les dispositions de l'époque napoléonienne.
1817	En Prusse, un décret de Frédéric-Guillaume III ordonne à tous les protestants de se constituer en une seule « union chrétienne évangélique ».
1833	Abolition de l'esclavage en Grande-Bretagne, sous la pression des protestants évangéliques.
1846	Fondation de l'Alliance évangélique à Londres.
1847	Signature du premier concordat entre la Russie et le Saint-Siège.
1848	Convention de Senaka Falls (États-Unis) réclamant le droit à la prédication des femmes.
1850	Après l'écrasement de la République romaine, le pape Pie IX revient à Rome.
1854	Encyclique *Ineffabilis Deus* dans laquelle le pape Pie IX proclame le dogme de l'Immaculée Conception de la Vierge Marie.
1859	Darwin, *De l'origine des espèces.*
1861-1873	Séparation de l'Église et de l'État au Mexique.
1864	Le pape Pie IX promulgue le Syllabus, qui condamne les libertés modernes.
1870	Constitution *Pastor aeternus* qui proclame le dogme de l'infaillibilité pontificale au Concile de Vatican I. La prise de Rome par les troupes du roi d'Italie Victor-Emmanuel II marque la fin des États pontificaux.
1880	Fin de la construction de la cathédrale de Cologne, six cent vingt-trois ans après le début des travaux.
1883	La loi d'apaisement abroge la plupart des mesures répressives du chancelier Bismarck à l'encontre de l'Église catholique et met un terme au Kulturkampf.
1890	Adolf Stoecker, prédicateur de la cour et député de Berlin, fonde le Congrès social protestant.
1891	Encyclique *Rerum Novarum* qui énonce les principes de la doctrine sociale de l'Église.
1897	À Cologne, le prêtre Lorenz Werthmann fonde la « Caritas », œuvre qui chapeaute les associations caritatives catholiques d'Allemagne.
1905	Séparation des Églises et de l'État en France.
1910	Le pape Pie X introduit le serment antimoderniste. Tous les clercs qui entendent accéder à un ordre supérieur doivent le prêter. À Édimbourg, première rencontre de la conférence missionnaire internationale protestante, prélude du Conseil œcuménique des Églises.
1914-1918	Tentatives de médiation de l'archevêque luthérien Söderblom et du pape Benoît XV pendant la Grande Guerre.

1917	À Moscou, Tkhon Bellavin accède au siège patriarcal de l'Église orthodoxe russe resté vacant depuis deux siècles.
1918	Séparation de l'Église et de l'État en URSS, dans l'optique d'un dépérissement de la religion.
1923-1926	« Guerre christique » au Mexique.
1928	Le prêtre Josemaria Escriva de Balaguer fonde l'Opus Dei.
1929	À Rome, accords du Latran. Le Vatican devient une cité-État.
1933	À Rome, le cardinal secrétaire d'État Eugenio Pacelli et le vice-chancelier allemand Franz von Papen signent un concordat.
1936-1939	Guerre civile en Espagne. Elle comporte des aspects politico-religieux.
1937	En URSS, dans le cadre des « grandes purges », Joseph Staline fait emprisonner des milliers de prêtres et de fidèles et ferme presque toutes les églises.
	Encycliques papales qui condamnent le nazisme et le communisme.
1943	Les nazis arrêtent Dietrich Bonhoeffer, l'un des chefs de l'Église confessante de la résistance allemande.
1947	À Seelisberg, en Suisse, des représentants des Églises catholique, protestante et du judaïsme signent un document en dix points sur la collaboration entre religions.
1948	Création du Conseil œcuménique des Églises à Amsterdam, groupant la plupart des Églises protestantes et certaines Églises orthodoxes.
1950	Promulgation du dogme de l'Assomption de Marie.
1961	Les Églises issues des missions protestantes rejoignent le Conseil œcuménique des Églises.
1962-1965	Concile de Vatican II. Aggiornamento de l'Église catholique. Reconnaissance de la liberté religieuse, de l'œcuménisme, de la place des laïcs.
1964	Martin Luther King reçoit le prix Nobel de la paix.
1973	« Concorde de Leuenberg » entre protestants luthériens et réformés.
1975	Traduction œcuménique de la Bible (TOB).
1980-1989	En Pologne, Allemagne de l'Est et d'autres pays, Églises et mouvements catholiques et protestants jouent un rôle dans la contestation du communisme.
1982	La Commission pour la foi et la constitution de l'Église publie une « déclaration de convergence ».
1983	Les évêques catholiques d'Allemagne et des États-Unis engagent le débat sur l'ère de la terreur nucléaire.

1989	À Bâle se tient l'« Assemblée européenne des Églises ». Mikhaïl Gorbatchev, chef de l'État soviétique, rencontre le pape Jean-Paul II.
1992	À Budapest, l'Assemblée évangélique européenne entend mieux définir le profil du protestantisme en Europe. L'Église anglicane d'Angleterre décide d'ordonner des femmes pasteurs.
2000	Jubilé de l'an 2000.
2005	Mort du pape Jean-Paul II. Début du pontificat de Benoît XVI.

Grands Conciles et Assemblées du COE

Conciles œcuméniques :
Nicée I, 325
Constantinople, 381
Éphèse, 431
Chalcédoine, 461
Constantinople II, 553
Constantinople III, 680-681
Nicée II, 787

Conciles œcuméniques de l'Église latine :
Constantinople IV, 869-870
Latran I, 1123
Latran II, 1139
Latran III, 1179
Latran IV, 1215
Lyon I, 1245
Lyon II, 1274
Vienne, 1311-1312
Constance, 1414-1417
Bâle-Ferrare-Florence-Rome, 1431-1445
Latran V, 1512-1517

Conciles œcuméniques de l'Église catholique :
Trente, 1545-1563
Vatican I, 1869-1870
Vatican II, 1962-1965

Assemblées du Conseil œcuménique des Églises :
Amsterdam, 1948
Evanston, 1954
New Delhi, 1961
Uppsala, 1968
Nairobi, 1975
Vancouver, 1983
Canberra, 1991
Harare, 1998
Pôrto Alegre, 2006

Bibliographie

Contexte général

Atlas des religions, Paris, La Vie - Le Monde, 2007

Baubérot J., *Les laïcités dans le monde*, Paris, PUF, 2007

Grataloup G., *Géohistoire de la mondialisation*, Paris, Armand Colin, 2007

Ouvrages généraux

Deux mille ans de christianisme, Paris, Hachette et S.H.C. International, 10 volumes, 1975-1977

Histoire du christianisme, des origines à nos jours, Paris, Desclée de Brouwer, 13 vol., 1990-2001

Clément O., Rogues J., Baubérot J., *Le christianisme*, Paris, Fayard, 2004

Chaliand G., Mousset S., *Deux mille ans de chrétientés*, Paris, Odile Jacob, 2004

Corbin A. (dir.), *Histoire du christianisme*, Paris, Seuil, 2007

Confessions chrétiennes

Catholicisme

Bedouelle G., *L'histoire de l'Église*, Paris, Cerf, 1997

Bruley Y., *Histoire du catholicisme*, Paris, PUF, 2004

Cluzel F., *L'Église catholique des origines à nos jours*, Toulouse, Privat, 2005

Moisset J.-P., *Histoire du catholicisme*, Paris, Flammarion, 2006

Orthodoxie

Clément O., *L'Église orthodoxe*, 1961, Paris, PUF, 7e édit., 2006

Ducelier A., *Byzance et le monde orthodoxe*, Paris, A. Colin, 1986

Roberti J.-C., Stuve N., Popielovski D., *Histoire de l'Église russe*, Paris, Nouvelle Cité, 1989

Ware K., *L'Orthodoxie, Église des sept Conciles*, Paris, Desclée de Brouwer, 1998

Protestantisme

Encyclopédie du protestantisme, 1995, Paris, PUF, réédit. 2006

Baubérot J., *Histoire du protestantisme*, 1987, Paris, PUF, 6e édit. 2007

Léonard, E.-G., *Histoire du protestantisme*, 3 vol. 1961-1963, Paris, PUF, réédit. 1985

Willaime J.-P., *Sociologie du protestantisme*, Paris, PUF, 2006

Index

Troisième partie

Petite histoire de l'islam

par Mohammad Ali Amir-Moezzi et Pierre Lory

INTRODUCTION

Notre objectif dans cette *Petite histoire de l'islam* est de revenir au fait religieux, aux doctrines, aux pensées et à leur histoire. En islam et chez ses fidèles – comme dans toute communauté religieuse qui fonde sa légitimité sur des textes qu'elle considère comme saints –, l'histoire des doctrines va de pair, voire détermine une large part de l'histoire tout court. Notre ouvrage cherchera à fournir quelques repères essentiels de ces doctrines et de ces interprétations des textes sacrés. Nous croyons que la clé de l'histoire, dans ses dimensions politique, sociale, économique, n'est autre, très souvent, que l'histoire de la religion, la structure de ses formes, ses manières de comprendre la réalité. Notre démarche aboutit à une évidence qu'il convient de rappeler, peut-être plus aux musulmans eux-mêmes qu'à d'autres : la diversité extrême de l'islam. Notre travail tente d'illustrer cette réalité indispensable pour une compréhension adéquate de cette religion et de son histoire, depuis ses origines jusqu'à nos jours. L'islam n'est pas monolithique. Il ne l'a jamais été. Comme pour toutes les grandes religions, cette pluralité est de différentes natures.

Elle est d'abord d'ordre historique. Sur ce plan, on pourrait dire qu'il y a trois islams :

– D'abord *l'islam de l'origine, celui du prophète Muhammad* († 632) ; objectivement, nous ne le connaissons que très peu. Ce que nous en savons provient presque exclusivement des représentations que cherchaient à en donner les auteurs musulmans dont les plus anciens écrivaient près de deux siècles après les événements. À cette époque, le mode de vie et de pensée des premiers musulmans était déjà loin. Cet islam des origines a été décrit en fonction de conceptions, de luttes, de doctrines bien plus tardives, issues d'une civilisation nouvelle.

– Il y a ensuite *l'islam des clercs*, les professionnels et les gestionnaires du religieux ; les élaborateurs de la loi canonique qui, alliés aux anciens commerçants devenus guerriers et conquérants, ont, à juste titre, ressenti le pressant besoin en réglementations d'immenses terres conquises, de colossales fortunes acquises, d'innombrables peuples soumis. Là encore, les sanglants conflits fratricides et les conquêtes auraient été des facteurs décisifs. Élaborer les lois de la guerre sainte, définir les limites de la foi et de l'incroyance, la volonté de faire de l'arabe la langue administrative, tout cela marqua les premières étapes de la lente prise de pouvoir des docteurs de la Loi, dès l'époque omeyyade (661-750). Cet islam, entraînant souvent les masses, se croyait autosuffisant ; satisfait de lui-même. Il se voulait fermé, puisque supérieur à toute autre culture.

– Enfin, on pourrait parler d'un *islam des non-clercs* : celui des historiens et historiographes, poètes, géographes, hommes de lettres, philosophes, mystiques, médecins, scientifiques, philologues et grammairiens, artistes et architectes... Beaucoup d'entre eux furent aussi théologiens, juristes, exégètes ou juges. Cependant, issus presque toujours de peuples conquis, ils ont été les représentants d'un islam ouvert, curieux, en quête de connaissance, de nouveautés, d'adaptations et d'assimilations. Découvreurs, traducteurs, commentateurs et transmetteurs de cultures antiques – gréco-alexandrine, syro-byzantine, iranienne, indienne... –, ce sont principalement ces derniers qui, en le payant parfois très cher, firent de l'islam, souvent à travers de sublimes travaux herméneutiques, une culture et une civilisation parmi les plus remarquables de l'histoire de l'humanité, plus particulièrement aux IXe et Xe siècles, sous le califat abbasside de Bagdad.

Ce dernier point révèle une autre pluralité culturelle, ethnique, géographique ; en effet, l'islam n'est pas seulement une religion mais aussi une civilisation qui, dans sa richesse et sa complexité, a servi de fondement, depuis de nombreux siècles, à plusieurs cultures ayant chacune son histoire propre, et qu'on a pris l'habitude d'appeler au singulier la civilisation musulmane. Mais comment peut-on parler au singulier lorsqu'il s'agit de terres qui vont du Maghreb à l'Indonésie, en passant par l'Afrique noire, les Balkans, l'Asie centrale ou le subcontinent indien ? Mis à part un nombre très limité de pratiques et de croyances communes, les choses divergent, parfois fondamentalement, d'une culture à l'autre. L'islam mauritanien est très différent de l'islam iranien et un musulman albanais se reconnaîtrait difficilement dans les croyances d'un Turkmène ou d'un Malgache. Considéré sous cet angle, il y a autant d'islams que de cultures existant entre musulmans. En outre, ceux-ci sont composés d'une majorité de sunnites – à peu près quatre cinquièmes –, d'une minorité de chiites – près du cinquième – et d'un tout petit nombre de kharédjites, surtout actuellement en Afrique du Nord. Chacune de ces familles est en plus parcourue de nombreux courants de pensée, tendances spirituelles, écoles juridiques et théologiques. Mis à part les intégristes wahhabites et leurs acolytes volontaires ou involontaires niant violemment ces pluralités, aussi bien lettrés et croyants ordinaires musulmans que chercheurs scientifiques ont toujours su que celles-ci constituent la principale raison des richesses innombrables de l'islam, de ses univers spirituels et intellectuels.

I

Les événements fondateurs

L'islam est issu de la prédication du prophète mecquois Muhammad au début du VIIe siècle. Selon la tradition, Muhammad est né vers 570 à La Mecque, ville relativement importante, tirant ses ressources du commerce caravanier et du pèlerinage annuel. Orphelin dès sa petite enfance, il devint un notable dans la ville de La Mecque à la suite de son mariage avec une commerçante, Khadîja, qui lui donna un enfant, leur fille Fâtima. Vers 610 sa mission prophétique se déclara par suite de la visitation d'un ange, selon ses propres récits. Muhammad commença à prêcher d'abord à ses proches, puis publiquement à partir de l'année 612. Il arriva à convertir un petit groupe de Mecquois, mais la majorité de ses concitoyens furent de plus en plus hostiles à cette prédication monothéiste qui mettait en cause, outre le culte traditionnel à leurs divinités, l'ordre tribal lui-même.

La situation à La Mecque se détériorait tellement que les premiers musulmans eurent à craindre pour leur sécurité et préférèrent émigrer. L'occasion se présenta en 622, lorsqu'ils furent accueillis par la population de l'oasis de Médine, à trois cent cinquante kilomètres au nord de La Mecque, qui choisit de désigner Muhammad comme son chef et arbitre. Au cours des dix années qui suivirent cette émigration – en arabe *hijra*, d'où « hégire » –, Muhammad réussit à accomplir l'essentiel de son programme politique et militaire. Il assura la cohésion de la ville de Médine qui se convertit progressivement à l'islam, réduisant ou expulsant les opposants, notamment les tribus juives. Simultanément, il portait la guerre contre les païens de La Mecque, interceptant leurs caravanes, attaquant les tribus qui leur étaient alliées. Après plusieurs batailles et de subtiles négociations, il amena en 630 les Mecquois à adopter l'islam et à se soumettre à son pouvoir. Dans les deux années qui suivirent, Muhammad réussit à rallier par force ou par négociation la quasi-totalité des régions de l'Arabie, pour la première fois de son histoire unifiée en un seul État. En 632, Muhammad mourut, sans avoir apparemment laissé de directives quant à sa succession tant politique que spirituelle. Une rivalité se déclara entre le parti des Mecquois Abû Bakr et 'Umar, représentant les bénéficiaires du nouveau pouvoir, et le parti des clans insatisfaits, opposants pour des raisons variées, regroupé derrière 'Alî, cousin du Prophète, dont il avait par ailleurs épousé la fille Fâtima et à qui il avait donné ses seuls descendants, Hasan et Husayn.

De ce fait, après la mort du Prophète, l'islam naissant aurait pu imploser, car cette prédication religieuse était trop neuve pour souder à elle seule une société. Il appartint au génie propre aux premiers successeurs de Muhammad – les califes – et à leurs généraux de maintenir l'unité de la communauté en la lançant dans l'entreprise de grandes conquêtes. Le premier calife, Abû Bakr (qui régna de 632 à 634), fut surtout occupé à ramener l'unité en Arabie même, où de nombreuses tribus refusaient de payer l'impôt après la mort du Prophète. Le second, 'Umar (de 634 à 644), fut le grand organisateur des conquêtes qui, en l'espace de quelques années, annexèrent à l'État musulman la Syrie (636), la Mésopotamie (637) et l'Égypte (642). L'expansion musulmane se poursuivit sous le troisième calife, 'Uthmân (de 644 à 656), avec notamment l'annexion de l'Iran. Le califat du quatrième calife 'Alî fut largement occupé par une guerre civile opposant les partisans de 'Alî, mécontents du partage des nouvelles richesses issues de la conquête, aux partisans de la famille qurayshite des Omeyyades représentant les intérêts de la bourgeoisie commerçante et de l'aristocratie militaire (bataille de Siffîn, 655). Les Omeyyades proclamèrent leur propre califat à Damas en 680 ; ʻAlî, militairement très affaibli, mourut assassiné en 681. De ces événements décisifs date la constitution, à l'intérieur de l'islam, de courants rivaux, dont le chiisme (cf. *infra*, p. 54). Le règne des Omeyyades dura jusqu'en 750, date à laquelle les insurgés abbassides instaurèrent une nouvelle dynastie qui s'installa bientôt dans une nouvelle capitale, Bagdad. La victoire des Abbassides marque l'accession aux différents degrés du pouvoir de nouveaux groupes sociaux et nationaux (non arabes). Les Abbassides prirent fait et cause pour l'islam sunnite (cf. *infra*, p. 32), mais leur règne manifesta un certain, respect pour la pluralité religieuse. On le considère souvent comme le début de « l'âge d'or » de la civilisation musulmane classique.

II

Le sunnisme

Le sunnisme constitue le courant majoritaire en islam, regroupant environ 80 à 85 % des populations musulmanes. Pour autant, il serait inexact de l'appeler l'islam « orthodoxe », comme on le voit écrit trop souvent. Cette référence à une « orthodoxie » est une prise de position théologique rejetant les autres communautés musulmanes – chiites, kharédjites, courants rationalistes – dans un statut d'« hétérodoxie ». Or il n'existe en islam nulle instance religieuse autorisée à statuer sur le dogme, et à rejeter ou excommunier des courants jugés déviants. Il s'est constitué aux origines de l'islam un noyau de croyances communes à tous les musulmans. L'essentiel en est : foi dans l'unicité et l'unité de Dieu, dans la mission de prophètes dont Muhammad est le dernier, dans les livres sacrés dont le Coran est le plus parfait, dans la résurrection des morts et la rétribution de tous les humains. Toute personne professant cette foi est considérée comme musulmane de plein droit. Au-delà de ce noyau, de nombreux articles de foi peuvent varier selon les courants de pensées et de spiritualité. Les chiites professent l'autorité spirituelle des Imams, idée que les sunnites rejettent comme une « innovation » (*bid'a*). Mais les sunnites considèrent les chiites comme musulmans de plein droit. Tous accomplissent ensemble le même pèlerinage à La Mecque. Pour cette raison, nous préférons parler de l'islam sunnite simplement comme courant « majoritaire ».

A. Le Coran

Dès l'année 634, la jeune communauté musulmane s'est investie dans les conquêtes hors de l'Arabie. Des vastes provinces ont été conquises ; il s'agissait de les administrer, de créer des villes nouvelles, des cadres politiques. Il ne faut cependant pas imaginer que la pensée proprement religieuse est restée à l'arrêt, passant à l'arrière-plan par rapport à l'activité militaire et politique. Bien au contraire. Dès la mort du prophète Muhammad, la communauté s'était affrontée sur des problèmes de succession et de prise du pouvoir exacerbés en 655 avec la bataille de Siffîn et la crise qui suivit. Celle-ci induisit des questions cruciales : Qui a le droit légitime de guider la communauté comme successeur du Prophète – comme « calife » – et selon quels critères ? Quelle est l'étendue de la compétence religieuse de la mission de ces califes ? Les mouvements chiites se constituèrent en opposition au pouvoir des califes omeyyades victorieux au nom de la légitimité politique et religieuse revenant selon eux aux seuls Imams (voir chap. III). Les kharédjites, eux, adoptaient une position radicale : nul ne peut se dire musulman si ses actes contredisent la foi et la morale de l'islam. Un homme, *a fortiori* un chef d'État se disant musulman mais commettant des actes d'injustice et d'impiété (comme certains califes omeyyades) est pire qu'un menteur et un imposteur : c'est un apostat, un mécréant, et la guerre de *jihâd* peut être portée contre lui.

Dans les principales cités musulmanes – La Mecque et Médine bien sûr, puis Bassora, Coufa, Damas et Bagdad –, des hommes se sont plus particulièrement consacrés à l'étude des fondements les plus sacrés de la nouvelle religion, posant peu à peu les bases d'un droit religieux et d'une théologie cohérents répondant aux grandes questions posées, qu'elles soient politiques ou théologiques. Le premier fondement de leur effort et de leur réflexion était bien sûr le Coran. Le Prophète disparu, son principal legs devenait, de l'avis de tous, la parole divine transmise durant toute sa mission. Le Coran est progressivement devenu l'axe principal autour duquel s'est structurée la pensée musulmane.

1) Composition du Coran

Le Coran se présente comme l'ensemble des révélations, que le prophète Muhammad, d'après les récits traditionnels, a livrées depuis l'an 610 environ jusqu'à sa mort en 632. Certains fragments sont très courts : la sourate 110 ne comporte que trois versets, et parfois un verset unique était donné puis inséré dans un texte plus étendu. D'autres fragments sont très longs, dépassant la centaine de versets, comme dans le cas de la sourate 12, sur Joseph, dont l'unité textuelle est indéniable. À l'époque du Prophète, ces fragments étaient peu et sans doute très partiellement mis par écrit. Les Arabes écrivaient sur des matériaux de fortune : feuilles de palmier, omoplates d'animaux, tessons de poterie. De façon plus générale, l'écriture était peu employée. L'essentiel passait par la mémoire. Ainsi les Arabes cultivaient-ils une riche poésie. Celle-ci était apprise par cœur, transmise oralement pour l'essentiel. C'est ce qui a dû se passer pour le Coran également. Chaque nouveau fragment du Coran était appris par cœur par des « secrétaires », qui le mémorisaient et le transmettaient aux autres croyants. Les historiens musulmans affirment que des copies du Coran existaient du vivant même du Prophète, mais l'ampleur voire l'existence même de ces collections n'est pas établie.

Certaines personnes étaient célèbres pour connaître le Coran dans sa totalité ; parmi elles, 'Alî ibn Abî Tâlib, Zayd ibn Thâbit, Ubayy ibn Ka'b, 'Abd Allâh ibn Mas'ûd. D'autres lecteurs connaissaient seulement des parties du texte sacré. La majorité des croyants n'avait sans doute mémorisé qu'un petit nombre de versets, la quantité nécessaire pour la récitation quotidienne des prières rituelles. La constitution du corpus coranique tel que nous le connaissons actuellement eut lieu après le décès du Prophète (632). Les sources musulmanes divergent quant au moment, au lieu et à la modalité de la composition finale du Coran. Le récit le plus couramment admis en milieu sunnite est le suivant. Le troisième calife, 'Uthmân, aurait été alerté que les musulmans répartis dans les provinces éloignées de l'empire récitaient certains passages du Coran de façon assez divergente. Le danger que d'importantes fluctuations du texte révélé faisaient courir à l'unité de la communauté et de l'empire semblait patent. C'est ce qui aurait poussé le calife 'Uthmân à constituer en 653 ce que nous appellerions aujourd'hui une « commission d'experts », chargée de colliger les différents fragments connus du Coran et de les assembler en une version stable et définitive. Zayd ibn Thâbit fut préposé à cette délicate mission. Sous la direction de Zayd, les différents fragments furent réunis, répartis en cent quatorze chapitres (sourates). Puis 'Uthmân fit recopier cette version finale, en envoya des exemplaires dans les principaux chefs-lieux des provinces.

Telle est du moins la version sunnite courante. Les choses furent sans doute plus compliquées, plus fluctuantes. La tradition sunnite reconnaît que d'importantes divergences existaient pour de nombreux passages du texte coranique. Plusieurs fragments étaient reconnus comme coraniques par certains lecteurs, non par d'autres. On discutait quant à savoir si l'actuelle première sourate (la *Fâtiha*, l'Ouvrante), ou les sourates 113 et 114 faisaient partie du Coran, ou bien constituaient des protocoles liturgiques indépendants. Des lecteurs connus et respectés comme Ubayy ibn Ka'b et 'Abd Allâh ibn Mas'ûd exprimèrent leur désaccord sur la version officielle de 'Uthmân. Plus radicale encore, la critique chiite accusa la commission nommée par 'Uthmân d'avoir censuré un nombre très important de versets visant en fait 'Alî ibn Abî Tâlib et les Imams (cf. *infra*, p. 65-68). Quoi qu'il en soit, la version 'uthmânienne du Coran s'imposa. Elle est la seule qui fasse autorité, et ce jusqu'à nos jours. Les chiites l'utilisent également, ils ne revendiquent pas un autre texte comme Parole divine.

Le Coran dans sa version finale se présente comme un livre compact de quelque 6 226 versets, composé en arabe littéraire dans un style particulier, dans une prose rythmée, cadencée, parfois assonancée. Il s'agit d'une collection de fragments disposés dans un ordre qui n'est pas chronologique – comme le sont les récits de la Bible (Genèse, Exode... ; Josué, Samuel 1 et 2, Rois 1 et 2...). Il ne contient pas non plus de plan thématique, on y constate le passage constant d'admonestations, d'exhortations à croire, à des récits sur la vie des prophètes du temps passé (Adam, Noé, Abraham, Moïse, Joseph, Jésus...), puis à des descriptions de la rétribution de l'au-delà, mêlées éventuellement à des prescriptions d'ordre cultuel ou juridique.

2) Le contenu du Coran

Il peut se résumer en quelques points essentiels :

– D'abord, *un grand nombre d'exhortations* à n'adorer que Dieu (Allah), à l'exclusion de toute autre divinité. Non seulement il n'est pas d'autre Dieu, mais aucun être ne peut partager sa souveraineté ou son pouvoir, fût-il un ange, un homme thaumaturge (comme le Christ), ou un esprit terrestre (djinn). Adorer un autre être que Dieu est un péché irrémissible, absolument condamnable ici-bas et puni par les tourments infernaux dans l'au-delà. Dieu est parfaitement Un, il n'existe pas de division en Lui (refus du dogme de la Trinité).

– Le Texte exhorte à suivre *les enseignements du prophète Muhammad*, et à lui obéir. Muhammad vient à la suite des grands prophètes ; et l'histoire de ceux-ci (Abraham, Moïse, Jésus...) est fréquemment évoquée dans le Coran. Pour ce Texte, toutes les prédications de tous les prophètes ont sur le fond été identiques. Si des divergences existent, c'est que les juifs puis les chrétiens ont altéré l'enseignement d'Abraham, de Moïse et de Jésus. Muhammad vient corriger ces déviances, ramener le monothéisme originel ; il est par ailleurs le dernier des prophètes, le sceau de la prophétie (Coran 33, v. 40). De ce fait, les religions antérieures sont abrogées par sa prédication. Juridiquement, les juifs et les chrétiens peuvent continuer à pratiquer, mais d'un point de vue religieux, leur mission est achevée et leur permanence est résiduelle.

– *Tous les hommes seront ressuscités* après la fin de ce monde, corporellement. Les croyants seront récompensés par les délices d'un Paradis présenté comme un jardin, où nourritures et plaisir sexuel combleront les Bienheureux. Les incroyants seront précipités en Enfer, brasier où ils seront torturés pour l'éternité.

Le Coran contient enfin un grand nombre de *conseils d'ordre moral,* et un certain nombre de dispositions de type juridique (mariage, héritage, partage du butin, prescriptions pénales). De nombreux passages font des allusions à des événements précis de l'histoire de la jeune communauté musulmane.

Le texte coranique une fois fixé, s'est posée de façon inévitable la question de *l'interprétation du texte sacré*. Toute lecture de tout texte comporte nécessairement une part d'interprétation, qu'il s'agisse d'un texte doctrinal, d'une fable mythologique ou d'un discours politique. *A fortiori* les pressions de l'interprétation seront-elles importantes s'agissant d'un texte révélé, dont le locuteur supposé est Dieu. En principe, Dieu n'est pas analogue à un auteur humain dont on peut inférer les réactions, le cheminement intellectuel ou moral. Il n'existe à son sujet nul témoignage qui rende compte de ses motivations. Il est délicat pour l'exégète de se « mettre à la place » de Dieu pour rendre compte de la portée exacte des versets ; telle prescription (alimentaire ou vestimentaire, par exemple) est-elle un conseil, ou bien un ordre formel ? D'autre part, le Coran est en soi un texte comportant de multiples difficultés et obscurités. On trouve très fréquemment dans le Coran des versets difficiles à comprendre à cause de leur vocabulaire archaïque, parfois non arabe (araméen, perse, grec...), de leurs tournures compliquées, de l'absence de contexte.

Le courant « sunnite » a trouvé sa configuration progressivement au cours de ces débats exégétiques. Majoritaire dès le Moyen Âge et jusqu'à nos jours, il n'est pas né spontanément. Aux questions cruciales : « Qui a le droit d'interpréter le Coran, et comment doit-on procéder pour comprendre le texte sacré ? », le sunnisme a recherché une réponse consensuelle. Cette position sunnite s'est constituée par réaction, par le refus historique de deux positions dogmatiques ayant marqué l'évolution de l'islam dès ses débuts :

– La première est *le chiisme* (cf. chap. III). Pour les chiites, Dieu a confié le soin de guider la communauté musulmane à des personnes inspirées, infaillibles, prolongeant l'enseignement du prophète Muhammad. Les futurs « sunnites » ont réagi vivement à cette position. Ils refusaient l'autorité charismatique des Imams chiites pour des raisons multiples. Politiquement, le chiisme affirmait que seuls les Imams devaient diriger la communauté. Il constituait de ce fait une remise en cause de l'autorité des trois premiers califes, des califes omeyyades, puis abbassides, considérés comme des usurpateurs. De plus, la majorité des musulmans à cette époque (VIIIe-IXe siècles) ne pensaient pas que le Prophète avait nommé un successeur en la personne de ʻAlî et des autres Imams. Ils estimaient que la communauté dans son ensemble, représentée par ses docteurs, était en charge de l'élaboration de la vérité, non un petit nombre d'hommes inspirés.

– À l'opposé de l'attachement à l'autorité charismatique des Imams, un courant, d'orientation rationaliste, se dessina dès le début de l'époque abbasside, dont le principal représentant fut *l'école muʻtazilite*. Pour ses partisans, le raisonnement humain est le principal instrument de l'exégèse. Car Dieu a donné aux hommes – à tous les hommes – un outil qui leur permet de comprendre clairement le Coran : cet outil est la raison. Chaque être humain en possède suffisamment pour comprendre la Révélation et faire, librement, son salut. Aux muʻtazilites rationalistes, la majorité des musulmans opposaient une vision nettement différente de l'être humain. Pour eux, la raison humaine est un outil faible et erratique lorsqu'elle se meut dans le domaine moral et religieux. L'homme est en fait incapable de connaître le chemin juste qui le conduirait au salut éternel : ni comment agir, ni comment il sera jugé, ni même si une vie après la mort l'attend. Les hommes ont donc besoin d'une révélation venant de Dieu, sans laquelle ils sont voués à la perdition. Si certains passages du Coran leur échappent, ils n'ont pas à les juger à l'aune de leurs pauvres capacités de compréhension, mais admettre que le texte divin contient une sagesse qu'ils ne peuvent atteindre. Contre les mu'tazilites, les sunnites prônent donc une lecture littéraliste, fidéiste du Coran.

Historiquement, le sunnisme développa l'idée qu'il faut se rattacher à l'exemple et à l'enseignement du seul homme qui n'était pas pécheur et faillible comme les autres, le prophète Muhammad. La vénération envers le prophète Muhammad se développa au point d'aboutir à ce qui devint le dogme central du sunnisme : à savoir que Muhammad seul était infaillible en matière religieuse. Tout ce qu'il avait enseigné à ses fidèles en matière de religion et de mœurs en dehors de la révélation proprement dite, le Coran, est donc vrai, garanti par Dieu contre l'erreur. Les sunnites conçurent toutes les paroles et tous les comportements de Muhammad comme des commentaires vécus de la révélation coranique. Ainsi se constitua une seconde source d'autorité en matière religieuse, parallèlement au Coran : l'enseignement du prophète Muhammad, sa *sunna*, c'est-à-dire sa « coutume, manière d'agir ». Cette attitude fondatrice est résumée dans la formule par laquelle ce groupe se définissait : les « partisans de l'enseignement (*sunna*) du Prophète et de la communauté (*ahl al-sunna wa-al-jamâ'a*) ». D'où l'appellation « sunnites » qui leur est restée. « Le Coran et la *sunna*, voilà la religion », proclamait Ibn Hanbal († 855), un des principaux promoteurs de ce sunnisme originel.

Le fondement de l'attitude sunnite va engendrer une forme de pensée référant avant toute chose aux textes sacrés, à savoir le Coran et les paroles attribuées au Prophète, les hadiths (unités textuelles sur laquelle la *sunna* se fonde). On a pu dire avec raison qu'en islam « toute question est en définitive un problème d'exégèse ». Au cours des VIIe – Xe siècles se sont développées des sciences religieuses diverses, qui se déployaient autour de l'interprétation du Coran et des hadiths comme une immense rosace.

3) Comprendre le Coran

Commençons par l'étude et la compréhension du Coran lui-même qui se sont développées sur plusieurs générations. On peut considérer qu'elles ont trouvé un achèvement au Xe siècle. De cette époque-là datent les grands ouvrages, les grandes sommes. Dans le domaine du commentaire coranique, le grand commentaire de Tabarî († 923) constitue une somme inégalée de matériaux documentaires pour le sunnisme.

Les principales disciplines incluses dans l'exégèse coranique sont :

– D'abord, *la grammaire et la lexicographie*. Le Coran, message divin pour tous les musulmans, a été composé en langue arabe. Il est considéré comme un chef-d'œuvre littéraire insurpassable, et cette qualité est présentée comme un miracle. La langue arabe se trouve par le fait même haussée à un degré d'idiome sacré, de langue parfaite – tout comme, en d'autres climats religieux, l'hébreu ou le sanskrit. Le Coran ne peut être utilisé, dans la liturgie comme dans le droit, qu'en arabe, exclusivement. Seule la version arabe du Texte fait autorité. Comprendre, maîtriser l'arabe, est ainsi devenu un impératif absolu pour les élites – même profanes – du monde musulman. Pour l'exégèse proprement dite, insistons sur ce que nous disions plus haut : la raison humaine est incapable de comprendre seule son destin, la nature ou la volonté de Dieu. Elle doit nécessairement se fonder sur la Révélation. Le sunnisme se méfiant des spéculations rationalistes, cherchant à éviter par tous les moyens possibles les interprétations arbitraires et purement humaines du verbe divin, préconise une lecture des versets aussi littérale que possible. De ce fait, nul musulman ne peut se dire théologien ou juriste s'il ne maîtrise pas d'abord parfaitement la langue de la Révélation – et ce, même si la grande majorité des musulmans ne sont pas arabophones au départ.

À l'époque de la révélation coranique, il n'existait bien entendu pas de théorie de la grammaire arabe. Qui plus est, les linguistes musulmans soulignèrent les différences dialectales qui existaient à l'époque du Prophète. Ce n'est que progressivement, et dans le but de mieux comprendre et utiliser la langue de la Révélation – devenue en même temps langue officielle de tout un empire, vecteur d'une riche culture – que des savants musulmans ont codifié cette langue, mettant en relief ses règles, sa logique interne, son usage dans le discours de ses locuteurs les plus autorisés. Elle est devenue un facteur d'unité essentiel. Indépendamment même des questions exégétiques et liturgiques, l'arabe est resté jusqu'à nos jours un puissant lien entre toutes les communautés se réclamant de l'islam.

– *L'histoire du texte*. Une partie très importante des versets est en effet liée à des circonstances précises ayant entouré la vie de Muhammad et l'histoire des premiers croyants. Globalement, les sourates sont divisées entre « mecquoises », révélées de 610 à 622, et « médinoises », révélées depuis l'hégire jusqu'à la mort du Prophète en 632. Cette division est cependant loin d'être évidente pour tous les passages. Il y a hésitation sur plusieurs sourates, et des versets d'une période ont pu être interpolés dans l'autre au cours de la composition finale. Par ailleurs, plusieurs passages coraniques font des allusions à des événements historiques précis : l'hégire, les batailles de Badr (3, v. 123-127 ; 8, v. 5-12) et de Uhud (3, v. 152-155) notamment, les débats parfois vifs entre Muhammad et les juifs et/ou les chrétiens à Médine, certains événements privés de la vie de Muhammad – ainsi son mariage inattendu avec la femme de son fils adoptif Zayd ibn Hâritha (33, v. 37-38)... Bref, une compréhension correcte de ces versets suppose une étude approfondie d'événements historiques. Ceux-ci ont été colligés et présentés dans des ouvrages de type chronique comme la célèbre *Sîra* de Ibn Ishâq († 767) ou l'histoire universelle rédigée par Tabarî († 923), qui soulignent les rapports entre événements historiques de la vie du Prophète et versets coraniques.

– *D'autres « sciences coraniques »* concernent la portée des différents versets. La question, souvent liée au droit, est de savoir qui est concerné par telle ou telle injonction ou affirmation coranique, et en quelle circonstance. Si le Coran enjoint de prendre les armes pour un combat de *jihâd*, on peut par exemple spécifier que cet ordre ne concerne ni les femmes, ni les enfants, ni les vieillards, ni les hommes en charge de famille, etc. ; qu'il ne s'applique pas en tout temps et en tout lieu, mais uniquement aux moments où la communauté est menacée. Par contre, l'injonction de respecter ses parents s'applique à tous, en tout lieu, à tout moment. L'obligation de faire des ablutions avant la prière vaut pour tous, sauf bien sûr pour les enfants qui ne prient pas encore. De même pour le jeûne du ramadan, etc. Une autre science auxiliaire est celle de l'« abrogation ». Lorsque plusieurs versets sont en contradiction, les exégètes repèrent lequel est le plus récent : c'est lui qui « abroge » les versets plus anciens. Ainsi, les passages faisant l'éloge ou tolérant l'usage du vin se sont trouvés abrogés par le verset 5, v. 90-91 y voyant un piège satanique.

– Enfin, un soin méticuleux est accordé à *l'enseignement de tout ce qui concerne la prononciation des versets, leur psalmodie*. Il faut se souvenir que le Coran étant parole sacrée, divine, sa prononciation – ou son écriture – deviennent des actes graves, d'une portée presque « sacramentelle ». Il est essentiel que chaque groupe de croyants compte des hommes sachant appeler à la prière (muezzins), sachant réciter les passages coraniques lors des prières communes (imams), pouvant commenter ces versets lors des sermons du vendredi midi.

Ces sciences coraniques permettent au croyant d'aborder le texte dans le sens de la pensée sunnite. Celle-ci, nous l'avons vu, est orientée vers l'idée qu'il fallait, avant d'interpréter subjectivement, consulter l'enseignement du prophète Muhammad. D'où la nécessité de procéder à l'étude approfondie des paroles de Muhammad, les hadiths, comme complément indispensable à la compréhension du Coran.

B. Le hadith

Les sciences du hadith constituent donc une des disciplines clés de la pensée musulmane. Le Coran délivre un message général, des injonctions à croire, des promesses et des menaces eschatologiques ; mais il donne peu de détails quant à la vie concrète des croyants. Il est impossible d'établir un ordre juridique et moral précis à partir du seul Coran. Cette exigence, jointe à une immense ferveur envers le prophète de l'islam, conduisit un grand nombre d'étudiants à recueillir partout où cela était possible la mémoire de paroles que le Prophète aurait prononcées, ou bien de récits décrivant ses actions. Les hadiths n'avaient pas été mis par écrit au départ, du vivant du Prophète ou durant les premières générations musulmanes – si l'on excepte certaines collections privées ou locales d'un volume limité. À partir du VIIIe siècle, l'idée du recours nécessaire à la tradition prophétique s'imposa. Des centaines de lettrés se mirent à prendre la route et à voyager de ville en ville en enquêtant pour récolter un maximum de « dires » attribués à Muhammad, ou d'anecdotes concernant son comportement. Le hadith « recherche la science fût-ce jusqu'en Chine » fut appliqué presque à la lettre. Plus tard, l'époque de collection proprement dite étant passée, des « spécialistes » du hadith délivrèrent un enseignement systématique à des étudiants venus tout spécialement les consulter à cette fin. Ce vaste mouvement de collection aboutit à la mise par écrit de plusieurs grands recueils, comme les deux *Sahîh* de Bukhârî († 870) et de Muslim († 875). Ces ouvrages constituent, après le Coran, les textes les plus respectés de l'islam sunnite. Récolter des traditions auprès des savants connus resta durant les siècles qui suivirent une pratique très vivante. Elle était fondée sur l'importance de la transmission orale comme voie testimoniale. Écouter une parole transmise par oral de façon ininterrompue permettait en quelque sorte d'être à l'écoute de la voix du Prophète lui-même, de façon indirecte mais vivante.

La recherche des hadiths est toutefois loin de se limiter à une simple compilation. Dès l'origine de la collecte de ces témoignages, les savants musulmans se sont rendu compte de l'incertitude de leur collecte. Certains dires du Prophète leur étaient transmis avec d'importantes variations de formulation et de contenu. On leur présentait comme hadiths des dires de portée douteuse. Le danger de contrefaçon, d'invention pure et simple était très présent ; il pouvait venir justifier des positions politiques ou sectaires, des prédications eschatologiques à but politique. Ainsi le régime omeyyade faisait-il circuler des hadiths affirmant la prédestination générale des actes par Dieu – ce qui impliquait l'obéissance au souverain en place. Des hadiths comme « obéir au calife, c'est obéir à Dieu » ont probablement été mis en circulation pour justifier le même but. De pieux auteurs n'hésitaient pas à attribuer à Muhammad des idées qu'ils jugeaient profitables à la communauté. Les conteurs professionnels d'histoires pieuses cherchaient fréquemment à faire passer comme hadiths des légendes plus anciennes (bibliques et aggadiques notamment), ou même des récits de pure fiction.

Ces pratiques de falsifications menaçaient dans son fondement même l'islam sunnite. Afin d'y faire échec, les savants spécialisés élaborèrent une série de critères fondés principalement sur la vérification de la chaîne des transmetteurs du hadith. Ils prenaient note non seulement du texte même du hadith, mais aussi de qui avait transmis cette parole à leur propre informateur, de qui l'avait transmise à ce transmetteur et ainsi de suite, s'efforçant dans la mesure du possible de repérer l'ensemble des chaînons de la transmission jusqu'au prophète Muhammad lui-même. Il s'agissait de vérifier également si tous les transmetteurs avaient bien vécu au même moment et avaient pu se rencontrer dans l'espace ; s'ils étaient de bonne moralité, n'avaient pas versé dans des opinions douteuses (le chiisme, par exemple)... Cela supposait une accumulation de données historiques considérables. Cela dit, il était souvent impossible de remonter aussi loin dans le temps, à près de deux siècles de distance des événements. Certaines chaînes ne remontent qu'à quelques générations au-delà de l'informateur, d'autres contiennent des lacunes entre générations. Pour exemple, voici un hadith, rapporté par Bukhârî : « Al-Humaydî nous a rapporté d'après Sufyân, d'après Yahyâ fils de Sa'îd al-Ansârî, que Muhammad fils d'Ibrâhîm al-Taymî l'avait informé qu'il avait entendu 'Alqama fils de Waqqâs al-Laythî dire : j'ai entendu 'Umar fils d'al-Khattâb (que Dieu soit satisfait de lui) dire du haut de la chaire qu'il avait entendu le Prophète de Dieu (que Dieu lui accorde ses prières et son salut) s'exprimer en ces termes : "On ne jugera les actions que selon les intentions." »

Bien sûr, il n'a pas été possible d'établir des chaînes de transmission assurées pour les centaines de milliers de hadiths qui avaient cours à l'époque. Les spécialistes établirent des catégories précises, selon que la chaîne de transmission est interrompue ou non, qu'elle contient ou non des personnes de peu de confiance, qu'il existe une seule chaîne ou plusieurs pour le même hadith... Pour simplifier, on peut noter que les savants sunnites regroupent les hadiths en trois catégories principales :

– les « sains », dotés d'une chaîne de transmission complète, voire de plusieurs chaînes. Les deux recueils de Bukhârî et Muslim ne comprennent que des hadiths sains. Ceux-ci sont surtout abondants dans le domaine du rite et de la morale ;

– les « bons », dont les chaînes de transmission ne sont pas parfaites, mais présentent des garanties suffisantes. C'est une catégorie abondante dans le domaine juridique, où le besoin de textes faisant autorité est important ;

– les « faibles », dont les chaînes de transmission sont uniques, incomplètes, de qualité douteuse. Les hadiths faibles ne sont pas pour autant tous rejetés, notamment ceux qui expriment un conseil moral utile, une exhortation pieuse, autant de paroles que le Prophète « aurait pu » prononcer.

Cette littérature du hadith peut-elle être considérée comme sûre d'un point de vue documentaire historique ? La recherche contemporaine n'a pas entériné purement et simplement l'effort critique des savants traditionnels. S'appuyant sur les textes historiques et juridiques, des savants comme Ignaz Goldziher (en 1884) ou Joseph Schacht (en 1950) ont fait valoir que les enjeux de la collection des hadiths sont devenus importants à une époque tardive. L'élaboration des critères d'authenticité s'est donc faite à une époque où la mémoire n'était déjà plus fiable. Les chaînes de transmission ont pu être fournies, mais elles ne garantissent pas l'authenticité du texte : car à partir du moment où les critères de la science du hadith ont été établis, celui qui invente une parole qu'il attribue au Prophète peut aussi bien inventer une chaîne de transmission crédible adéquate. Goldziher n'affirme pas que tous les hadiths recensés dans les recueils sont apocryphes ; il affirme simplement qu'il n'est plus possible de savoir s'ils sont vraiment authentiques ou non ; et que paradoxalement, les hadiths dont la chaîne de transmission est parfaite sont peut-être plus suspects que ceux dont personne ne s'est appliqué à justifier tardivement la transmission. La recherche plus récente a toutefois tempéré les considérations de cette tendance. En bref, elle conclut que si l'authentification précise de chaque hadith reste impossible, on peut toutefois considérer que les textes colligés dans les recueils reflètent bien les enseignements oraux acceptés comme prophétiques dans les premiers temps de l'islam.

C. Le droit

Le droit occupe dans la vie religieuse musulmane une place prépondérante. En islam sunnite, l'idée prévaut que Dieu est inconnaissable, qu'on ne peut aucunement spéculer sur sa nature ou son comportement, mais simplement recevoir ce qu'Il a bien voulu révéler de Lui aux hommes dans le Coran. La théologie, au sens chrétien du terme, n'est donc pas au centre du dispositif doctrinal musulman. Ce que Dieu demande aux hommes, dans le Coran et selon le hadith, ce n'est pas être connu, mais être adoré et obéi. Les deux éléments centraux de la vie du musulman sont donc 1) le *culte* dû à Dieu et 2) le respect de *normes sociales* voulues par Lui. Par voie de conséquence, le personnage central dans la vie religieuse n'est pas le théologien, mais le juriste. Lorsqu'il est question en islam d'« hommes de religion », d'« oulémas », il s'agit en fait de savants avant tout spécialisés dans le droit musulman, le *fiqh*.

1) La naissance du droit musulman

Le droit musulman n'est pas né achevé et applicable dès le premier temps de l'islam. Lors de la période de la prédication muhammadienne jusqu'en 632, date de la disparition du Prophète, il n'existait pas de « droit » musulman à proprement parler. Pour le domaine, très vaste, des comportements sociaux, le droit coutumier arabe prévalait. Les règles du Coran entraient bien sûr en vigueur, leur application étant précisée et complétée par les directives orales de Muhammad que l'on pouvait venir consulter en cas de besoin. Mais elles étaient peu nombreuses et encore embryonnaires.

La situation devint tout autre après les premières conquêtes. La communauté musulmane se trouva répartie sur un territoire immense, vivant parmi des populations de culture ancienne dotées de systèmes juridiques propres. Ses autorités politiques durent résoudre des questions d'ordre administratif (impôts, par exemple), pénal ou tout simplement social d'une complexité croissante. Les califes omeyyades nommèrent des juges (cadis, de l'arabe *qâdî*) dans les principales cités de l'empire. Cela dit, l'élaboration du droit musulman s'est étalée sur trois siècles au cours desquels les discussions et les divergences ne manquèrent pas. Une question centrale était celle des sources mêmes des raisonnements juridiques. Les décisions des juges ne pouvaient être purement personnelles, puisqu'elles s'inscrivaient dans le cadre de la Loi religieuse, d'origine divine. Il était donc essentiel que le cadi en respecte l'esprit et l'intention à défaut de directives textuelles précises dans le Coran. Deux attitudes de base se sont alors dessinées et affrontées au cours de cette période omeyyade :

– Une attitude « empirique », répandue notamment parmi les juristes d'Irak, se fondait sur la « tradition vivante » de la communauté. Face à une question juridique non traitée par le texte sacré ou par la pratique de la première génération des musulmans, ces cadis tranchaient en fonction de leur jugement personnel appliqué à ce cas précis. Il importait surtout que la décision du juge ne heurte aucune prescription coranique explicite.

– Une seconde attitude peut être qualifiée de « traditionniste ». Plus implantée dans le Hedjaz, dans les villes de La Mecque et Médine, elle s'opposait à celle des « Irakiens » sur des points essentiels. L'objectif des juristes « traditionnistes » était d'éliminer dans la mesure du possible tout élément d'arbitraire individuel humain dans l'application de la Loi divine. Il s'agissait pour eux de délimiter dans le plus grand nombre de domaines de la vie humaine quelle est la volonté de Dieu sur les croyants. Leur souci constant, pour résoudre les questions non traitées dans le Coran, fut de trouver au hadith des références aussi précises que possible dans les enseignements oraux du prophète Muhammad.

Le débat entre les deux courants fut long et âpre. Progressivement mais de façon irréversible, les « traditionnistes » partisans du hadith obtinrent gain de cause. Lorsque les Abbassides prirent le pouvoir en 750, ils s'efforcèrent de promouvoir un islam rigoureux et unifié. Un vaste mouvement d'élaboration et de codification du droit eut lieu au cours des VIIIe et IXe siècles de notre ère. Il aboutit à une synthèse achevée vers le début du Xe siècle. On dit souvent qu'à ce moment « les portes de l'effort interprétatif personnel se fermèrent ». Cela signifie qu'à partir de cette époque les bases théoriques du droit musulman et ses principaux acquis ne furent plus remis en question. Mais cela n'empêcha pas les juristes de réfléchir et de continuer à répondre – dans ce cadre précis – aux questions nouvelles qui se posaient, notamment par le biais de consultations juridiques (*fatwâ*). Cette synthèse dans le domaine du droit est constituée par deux éléments relativement distincts : d'une part, une théorie générale des fondements du droit, et d'autre part un ensemble de dispositions pratiques s'appliquant à la vie personnelle et sociale des croyants.

2) La théorie générale dite des fondements

La théorie générale dite des fondements (littéralement : des racines) du droit constitue la démarche la plus originale et la plus représentative de la pensée musulmane traditionnelle. Les fondements ou « racines » du droit musulman sont au nombre de quatre :

– Le Coran représente bien sûr la première référence, l'autorité suprême pour le croyant cherchant à connaître la volonté divine. Les musulmans sont unanimes pour lui accorder cette préséance. Cependant, le texte sacré n'aborde qu'assez brièvement les questions d'ordre juridique (culte, mariage, impôts...). Sur les quelque 6 226 versets que comprend le Coran, à peine plus de cinq cents ont une portée juridique, et quatre-vingts environ comportent des stipulations précises applicables telles quelles. Il était donc impératif de compléter le Coran par des sources traditionnelles plus détaillées.

– Le hadith – texte de base de la *sunna* du Prophète – constitue pour la totalité des courants juridiques de l'islam sunnite cette seconde source de droit. C'est là l'acquis principal du combat des juristes « traditionnistes ». L'importance insigne du hadith découle d'une conviction qui s'est progressivement imposée comme la colonne vertébrale de l'islam sunnite : celle de l'infaillibilité du prophète Muhammad pour toute question touchant à la religion. Cela dit, ces deux premiers critères de droit, même conjugués, ne suffisaient pas pour construire un édifice juridique répondant aux exigences de la société. D'abord, les hadiths de portée juridique sont en nombre limités, quatre mille peut-être. Ensuite, il fallait les interpréter à leur tour, les adapter aux nouvelles circonstances. Mais nombre de juristes hésitaient ici à recourir à l'opinion personnelle, désormais tenue à l'écart. Ils lui préférèrent un type de raisonnement plus cadré, mieux subordonné aux deux sources scripturaires.

– Ils ont à cette fin fait usage du « raisonnement par analogie ». En l'absence de directives explicites dans le Coran ou la Sunna, le juge cherchera dans ces deux sources un cas présentant une analogie avec la question précise se posant à lui. Pour prendre un exemple très simple : invité à décider si la consommation de plantes hallucinogènes, comme le *banj* (jusquiame) ou l'opium est licite ou non, il se référera par analogie aux jugements coranique et prophétique condamnant les boissons alcoolisées, pour statuer que ces drogues doivent être également interdites dans le droit musulman.

– Enfin, le consensus de la communauté (*ijmâ'*) vient parachever la démarche théorique du droit musulman. Il signifie que lorsque l'ensemble de la communauté accepte une interprétation des textes ou un rite, ceux-ci sont jugés conformes à la volonté divine. Ainsi, les premières générations de musulmans ne fêtaient jamais l'anniversaire du Prophète. Ce n'est que progressivement, sans doute par référence aux coutumes chiites, que cette fête du *mawlid* se répandit ; mais ce n'est qu'à partir du XIIIe siècle qu'elle commença à se généraliser, devenant une célébration consensuelle, par *ijmâ'*. « Ma communauté ne tombera jamais d'accord sur une erreur », dit un hadith. Cette infaillibilité accordée collectivement à la communauté (sunnite) est en définitive la clé de voûte de l'édifice des fondements du droit. Sans elle, rien de ce qui précède ne pourrait fonctionner. C'est par consensus que le hadith s'est vu conférer la place de deuxième fondement après le Coran, c'est lui qui avalise en dernière instance toutes les évolutions qu'a connues l'islam historique. Il n'existe pas en islam d'instance religieuse prenant sur elle de décider des points de droit ou de dogme : rien qui soit comparable à un collège épiscopal avec ses synodes et ses conciles, ni même avec les assemblées des différentes Églises protestantes. D'où d'ailleurs le fonctionnement délicat et problématique de ce consensus, qui ne peut résulter que d'un débat long et diffus, s'étalant sur des siècles.

3) Les écoles juridiques

Cette difficulté à aboutir à des normes juridiques acceptées par l'ensemble des musulmans sunnites est d'ailleurs illustrée par l'existence de plusieurs écoles juridiques au sein de cette communauté. Ces écoles ou « rites » se distinguent par une évaluation différente des sources du droit, et également et surtout par des divergences multiples dans les applications concrètes. Ces écoles se sont constituées aux VIIIe et IXe siècles en systèmes complets et autonomes. Il existe actuellement quatre « écoles » également reconnues et admises an sein de l'islam sunnite :

– *L'école chaféite* est issue de l'enseignement du grand juriste Shâfi'î (ou Chaféi, † 820 au Caire), à qui l'on doit la synthèse la plus claire, la plus achevée et la plus argumentée du droit sunnite. C'est Shâfi'î qui fit triompher définitivement l'idée de la préséance du hadith sur les diverses formes de raisonnement juridique. Il institua des règles claires à l'emploi du raisonnement par analogie. C'est lui également qui définit la portée du consensus comme celui de toute la communauté. Le chaféisme est actuellement pratiqué en Égypte, sur les rives de l'océan Indien et surtout dans l'Insulinde.

– *L'école hanéfite* se rattache à la figure de Abû Hanîfa, grand juriste – mais non point juge – d'origine iranienne qui vécut à Bagdad et mourut en 767. Si les hanéfites acceptent le hadith comme seconde source du droit après le Coran, ils ont néanmoins continué à accorder une grande importance au raisonnement proprement juridique. Ils ont approfondi le raisonnement par analogie bien sûr. Répandu surtout dans l'est de l'empire, le hanéfisme fut adopté par les Turcs ; l'expansion militaire de ces derniers valut à cette école de prédominer dans une zone allant de l'Anatolie au Turkestan chinois en passant par le sous-continent indien. À l'heure actuelle, environ 50 % des musulmans sunnites suivent le rite hanéfite.

– *Le malékisme*, inspiré par l'enseignement du savant médinois Mâlik ibn Anas († 795), a incorporé à son enseignement juridique un bon nombre d'éléments de la coutume locale de Médine. Il s'est montré à la fois très lié à la lettre des hadiths et ouvert à l'adoption de normes locales. Historiquement, cette école fut adoptée surtout dans l'Occident musulman : au Maghreb et en Andalousie, en

Afrique soudanaise, où elle reste de nos jours nettement dominante. Par voie de conséquence, la majeure partie de la population musulmane résidant en France relève du droit malékite.

– Enfin *le hanbalisme*, qui se réfère à la figure du juriste Ibn Hanbal n'est plus guère appliqué actuellement que dans certaines régions de l'Arabie saoudite. Cette école « fondamentaliste » cherche à éviter au maximum toute intervention du raisonnement humain dans l'élaboration du droit, en sorte que celui-ci serre au plus près la stricte volonté divine exprimée dans le Coran. Les hanbalites récusent le raisonnement par analogie. Ils ne considèrent comme consensus liant le croyant que le consensus des premiers Compagnons du Prophète. Il en résulte un système rigoriste difficilement applicable dans les faits, hostile à toute innovation venant altérer ce qu'il considère comme l'islam originel.

4) Les applications plus concrètes du droit

Les contenus de la Loi religieuse musulmane se présentent d'une façon un peu déroutante pour un lecteur occidental. Ils ne sont pas ordonnés en un système organique de règles dérivant les unes des autres, comme on aurait pu s'y attendre. On y trouve plutôt un vaste ensemble de dispositions particulières issues des textes sacrés. Cela ne signifie pas que le droit musulman soit une pure élaboration livresque, construite sans tenir compte de la réalité sociale concrète des musulmans. Bien au contraire, il manifeste un esprit d'adaptation très étonnant. Les synthèses juridiques finales des IXe et Xe siècles semblent en effet avoir entériné la jurisprudence très pragmatique établie à l'époque omeyyade. Au total, et malgré un certain nombre de divergences entre les écoles juridiques, le droit musulman a su préserver une homogénéité tout à fait remarquable, vu les conditions historiques de son exercice, l'étendue de l'empire et la diversité des sociétés et des cultures concernées.

Traditionnellement, le droit musulman est constitué par trois grands domaines d'application :

a) Le culte, qui comprend le relevé extrêmement détaillé, minutieux, des modalités et conditions d'exécution des principaux actes de piété constitués pour l'essentiel par :

– la prière obligatoire, cinq fois par jour. Il s'agit d'une prière individuelle mais rituelle, c'est-à-dire composée d'une gestuelle précise et de formules prescrites, ayant lieu dans des conditions de validité spécifiées par les hadiths : pureté rituelle, moment précis de la journée, orientation juste vers La Mecque ;

– le jeûne du mois lunaire de ramadan, au cours duquel les fidèles s'abstiennent de nourriture, de boisson et de relations sexuelles durant toute la journée ;

– le pèlerinage à La Mecque, pour ceux dont les moyens financiers et la santé le leur permettent. Il s'agit d'un ensemble de rites particuliers à accomplir dans des lieux aux alentours de la ville sainte à un moment très précis de l'année liturgique (lunaire).

b) Le droit pénal, axé autour de la définition et de l'évaluation des sanctions prévues explicitement par le Coran pour certains délits : meurtre ou blessure, vol, relations sexuelles illicites, diffamation... Il comprend des dispositions à prendre à l'encontre des autres délits, non prévus par les textes sacrés et dont la portée est du coup aussi moins grave.

c) Les « relations sociales », dont l'élément principal est constitué par le droit de la famille : mariages et divorces, héritages, statut des orphelins. Mais ce domaine comprend aussi les dispositions concernant la propriété, la fiscalité, le commerce et les métiers, le droit de la guerre, l'exercice du pouvoir politique, etc. C'est ici qu'il apparaît combien le droit musulman traditionnel pouvait imprégner la vie sociale. En fait, son influence réelle varia beaucoup d'un domaine à l'autre. S'il fut effectivement appliqué pour les questions de droit de la famille – et ce jusqu'à nos jours –, sa mise en œuvre fut beaucoup moins rigoureuse dans les pratiques commerciales et financières. En matière politique et administrative, la pratique laissa se développer tout un domaine de réglementation (*qânûn*) émanant des pouvoirs publics et non des tribunaux religieux. La description précise de toutes ces données a été mise par écrit par les grands juristes de chaque école aux IXe et Xe siècles. Ensuite, des cas nouveaux continuaient à se présenter aux tribunaux. Souvent, on exprimait ces questions nouvelles sous forme de questions posées à des juristes spécialistes appelés muftis. Ceux-ci proposaient alors une solution précise et argumentée selon la tradition de l'école juridique concernée appelée *fatwâ*.

L'acquisition du savoir était un acte pieux, non une profession ordinaire ou un engagement de type sacerdotal. Les savants représentaient un groupe social respecté, se définissant par son savoir. Mais comme tout un chacun pouvait se mettre à la recherche de la science, il ne s'agissait nullement d'une caste fermée. L'enseignement était sanctionné par chaque maître dans sa propre discipline, qui délivrait à l'étudiant accompli une autorisation (licence) de transmettre à son tour son savoir. Les lieux de cet enseignement n'étaient pas très définis. Souvent, les cours se déroulaient dans l'enceinte des grandes mosquées. Mais ils pouvaient aussi se tenir au domicile du maître. Les autorités sunnites commencèrent à fonder des collèges universitaires à partir du XIe siècle (1065, fondation de la « Nizâmiyya » à Bagdad). Il s'agissait d'institutions uniquement dévolues à l'enseignement, proposant un programme complet en sciences religieuses. Ces madrasa étaient des institutions intermédiaires entre le collège et l'université. On y enseignait bien sûr les sciences du Coran et du hadith ainsi que la grammaire arabe ; l'essentiel du programme était toutefois constitué par les matières juridiques. Il s'agissait en effet de donner à de futurs juges ou cadres administratifs des connaissances solides dans ce domaine crucial. L'enseignement était souvent subventionné par des fondations pieuses. Ces biens de main-morte (*waqf*) étaient des patrimoines immobiliers ou fonciers dont un légataire confiait par testament les bénéfices à l'entretien de l'école. C'est ce mode de financement qui prévalut pour les madrasa en particulier. Toute personne ayant fréquenté cet enseignement essentiellement juridique appartenait dès lors au corps des oulémas (ar. *'ulamâ'*), à savoir les « savants », ceux qui ont acquis la science par excellence, la seule vraiment utile pour la vie future du croyant : le droit. Le rôle social des oulémas dans l'islam médiéval est absolument essentiel. Il n'existe pas en islam de clergé, en ce sens qu'aucun sacerdoce n'y a été institué – chaque croyant y accomplit sa propre liturgie. Par ailleurs, aucun magistère religieux n'exerce d'autorité dogmatique ou juridique. Le corps des oulémas a cependant joué tout au long des siècles le rôle de garant du dépôt de la foi, de porte-parole de la volonté divine pour chaque moment précis de l'histoire de la communauté sunnite. Il constitua la colonne vertébrale de la résistance culturelle – voire politique – face aux différentes épreuves que les sociétés sunnites eurent à affronter : face à l'influence du chiisme duodécimain, à la menace très réelle de l'ismaélisme (cf. *infra*, p. 61), à la diffusion de l'indifférence religieuse, aux invasions étrangères (croisades, invasions mongoles). Son influence commença à décroître avec la modernisation du cadre juridique et l'introduction d'un enseignement de type occidental dans la plupart des pays musulmans, au XIXe siècle et surtout au XXe siècle. À l'heure actuelle, le droit musulman est appliqué ou adapté de façons très diverses dans chaque pays. Si le droit de la famille est généralement resté fondé sur les données du Coran et du hadith, le droit pénal et les autres « relations sociales » ont été modernisés. Cela ne signifie pas pour autant que les oulémas aient perdu toute influence. Ils restent comme une conscience vivante de leur communauté, une référence morale. Certains oulémas, à partir de tribunes officielles et universitaires ou sur internet – comme le très médiatique Yûsuf Qaradhâwî – continuent de jouir d'une notoriété importante, y compris auprès de la jeunesse sunnite.

Nous avons parcouru les savoirs qui constituent la colonne vertébrale de la pensée sunnite. Ce sont ceux qui sont fondés sur un savoir de tradition, c'est-à-dire sur la transmission de données faisant autorité. Il existe cependant d'autres disciplines religieuses, fondées non pas sur la tradition, mais sur le raisonnement spéculatif. La première est la théologie.

D. La théologie

Le choix historique de la communauté sunnite en faveur du recours à la tradition muhammadienne, au hadith, a été clair et décisif. L'islam est devenu avant tout une obéissance à une loi concrète – prières, prescriptions alimentaires, etc. Les débats théologiques qui ont tant agité le christianisme occupent une place moindre dans le cadre culturel musulman. Mais elles existent bel et bien et furent à l'honneur auprès des lettrés ; et il serait impensable de retracer l'histoire de la pensée sunnite sans les évoquer. L'impact de cette théologie ne s'est d'ailleurs pas limité au monde sunnite, il a débordé sur la pensée chiite (cf. *infra*, p. 56.) voire juive médiévale.

La principale école qui se diffusa aux VIIIe et IXe siècles fut l'orientation rationaliste du mu'tazilisme. Le mu'tazilisme apparaît sous sa forme achevée au début du IXe siècle. Il n'a pas été un mouvement politiquement homogène et doctrinalement unifié, mais fut constitué par un certain nombre de sous-écoles qui ont fleuri à Bassora et Bagdad notamment. Mais quoi qu'il en soit, l'ensemble des théologiens mu'tazilites professaient la même attitude de base, à savoir la confiance dans la raison humaine pour résoudre les questions religieuses et notamment exégétiques. Cela ne signifie pas que les mu'tazilites aient été des rationalistes au sens actuel du terme. Ils adhéraient tous, au départ, à la révélation du Coran et à la foi musulmane courante. Mais ils étaient persuadés que le raisonnement discursif est un instrument indispensable à l'intelligence du dogme. Pour eux, Dieu est juste ; il a donné aux hommes une révélation claire (le Coran), accessible à l'entendement de tous ceux qui en prennent connaissance. Il a également pourvu les hommes d'un outil adéquat pour comprendre en profondeur ce message : la raison. Pour les mu'tazilites, la bonne intelligence du Coran requiert bien sûr la connaissance de la langue arabe, mais aussi une saine appréciation du lecteur. Le hadith prophétique n'a pas pour eux un grand poids dans la compréhension du Coran, car le hadith demande à son tour une exégèse ; en dernier ressort, c'est toujours la raison qui tranche. Cette foi dans le raisonnement humain les a amenés à défendre plusieurs positions qui les ont séparés des sunnites :

1) La nature du Coran

La piété populaire tendait à considérer le Coran comme la parole éternelle de Dieu, inscrite sur la mystérieuse « Tablette préservée » (Coran 85, v. 21-22), puis révélée par Muhammad aux hommes. Les mu'tazilites refusaient l'idée d'une Parole divine éternelle auprès de Dieu Lui-même. Cela supposerait que Dieu ne soit pas vraiment Un, puisqu'Il existerait avec sa Parole de toute éternité ; cela reviendrait à rejoindre la position chrétienne du Verbe éternel en Dieu. Ils professaient que le Coran avait été créé au fur et à mesure qu'il était révélé à Muhammad, en fonction des circonstances historiques précises. Ce débat sur la création ou l'éternité du Coran fut particulièrement vif et acharné, car il concernait la racine la plus concrète de la foi vécue par les musulmans, leur Écriture. À l'époque moderne, une attitude néo-mu'tazilite s'est manifestée : considérant que le Coran doit être compris à la lumière des événements historiques de son apparition, plusieurs intellectuels musulmans insèrent leurs travaux dans le domaine des études historico-critiques modernes. Notons cependant qu'ils sont minoritaires. La plupart des croyants, dans le sunnisme, considèrent le Coran comme un texte éternel, dont les prescriptions sont valables en tout temps et en tout lieu.

2) La justice divine

Un autre point fut l'objet de vifs débats : celui concernant la « justice divine ». Il trouvait lui aussi son origine dans les exigences de l'exégèse coranique. Le Coran affirme dans de très nombreux passages que les mécréants et les pécheurs – les deux étant en fait confondus – connaîtront les supplices éternels de l'Enfer, alors que les croyants connaîtront dans l'au-delà les délices du Paradis. Une telle affirmation suppose que chaque homme est responsable de ses actes, et cette responsabilité est explicitement évoquée dans plusieurs versets coraniques. Simultanément, il existe une autre série de versets affirmant que si les mécréants persistent dans l'incroyance, c'est que Dieu l'a voulu ainsi, car « [Il] guide qui Il veut et Il égare qui Il veut » (Coran 16, v. 93). Les mu'tazilites firent intervenir ici aussi un principe de rationalité. Ils trouvaient inconcevable que Dieu puisse ne pas récompenser la foi et la vertu ou ne pas punir le péché, c'est-à-dire qu'Il puisse agir selon une règle contraire à la Loi qu'Il ordonne aux hommes d'appliquer. Pour eux, Dieu est juste, Il agit sans aucun arbitraire ni changement de volonté. De ce fait, les mu'tazilites professaient deux thèses sur lesquelles ils s'opposèrent aux musulmans traditionalistes.

a) Chaque homme possède un pouvoir propre de décision, un libre arbitre qui lui permet d'établir un choix responsable. Le bonheur paradisiaque, les souffrances infernales sont donc une rétribution juste et précise des actes posés durant la vie ici-bas.

b) Le musulman coupable d'un péché grave et non repenti connaîtra l'Enfer éternel. Son statut ici-bas est intermédiaire : il doit être combattu et châtié selon la Loi. Mais il ne perd toutefois pas sa qualité de musulman ici-bas, il reste juridiquement membre de la communauté des croyants – position bien différente donc de celle des kharédjites, selon lesquels ce pécheur est à exclure de la communauté. Les enjeux politiques du mu'tazilisme étaient considérables, on le voit.

3) La place accordée à la raison

Le débat opposant le mu'tazilisme au sunnisme doit être bien saisi, car il introduit aux choix essentiels de la pensée musulmane. Plus précisément, il s'agit de la place à accorder à la raison. Pour les sunnites, à la différence des mu'tazilites, la raison n'est pas un fondement reconnu dans la recherche de la vérité religieuse. Pour eux, la raison humaine laissée à ses propres forces ne peut atteindre aucune certitude, elle est incapable de saisir le mystère de l'origine humaine et encore moins de sa finalité ; l'homme qui se confie à son seul raisonnement ne peut qu'errer et pécher. Le fondement de la vérité réside d'abord et avant tout dans le Coran complété par la tradition prophétique. L'intelligence humaine doit s'exercer à comprendre la Révélation, non la précéder ou la corriger. C'est la révélation coranique qui vient éclairer la raison, non l'inverse. Si le lecteur du Coran ne comprend pas certaines affirmations (par exemple, comment concilier prédestination divine et libre arbitre), cela ne vient pas de l'incohérence du texte révélé, mais bien de l'incapacité de la raison humaine à embrasser le mystère de sa propre condition. S'il est croyant, il doit se soumettre avec humilité à l'affirmation du message divin. Il ne doit pas essayer de réduire le message divin à la mesure de ses propres capacités, en y discernant des métaphores ou des procédures stylistiques. Ce sont pour des raisons scripturaires que les sunnites croient que le Coran est éternel ; quant à savoir si l'unité de Dieu est ainsi mise en question, cela sort du domaine de la spéculation humaine. Dieu accomplit absolument ce qu'Il veut, Il pourrait par exemple damner une personne vertueuse ou récompenser un mécréant : « Si Dieu voulait punir des anges (en Enfer), Il serait en droit de le faire », déclare un hadith. Cela ne signifie pas que son comportement soit injuste, mais plutôt que sa sagesse dépasse tout ce que les hommes peuvent concevoir. Le croyant sunnite accepte avec confiance les prescriptions du texte sacré en matière de morale, ainsi que le destin concret qui lui est personnellement assigné. Concrètement, est « bien » ce que Dieu ordonne, est « mal » ce qu'Il défend.

L'apparence assez abstraite des discussions évoquées ici ne doit pas cacher leurs enjeux réels : c'étaient deux visions de la personne humaine et de la morale qui s'affrontaient.

Le mu'tazilisme

Le mu'tazilisme s'est développé surtout à la fin du VIIIe siècle et au début du IXe siècle. Il connut la faveur des milieux intellectuels urbains, notamment à la cour des califes. Il connut son apogée à la cour du calife Ma'mûn (qui régna de 813 à 833). Ce souverain éclairé et cultivé favorisait l'ouverture intellectuelle et fut le promoteur de la traduction en arabe de textes philosophiques et scientifiques grecs. Il était en outre préoccupé de désamorcer la crise politico-religieuse opposant les chiites modérés aux sunnites, et voyait dans l'islam rationalisant des mu'tazilites une « troisième voie » susceptible d'apaiser à longue échéance les conflits idéologiques. Il s'entoura de conseillers mu'tazilites, dont le grand cadi Ibn Abî Du'âd. Le mu'tazilisme devint la doctrine dominante, en quelque sorte officielle de l'empire en 827. En 833, il fut demandé aux hauts fonctionnaires de l'empire de confesser la doctrine mu'tazilite de la création du Coran ; les récalcitrants étaient destitués et châtiés. Toutefois, cette tentative se solda par un échec. Le mu'tazilisme n'avait touché en fait qu'une classe restreinte d'intellectuels et de politiques ; le petit peuple musulman et une bonne partie des juristes, des oulémas, restèrent fidèles à l'interprétation littérale du Coran, au hadith, au dogme du Coran incréé et éternel. Ce mouvement se désigna lui-même comme « les partisans de la tradition prophétique (*sunna*) et de la communauté », d'où l'appellation de « sunnites » qui leur est restée. L'opposition aux doctrines mu'tazilites fut menée et symbolisée par la personne du savant réputé Ibn Hanbal. Celui-ci refusa catégoriquement de confesser le dogme de la création du Coran, même en 833 lorsque ce refus devint passible de peines légales infligées par une sorte d'inquisition d'État.

Les persécutions dont il fut l'objet ne firent que renforcer son prestige. Les deux califes successeurs de Ma'mûn maintinrent encore la suprématie du mu'tazilisme, mais le calife suivant, Mutawakkil, opéra en 848 une volte-face complète : le sunnisme devint la doctrine officielle de l'empire, Ibn Hanbal fut comblé d'honneurs, et le mu'tazilisme fut pourchassé à son tour. Il ne se relèvera pas de ces persécutions, même si les siècles postérieurs produisirent encore plusieurs grandes figures de théologiens s'en réclamant. D'où une question de politique-fiction : dans l'hypothèse d'une victoire de l'islam éclairé des mu'tazilites, la civilisation musulmane aurait-elle pu susciter une « Renaissance » analogue à celle que connaîtra l'Europe occidentale au XVIe siècle ? On peut en débattre.

L'affaiblissement définitif du mu'tazilisme ne signifia pas pour autant la disparition de toute théologie en terre d'islam. Le littéralisme étroit d'Ibn Hanbal et de ses partisans, refusant toute spéculation s'éloignant de la lettre du texte sacré, ne satisfaisait pas de nombreux intellectuels musulmans, inquiets au demeurant de la progression de diverses formes de libre-pensée et de la pensée strictement philosophique. Le Xe siècle vit l'apparition d'une nouvelle forme de théologie (*kalâm*). Il s'agissait d'un effort spéculatif se déployant dans le cadre précis du sunnisme, cherchant avant tout à le justifier, à en légitimer les options prises sur la base de la foi littéraliste dans le texte du Coran.

L'ach'arisme

Le premier grand représentant de cette théologie sunnite fut Ach'arî (v. 873-v. 935). Au moment de sa formation en théologie, Ach'arî avait adhéré au mu'tazilisme et en avait professé les thèses pendant un certain nombre d'années. C'est à la suite d'une véritable conversion, en 913, qu'il adopta la foi de l'islam sunnite tel que professé par Ibn Hanbal. Il déploya dès lors tous ses efforts à en défendre les dogmes et l'exégèse. Son point de départ s'écarte sensiblement du mu'tazilisme, puisqu'il considère que le vrai croyant doit croire intégralement à tout ce qu'enseignent le Coran et le hadith – le raisonnement n'intervenant pas comme critère d'appréhension de la foi, mais comme outil d'explication des textes sacrés. En d'autres termes, l'œuvre d'Ach'arî vient pour expliquer et justifier *a posteriori* les données de la foi sunnite, à laquelle elle reste entièrement subordonnée. Reprenant pour les corriger les grands thèmes traités par les mu'tazilites, Ach'arî défend notamment l'idée que le Coran est éternel, non créé, mais il distingue le Coran éternel des versets écrits ou articulés dans la langue humaine qu'est l'arabe. Concernant la question de la prédestination et du libre arbitre, il développa l'idée que si les actes humains sont créés par Dieu, ils sont « acquis » par les hommes qui en assument de ce fait la responsabilité. Ce qui revient en définitive à une attitude « prédestinationniste ». L'entreprise d'Ach'arî fut reprise et poursuivie par de nombreux grands penseurs dans l'islam sunnite. Ceux-ci purent développer des idées parfois différentes, ou innover par rapport au Maître. Mais prise dans sa globalité, cette pensée « ach'arite » devint l'école par excellence de l'islam sunnite. L'ach'arisme resta prépondérant au sein de l'islam sunnite jusqu'aux XIXᵉ et XXᵉ siècles.

L'entreprise ghazâlienne

Une place particulière doit être faite au grand penseur que fut Ghazâlî (1058-1111). Son œuvre n'est pas entièrement assimilable à de la théologie au sens du *kalâm*. Bien qu'ayant rédigé d'importants textes d'orientation ach'arite, il a en effet nettement souligné les limites de la théologie dogmatique en général. Il la considérait comme une discipline auxiliaire, de portée « thérapeutique » car destinée aux personnes dont la foi est fragile, malade, et ayant de ce fait besoin de justifications rationnelles. Il voyait aussi son utilité comme outil de défense apologétique contre les détracteurs de l'islam de l'extérieur (les chrétiens, par exemple) comme de l'intérieur (les chiites ismaéliens ; les philosophes hellénisants). La défense véhémente de l'islam sunnite entreprise par Ghazâlî contre les philosophes – Avicenne en particulier – ou contre les ismaéliens rejoint de ce fait souvent les intentions des grands théologiens comme Ach'arî. Pour Ghazâlî cependant, la recherche de la vérité religieuse trouve sa confirmation non dans le raisonnement théologique, mais dans l'adhésion intime du cœur, dans la connaissance intuitive de Dieu, autrement dit dans une expérience de type mystique (cf. *infra*, p. 49). L'ampleur de l'œuvre de Ghazâlî, la richesse de son argumentation, la faveur dont elle bénéficia en haut lieu, sa diffusion enfin à un moment de grande expansion de la mystique (le soufisme) firent d'elle pendant longtemps l'expression la plus populaire de l'orthodoxie sunnite.

Tout cela ne signifie pas que la théologie ach'arite ou l'entreprise ghazâlienne aient fait l'unanimité au sein de la communauté sunnite. Malgré l'hommage ouvertement adressé par Ach'arî à Ibn Hanbal, les courants littéralistes ne cessèrent de s'insurger contre le principe même de la spéculation du *kalâm*. L'entreprise théologique – spéculer sur le Texte révélé – leur paraissait en soi erronée et impie, même si elle visait à conforter le sunnisme. Parmi les penseurs « anti-théologiques » les plus importants, citons l'Andalou Ibn Hazm († 1064 ; cité par Benoît XVI dans son discours de Ratisbonne comme exemple de refus du raisonnement rationnel appliqué à Dieu). Ibn Taymiyya († 1328) est un grand représentant de la pensée néo-hanbalite, et ses idées continuent de circuler de nos jours au sein des courants fondamentalistes. Le néo-hanbalisme tout comme la pensée d'Ibn Hazm se fondent sur l'acceptation littérale des textes du Coran et du hadith. À partir d'une dialectique parfois elle-même très élaborée, comme celle d'Ibn Taymiyya à l'encontre des « logiciens », ils dénient à la spéculation théologique indépendante tout rôle de critère. Il n'est bien sûr pas interdit de réfléchir sur le texte coranique et d'émettre son avis. Mais ces opinions personnelles n'engagent que ceux qui les émettent, elles ne peuvent prétendre à s'ériger en dogme. Ce littéralisme représente une virtualité importante de l'esprit sunnite. Son impact a été considérable durant toute l'époque classique. De nos jours, le wahhabisme reprend à son compte les positions théoriques de ces penseurs pour fonder une idéologie plus nettement axée vers des buts politiques.

E. La philosophie

La théologie se fonde sur un effort spéculatif à partir du donné révélé, à partir du Coran. Mais il a existé une école de pensée purement philosophique, qui ne se fonde pas sur le texte sacré, mais sur des principes de raisonnement indépendant. L'intelligentsia de l'époque abbasside a en effet manifesté une très grande ouverture d'esprit, et un appétit de savoir tout à fait étonnant. C'est cette soif de savoir qui a motivé l'effort de traduction des pièces maîtresses du savoir antique aux IXe et Xe siècles : patrimoine scientifique et philosophique grec principalement, mais également persan, indien. Ont été traduits, directement du grec ou à partir de traduction syriaques, des traités médicaux, astronomiques, mais aussi philosophiques. Une discipline appelée *falsafa* (arabisation de *philosophia*) se diffusa dans les cercles cultivés du Proche-Orient. La *falsafa* n'est en tant que telle ni sunnite, ni chiite, ni même musulmane. Cette pensée fondée sur un dosage de néoplatonisme et d'aristotélisme fut le bien commun de penseurs qui étaient musulmans à titre individuel, mais également de juifs (Abû al-Barakât Baghdâdî, † 1164) et de chrétiens (Yahyâ ibn 'Adî, † 974). Parmi les grands philosophes d'origine musulmane, il faut citer l'Arabe Kindî († 873), le Turc Fârâbî († 950 ; il fut peut-être chiite), l'Iranien Avicenne (Ibn Sînâ, † 1037). La *falsafa* connut de grands représentants en Espagne, avec notamment Averroès (Ibn Rushd, † 1198) ; elle se perpétua en Iran à partir du XVIe siècle. Ces penseurs ne furent pas seulement des glossateurs des anciens Grecs, ils apportèrent leur marque, leur génie propre à l'effort médiéval de réflexion. Les domaines abordés étaient immenses : d'où vient le monde, comment cette création multiple a-t-elle pu surgir d'une Cause (divine) unique ? Qu'est-ce que l'âme humaine, comment peut-elle connaître, comment peut-elle accéder à une vérité ? Comment peut-on penser sa survie après la mort ? L'importance de l'apport des philosophes fut grande en islam sunnite et plus encore chiite (cf. *infra*, p. 72), en dépit du rejet manifesté à leur encontre par les traditionalistes (Ibn Taymiyya) ou les théologiens (Ghazâlî). L'impact de cette pensée gréco-arabe, sur la pensée théologique du Moyen Âge latin fut également considérable. À partir du XIe siècle en effet, bon nombre d'ouvrages grecs et de la *falsafa* musulmane (Avicenne et Averroès notamment) furent à leur tour traduits en latin et fécondèrent alors la pensée européenne occidentale ; leur diffusion fut l'occasion de profonds débats au sein de la pensée scolastique chrétienne (cf. notamment l'œuvre de Thomas d'Aquin).

La pensée musulmane est pour une part traditionnelle (Coran, hadith, droit), pour une part rationnelle (théologie, philosophie). Mais il est indispensable de mentionner une troisième virtualité, fondée sur l'expérience proprement mystique.

F. La mystique

Avec la mystique, nous quittons le domaine de la spéculation rationnelle pour entrer dans celui de l'expérience du cœur. Le concept de « mystique » possède en terre d'Islam une dimension nettement définie. Le musulman ordinaire pratique le culte, la Loi, la morale afin d'agréer un Dieu tout-puissant et transcendant, en ayant foi qu'il rencontrera Dieu dans l'au-delà, au Paradis. Le musulman mystique adhère au même credo, à la même pratique, mais recherche une expérience vécue du divin dès ici-bas ; son Dieu est une présence aimante, active, se manifestant dans le cœur des humains. Or il ne s'agit pas ici d'un courant marginal. Contrairement à l'image de la mystique en Occident – celle d'un petit nombre de moines contemplatifs, isolés de la vie sociale –, celle-ci concerne en islam un courant profond, puissant, dont se réclament des millions de croyants. L'islam, on s'en souvient, ne connaît aucun monachisme ; la retraite, le célibat sont fortement déconseillés. Le milieu des confréries mystiques (soufies) d'où est issue une bonne partie des figures musulmanes de sainteté, est composé d'hommes mariés et vivant le plus souvent au cœur de la cité. Ici, le personnage central n'est plus le juriste, mais le saint, le *walî*. La sainteté constitue un phénomène majeur en islam sunnite. Il corrige l'image courante d'une religion musulmane valorisant surtout le respect de la Loi et de la morale. Les saints sont nombreux en terre d'Islam – chaque village, chaque quartier de ville, chaque corporation de métier possède un saint protecteur – et cette présence de la sainteté ruisselle pour ainsi dire dans la vie courante de nombreux musulmans. En l'absence de toute Église ou autorité religieuse en islam, nulle instance ne peut désigner telle ou telle figure comme sainte. C'est toujours le consensus populaire qui fait surgir la réputation d'un « Ami de Dieu ». La sainteté en islam est d'abord et avant tout une affaire de pouvoir charismatique spirituel reconnu par une communauté. Le saint est une personne désignée comme tel par ses contemporains parce qu'on considère qu'elle diffuse une énergie divine bienfaisante et efficace, la *baraka*. Un homme (ou une femme) pourra être très pratiquant, très religieux, un ascète fervent : il ne deviendra pas nécessairement pour autant un saint. Pour prendre un exemple majeur, Ghazâlî est sans conteste un des plus grands théologiens de l'islam sunnite, et il lutta efficacement pour la reconnaissance de sa dimension mystique. Mais jamais il ne reçoit le titre de saint, *walî*, aucune dévotion particulière ne lui est destinée. Inversement, la *vox populi* désigne parfois comme *walî* des personnes fort humbles, imprévues, parfois incultes, mais dont la personnalité a frappé leurs contemporains, et qui ont accompli des signes divers, notamment des miracles.

Quelques repères historiques sur l'évolution de la mystique en islam sunnite. Durant les premières générations de l'islam, à la période des conquêtes puis de l'empire omeyyade (660-750), on ne peut guère situer précisément de phénomènes de sainteté mystique. Mais certaines personnalités se démarquent. Hasan Basrî († 728) fut un important savant, juriste, traditionniste et prédicateur, et son charisme personnel, son intégrité le firent considérer comme une autorité spirituelle toute particulière. Lorsqu'une caste d'hommes de religion, juristes et théologiens professionnels rattachés à l'establishment politique – les oulémas – se constitua, apparurent en réaction des personnalités s'adonnant avec ferveur à la seule dévotion. D'abord isolées, elles se regroupèrent en cercles restreints. On les crédita de plus en plus de l'accomplissement de miracles. Un courant proprement mystique se constitua vers le IXe siècle, notamment en Irak et en Iran oriental ; il se revendiqua comme étant l'expression des Amis (*awliyâ'*, pl. de *walî*) de Dieu. Le courant mystique prit de l'ampleur aux IXe et Xe siècles, jusqu'à porter ombrage à l'autorité des religieux et au pouvoir politique. Car affirmer, comme le faisaient les mystiques, que Dieu se révèle dans l'intime des cœurs, que la source de toute vérité est directement accessible aux hommes, n'est-ce pas « court-circuiter » le rôle du Coran, du Prophète et de son enseignement, et du coup le rendre superflu ? N'est-ce pas de proche en proche menacer tout l'édifice dogmatique et juridique de l'islam sunnite, fondé sur l'autorité exclusive du Prophète et de ses interprètes officiels, les oulémas ? La crise éclata au début du Xe siècle à l'occasion de la prédication de Hallâj, mystique profond et puissante personnalité qui parcourut le monde islamique central en prêchant l'union à Dieu dans les mosquées, les souks, en s'adressant aux hommes de tous les milieux sociaux et des différentes confessions. Figure charismatique populaire, à qui l'on attribuait des miracles, Hallâj inquiéta les milieux politiques chiites autant que sunnites. Il fut arrêté et, après un débat et un procès qui durèrent huit ans, fut supplicié et mis à mort de façon spectaculaire à Bagdad en 922.

Après cette crise, un modus vivendi s'établit. Les pouvoirs publics tolérèrent les mouvements de mystique et de sainteté populaire, à condition que ceux-ci ne troublent pas l'ordre public, et réservent leurs enseignements et rites à des cercles discrets. Les mystiques soufis se regroupèrent en écoles initiatiques spirituelles. Vers le XIIe siècle, un phénomène majeur vit le jour : la formation de confréries mystiques centrées autour de l'enseignement de grands maîtres, et rassemblant des milliers de fidèles. À partir de cette époque et jusqu'à nos jours, ces confréries représentent le « foyer de sainteté » principal dans le monde musulman. Le disciple recherchant cette sainteté conclut un pacte d'allégeance avec un maître spirituel, qui le conduit sur la voie de l'union à Dieu par l'intermédiaire de rites, de conseils, etc. Tout naturellement, les maîtres de confrérie seront considérés comme les grands saints de leur époque. Les figures des grands mystiques ont été très variées. Certains furent des doctrinaires d'une envergure exceptionnelle, comme l'Andalou Ibn 'Arabî († 1240), dont l'œuvre immense domine toute la pensée mystique sunnite qui suivit. D'autres furent de grands lyriques, comme Roumi († 1273), le célèbre maître de Konya, dont l'œuvre poétique est l'un des principaux joyaux de la poésie de langue persane. En fait, la sainteté en islam est d'une stupéfiante diversité. Certains maîtres de confrérie ont été des proches des princes, ont exercé une influence sociale considérable. D'autres grands saints ont été de pauvres artisans, voire des mendiants ou même des « ravis en Dieu » au comportement erratique.

Les soufis réclament pour eux-mêmes, dans l'ordre spirituel, l'héritage prophétique de Muhammad. En ce sens, ils se trouvent en concurrence avec les juristes et les théologiens. Leur argument est que les savants, les lettrés, prolongent le savoir prophétique en tant qu'il est livresque, intellectuel, transmis depuis des générations à des gens qui sont morts depuis longtemps. Les soufis ne nient pas l'utilité d'une telle science, mais ils donnent la primauté au savoir transmis à eux directement, ici et maintenant, par « le Vivant, l'Immortel ». Les saints actualisent à chaque génération le message du Prophète, en eux-mêmes et pour les autres croyants : non seulement le message doctrinal ou juridique, mais aussi la présence sacrée qui est son origine.

Les rituels principaux des mystiques soufis sont des litanies, des répétitions d'oraisons. La source de toute présence divine en islam, c'est le Livre, c'est le Coran. Le Coran tient en islam la même place que le Christ pour les chrétiens : il est la manifestation sur terre du Verbe divin. La « divinisation » de l'homme, l'acquisition de ce pouvoir du saint, passe par l'assimilation « physique », pour ainsi dire, de la divine parole. Le rituel soufi principal est la récitation, des milliers de fois, de Noms divins, de formules coraniques ou de prières litaniques. C'est ainsi que le soufi devient, selon l'expression de l'Égyptien Dhû al-Nûn (IXe siècle), « un homme dont le Coran a compénétré sa chair et son sang ». Le saint, qui a récité ces paroles divines des années durant, sans s'interrompre, ne peut manquer d'être imprégné par la présence divine. Cette présence l'habite, elle réside en lui sans qu'il en ait même conscience. Et elle produit de nombreux effets de l'ordre du merveilleux, du miraculeux. Cette présence, cette énergie surnaturelle et agissante, s'appelle la *baraka*. Elle se répand sur tous ceux qui fréquentent le saint en l'aimant. C'est ici l'essence du soufisme confrérique populaire, que l'on appelle parfois le maraboutisme. La religiosité populaire est fondée sur un rapport intime avec les grands saints, vivants – ou morts, car leur présence bénéfique se manifeste aussi auprès de leurs tombeaux ; la mort du saint ne signifie en effet nullement une baisse de la dévotion à son égard, c'est bien souvent le contraire qui a lieu. Le culte des saints se déploie souvent à l'occasion des fêtes anniversaires des *walî* : ce sont des phénomènes sociaux qui peuvent prendre localement une importance considérable. Les docteurs de la Loi, les fondamentalistes critiquent beaucoup ces rituels qu'ils considèrent comme païens, étrangers à l'esprit du monothéisme islamique. Dans certains pays, la condamnation est radicale : l'Arabie saoudite, où règne le wahhabisme, a interdit toute activité des confréries mystiques sur son sol. Mais pour les dévots, l'amour des saints est indissociable de l'amour de Dieu et du Prophète. Les saints se manifestent à eux de façon courante, dans les rêves, dans les visions.

Actuellement, au XXIe siècle, quels peuvent encore être le rôle et le poids effectif de la mystique et de la sainteté ? Les mouvements soufis semblent souvent affaiblis. La triple attaque qu'ils ont subie de la part des modernistes laïcs, de la gauche marxiste (cf. l'ex-Union soviétique, l'Albanie) et surtout du fondamentalisme (wahhabite notamment) a fait reculer l'influence des confréries. Mais le soufisme reste néanmoins pratiqué par des millions de croyants. Localement, il peut même représenter une force considérable.

III

Le chiisme

Le chiisme est sans doute la plus vieille tendance religieuse de l'islam, puisque ce qui peut être considéré comme son noyau primitif remonterait au premier « parti » (*shî'a*) né dans la communauté musulmane et constitué par les « légitimistes » qui revendiquaient en faveur de 'Alî, cousin germain et gendre du Prophète, et de ses descendants le droit exclusif de guider les croyants après la mort de ce dernier survenue en 632. En effet, après la disparition de Muhammad, deux conceptions concernant sa succession seraient entrées en conflit. Une majorité de fidèles de la nouvelle religion d'Arabie déclarait que le Prophète n'avait désigné personne à sa succession de manière explicite. Elle eut ainsi recours à la tradition ancestrale tribale de l'élection d'un chef : un conseil formé de quelques Compagnons de Muhammad et des membres influents des plus puissants clans des tribus mecquoises nomma un sage d'un âge respectable appartenant à la même tribu que le Prophète : Abû Bakr, vieux Compagnon et l'un des beaux-pères de Muhammad, fut choisi, devenant ainsi le premier calife (*khalîfa*, successeur) de la nouvelle communauté. Du groupe de ses partisans dérivera plus tard le courant que l'on appellera le sunnisme.

Face à ces derniers se trouvaient les « Alides », les partisans de 'Alî. Ils prétendaient que Muhammad, son cousin, ami intime et beau-père, l'avait clairement désigné comme son successeur, et ce en de nombreuses occasions et de différentes manières. Selon eux, il ne pouvait en être autrement : comment le Prophète aurait-il pu laisser la question cruciale de sa succession en suspens ? Est-il pensable qu'il ait été indifférent au sort de sa communauté, au point de laisser dans le flou la direction de celle-ci ? Ce serait contraire même à l'esprit du Coran selon lequel les grands prophètes du passé ont toujours leurs successeurs élus parmi les membres les plus proches de leur famille, privilégiés par les liens du sang, initiés aux secrets de leur religion. Par ailleurs les relations de parenté et de compagnonnage privilégiées qui liaient les deux hommes, et le fait que 'Alî était le père de la seule descendance mâle de Muhammad constituaient eux aussi des facteurs de légitimité décisifs aux yeux des Alides. Pour ces derniers, que l'on appellera plus tard les chiites, 'Alî était donc ce légataire élu, désigné explicitement par Muhammad et soutenu par le Coran. 'Alî est ainsi considéré par les chiites comme leur premier *imâm* (guide, commandant, chef). Désignant le véritable dirigeant de la communauté, même s'il ne détient pas le pouvoir effectif, la figure de l'imam, comme nous allons le voir, devient la notion centrale du chiisme, qui n'utilise jamais le terme de « calife » pour nommer son chef.

Le chiisme est donc aussi ancien que le litige sur la succession du Prophète. Pour autant, il ne se réduit pas à cette question politico-religieuse. Cela d'autant plus que très rapidement, probablement après le massacre de l'imam Husayn à Karbalâ (voir, p. 91, le Tableau généalogique des imams et des grandes branches du chiisme), la branche principale du chiisme renoncera à tenter de prendre le pouvoir par les armes. Le légitimisme alide sert seulement comme un point de départ pour de monumentaux développements doctrinaux. La problématique centrale de « l'héritage prophétique », considéré comme le legs sacré de Dieu confié aux hommes, y trouvera des significations complexes, religieuses. Celles-ci jetteront leur lumière propre sur les événements historiques. C'est la raison pour laquelle, bien que cela puisse paraître inhabituel, il nous semble plus pertinent et plus éclairant de présenter les spécificités doctrinales avant l'évolution historique. C'est que dans le chiisme, l'histoire des doctrines va de pair avec l'histoire tout court, si elle ne la détermine pas pour une large part.

A. Fondements spirituels

En se fondant sur les textes, et ce dès les sources les plus anciennes qui nous sont parvenues, on peut rapidement se rendre compte que le véritable pivot autour duquel gravite toute la doctrine chiite, c'est la figure de l'imam. Alors que dans le sunnisme, ce terme, désignant un quelconque dirigeant ou savant religieux, ne jouit d'aucune importance particulière, pour les chiites, il s'agit d'un titre véritablement sacré. En résumant à l'extrême, on pourrait même dire que le chiisme est une « imamologie ». En effet, de la théologie à l'éthique, du droit à l'exégèse, de la cosmologie au rituel, de la philosophie à l'eschatologie, tous les aspects doctrinaux, tous les chapitres de la foi sont déterminés en dernier lieu par une conception particulière de cette figure de « Guide » et ne trouvent de sens que par rapport à lui. La religiosité chiite est élaborée autour d'une double vision du monde.

1) Il y a d'abord ce que l'on pourrait appeler la « **vision duelle** » du monde. Selon celle-ci, toute réalité, de la plus sainte à la plus banale, possède au moins deux niveaux : un niveau manifeste, apparent (*zâhir*) et un niveau secret, non manifeste (*bâtin*), caché sous le niveau apparent et pouvant contenir à son tour d'autres niveaux encore plus secrets (*bâtin al-bâtin*). Cette dialectique du manifeste et du caché, de l'exotérique et de l'ésotérique, constitue un credo fondamental, omniprésent chez les penseurs mais imprégnant aussi les croyances de la masse des fidèles. Elle est en œuvre dans différentes disciplines religieuses.

En théologie, par exemple, Dieu lui-même comprend deux niveaux d'être. D'abord, celui de l'Essence, à jamais inconcevable, inimaginable, au-delà de toute intelligence, de toute pensée. Ce niveau caché, l'ésotérique de Dieu, est le niveau de l'Inconnaissable. Mais si les choses en restaient là, aucune communication ne serait possible entre le Créateur et les créatures. Alors Dieu, dans sa bonté, fit créer, en son propre être, un autre niveau : celui de ses Noms et Attributs à travers lesquels Il se révèle et se fait connaître. Ce niveau révélé, l'exotérique de Dieu, n'est plus l'inconnaissable absolu mais l'Inconnu qui aspire à être connu. Or, ces Noms divins agissent dans la création à travers des lieux de manifestation, des véhicules ou des « Organes » divins en quelque sorte. L'Organe divin par excellence, le plus haut lieu de manifestation de ce qui se révèle, est un être métaphysique que la littérature chiite appelle le plus souvent l'Imam (on l'écrira dans ce sens avec un « I » majuscule), Homme cosmique dont la connaissance équivaut à la connaissance de ce qui peut être connu en Dieu, objectif ultime de la création. Ainsi l'Imam cosmique est identique à la Face manifestée de Dieu, au Dieu révélé.

Or, l'Imam cosmique possède lui aussi une face cachée et une face révélée. Son ésotérique, sa dimension secrète, c'est justement son aspect métaphysique, cosmique. Son exotérique, son niveau apparent, son lieu de manifestation, ce sont les imams historiques terrestres (avec un « i » minuscule) des différents cycles de l'Histoire sainte de l'humanité. Nous arrivons déjà à un autre aspect de la doctrine, celle qui concerne les prophètes. Pour les chiites en effet, chaque grand prophète est accompagné dans sa mission d'un ou de plusieurs imams. Ces grands envoyés sont reliés entre eux par une chaîne ininterrompue de prophètes, imams et saints « mineurs » et forment ensemble la grande famille initiatique des « Amis de Dieu », les porteurs et transmetteurs de l'Alliance divine (*walâya*), terme central dans le chiisme, synonyme de l'imamat. Ce sont eux, hommes et femmes de Dieu, les lieux de manifestation de l'Imam cosmique, sa face révélée.

Passons au chapitre de l'interprétation des textes sacrés. Les Amis de Dieu font parvenir aux hommes la Parole de Dieu. Celle-ci est révélée, à des moments particuliers, à travers des Écritures saintes, amenées par des grands prophètes législateurs, fondateurs de nouvelles religions. Or, la Parole divine, offerte grâce à la Révélation sous forme d'un Livre, possède, elle aussi, un aspect apparent, exotérique, et un aspect secret, ésotérique ; une « lettre » sous laquelle est caché un « esprit », pour reprendre l'expression de saint Paul. La mission du prophète consiste à présenter la lettre de la Révélation, son niveau exotérique, « ce qui est descendu » (*tanzîl*), à une majorité de gens, à la masse des fidèles de sa communauté (*'âmma*). Comme on vient de le dire, il est toujours accompagné dans sa mission d'un ou de plusieurs imams. Les listes les plus récurrentes donnent par exemple Abel comme imam d'Adam, Sem comme imam de Noé, Ismaël comme celui d'Abraham, Aaron ou Josué pour Moïse, Simon Pierre ou l'ensemble des Apôtres pour Jésus, enfin, bien entendu 'Alî et ses descendants pour Muhammad. La mission du (ou des) imam(s) consiste à faire connaître l'esprit du Livre, son niveau ésotérique révélant les secrets de son origine (*ta'wîl* ; terme signifiant aussi l'exégèse spirituelle de l'Écriture), non pas à tous, mais à une minorité d'initiés, à l'élite de la communauté (*khâssa*). Cette minorité d'initiés sont les « chiites » de chaque religion, introduits par l'imam de cette religion aux arcanes de l'Écriture fondant celle-ci. Ce caractère minoritaire est donc revendiqué comme un signe d'élection. Dans le chiisme, le Coran est appelé le Livre silencieux ou « le Guide muet », alors que l'imam est dit être « le Coran parlant » ; car sans l'imam, le Coran reste mutilé de son sens le plus profond. Ainsi le prophète est le messager de la religion exotérique que la terminologie chiite appelle *islâm*, littéralement « soumission ». Parallèlement, l'imam est l'initiateur à la religion spirituelle cachée sous la lettre appelée *îmân*, littéralement « foi ». Les gens de la foi, « les croyants fidèles », les *mu'min*, sont donc, selon ce vocabulaire technique, les initiés aux secrets de la religion, les hommes de l'ésotérique, les adeptes des imams, en un mot les chiites. Une distinction supplémentaire, plus subtile, est également établie au sein même du chiisme, entre les chiites superficiels et les vrais chiites (l'élite de l'élite, *khâssa al-khâssa*) ; c'est-à-dire respectivement ceux qui se contentent des aspects exotériques de l'enseignement des imams et ceux qui cherchent à assimiler aussi les dimensions secrètes de celui-ci. Les chiites exotéristes et les chiites ésotéristes en quelque sorte.

2) La seconde vision du monde spécifiquement chiite est « **une vision dualiste** ». Selon celle-ci, l'Histoire de la création, c'est l'histoire d'un combat cosmique entre les forces du Bien et celles du Mal, entre la lumière et l'obscurité. On peut dire qu'ici le Bien c'est la connaissance comme le Mal c'est l'ignorance. Les mythes chiites de la création rapportent que ce qui marque l'univers dès son origine, c'est un combat entre « les armées de l'Intelligence » et « les armées de l'Ignorance », respectivement symboles et archétypes de l'Imam et ses adeptes d'une part, l'Ennemi de l'Imam et ses partisans d'autre part. Cette guerre primordiale se répercute d'âge en âge à tous les cycles de l'Histoire. Et il en sera ainsi jusqu'à la « Fin du Temps » et l'avènement du Mahdî, le sauveur eschatologique qui vaincra définitivement les puissances du Mal. C'est qu'à l'avènement de chaque religion, à cause de l'usurpation du pouvoir par les Guides de l'injustice, il se forme au sein de la communauté une majorité qui, tout en étant soumise à la lettre de cette religion, refuse de croire en l'existence d'un esprit caché sous la lettre. Cette majorité, dirigée par ces Guides de l'ignorance, ampute ainsi sa religion de ce qu'elle a de plus profond, se condamnant à la décadence et à la violence. Ce sont ceux que les chiites appellent les Gens de l'exotérique, des apparences, de la superficie (*ahl al-zâhir*), les soumis à la seule religion littérale ou encore les « musulmans égarés » (*muslim dâll*). Ainsi, sur le plan purement doctrinal, un chiite initié se sentira plus proche d'un « chiite » juif ou chrétien (c'est-à-dire un initié à l'ésotérisme du judaïsme et du christianisme) que d'un musulman sunnite exotériste, considéré comme un adversaire.

L'histoire du chiisme est marquée de fréquentes persécutions, d'intimidations et de massacres de masse perpétrés par différents pouvoirs sunnites, par les Omeyyades et les Abbassides en particulier. Dans un tel contexte historique, la vision dualiste s'explique, et fonde deux facteurs importants de la vie religieuse chiite. D'abord la discrétion. En effet, pour protéger sa propre sécurité, celle de son Guide et de ses compagnons ainsi que l'intégrité de ses croyances, la discipline de l'arcane (*taqiya* ou *kitmân*) est une obligation canonique pour le chiite. Sous le « gouvernement de Satan », le dévoilement des enseignements secrets ne suscite pas seulement incrédulité ou raillerie, mais anathème, persécution et violence. Ensuite, quelque chose relevant de l'ordre du sentiment : le fidèle chiite est constamment appelé à un amour sans faille, à une fidélité à toute épreuve et à une soumission consentie envers son imam, autant de vertus requises d'un disciple à l'égard de son maître. En même temps, le fidèle est instamment invité à se dissocier des adversaires de son bien-aimé maître. C'est que dans un univers régi par la guerre et ses contraintes entre les forces de la connaissance et celles de la contre-initiation, l'alliance sacrée (*walâya*) avec le Guide ne peut être complète que si elle est accompagnée de la dissociation sacrée (*barâ'a*) envers ceux qui ne cherchent qu'à anéantir la véritable connaissance et ses détenteurs. Nous allons revenir à l'analyse de la notion de *walâya*.

B. Principales branches

La dévotion chiite est entièrement concentrée sur un ensemble de personnages ainsi constitué : le prophète Muhammad, sa fille Fâtima, son gendre 'Alî et les autres imams descendant de ces deux derniers par leurs deux fils Hasan et Husayn. La lignée et le nombre des imams ont été sujets de divergence et déterminèrent la division du chiisme en d'innombrables tendances et courants. Parmi ceux-ci seules trois grandes branches survécurent, constituant jusqu'aujourd'hui les principales familles spirituelles du chiisme (voir aussi, p. 91, le Tableau généalogique des imams et des grandes branches du chiisme).

1) Les zaydites tirent leur nom de Zayd, fils de 'Alî Zayn al-'Âbidîn (petit-fils de 'Alî), appelés aussi par commodité « les chiites à cinq imams ». La répression abbasside poussa ces chiites à trouver refuge et à créer des gouvernements dans des endroits éloignés des capitales de l'empire musulman. La dynastie zaydite du Yémen, fondée au IXe siècle, ayant connu de nombreuses divisions et subdivisions, ne fut renversée qu'en 1962 par une révolution militaire pronassérienne. Héritiers d'une riche tradition intellectuelle datant de toute la période médiévale, les zaydites sont aujourd'hui près de cinq millions, soit la moitié de la population yéménite.

2) **Les ismaéliens** sont les fidèles d'Ismâ'îl, fils aîné de l'imam Ja'far al-Sâdiq, appelés pour cette raison des chiites septimains (voir, p. 91, le Tableau généalogique des imams et des grandes branches du chiisme) ou encore, de manière inadéquate, « les chiites à sept imams ». Cette appellation commode est inexacte. L'imamologie ismaélienne, fondée sur une théorie cyclique et divisée en périodes de « voilement » et de « dévoilement », est en fait beaucoup plus complexe ; pour la grande majorité des ismaéliens, l'imamat est ininterrompu jusqu'à nos jours. L'ismaélisme a su garder, dans ses nombreuses subdivisions et branches, une dimension ésotérique teintée de philosophie, fondée à la fois sur les enseignements des imams et sur des traditions d'origines diverses (iranienne, néoplatonicienne, néopythagoricienne, gnostique, etc.) magistralement intégrées à la doctrine. Les différentes formes d'ismaélisme se firent également remarquer, pendant le Moyen Âge, par leur importance sur le plan historique et politique. Le mouvement Carmate (IXe-Xe siècles), incluant dans son programme un système égalitaire et la lutte armée contre le pouvoir sunnite des Abbassides, connut une propagation fulgurante dans la région du golfe Persique. Le califat parallèle des Fatimides, les bâtisseurs du Caire et d'al-Azhar, la plus vieille université du monde, régna plus de deux siècles (Xe-XIIe siècles) sur l'Égypte, une grande partie de l'Afrique du Nord et quelques régions de la Syrie. À la mort du sixième imam-calife fatimide al-Hâkim en 1021, certains fidèles le considérèrent comme vivant mais occulté et comme le Sauveur attendu. Ils seront connus sous l'appellation Druzes. Actuellement plusieurs centaines de milliers dans le sud

de la Syrie, au Liban et en Israël, ils considèrent depuis quelques siècles leur système de croyance comme une religion à part entière, indépendante de l'islam. Mais le schisme le plus important survint à la mort de l'imam calife fatimide al-Mustansir en 1094, lorsque les fidèles se scindèrent en deux factions bientôt rivales des musta'lites et des nizarites, qui, à leur tour, connurent de nombreuses subdivisions. Les quelques millions de fidèles musta'lites se trouvent aujourd'hui principalement au Yémen et en Inde où ils sont connus sous le nom de Bohra. Les nizarites, quant à eux, eurent une active et fructueuse propagande en Orient et surtout en Iran et plus tard en Syrie. Appelés « Assassins » par les chroniqueurs médiévaux des croisades, leur château fort d'Alamut en Iran septentrional devint un lieu de « légende noire », laquelle occulte complètement l'extrême richesse intellectuelle et spirituelle d'un mouvement qui compta de nombreux penseurs, philosophes et mystiques. Après l'invasion mongole et la chute d'Alamut au XIIIe siècle, les imams nizarites entrèrent dans la clandestinité et les fidèles, cachant leur identité doctrinale, rejoignirent les confréries mystiques sunnites. La grande majorité des ismaéliens actuels sont issus d'une branche nizarite. Ils seraient entre quinze et vingt millions, étant donné l'absence de statistiques fiables dans beaucoup de pays. La plupart d'entre eux vivent également en Inde, mais des communautés dispersées se trouvent aussi en Asie centrale, en Afrique orientale, en Europe et en Amérique du Nord. Depuis leur sortie de clandestinité aux confins des XVIIIe et XIXe siècles, les imams reconnus par la majorité appartiennent à la célèbre famille d'origine iranienne des Aga Khan.

3) Enfin, **le chiisme duodécimain** (à douze imams) ou imamisme constitue la branche de loin majoritaire du chiisme. Il comprend actuellement entre cent cinquante millions et cent quatre-vingts millions de fidèles répartis surtout dans les pays du Proche et du Moyen-Orient. Ils sont majoritaires en Iran (où l'imamisme est religion d'État depuis le XVIe siècle), en Irak, en Azerbaïdjan, à

Bahreïn. De très grandes communautés duodécimaines vivent en Inde et au Pakistan, dans toute l'Asie centrale et le Caucase. Pour les imamites, la lignée des imams de Muhammad comprend 'Alî, les deux fils que ce dernier a eus avec son épouse Fâtima à savoir Hasan et Husayn et neuf des descendants de Husayn. Parmi ceux-ci Muhammad al-Bâqir, Ja'far al-Sâdiq, Mûsâ al-Kâzim et 'Alî al-Ridâ, soit respectivement du cinquième au huitième imam, sont particulièrement importants à cause surtout de la place qui leur est attribuée dans la genèse et la transmission des traditions spirituelles. Le douzième et dernier de la lignée, Muhammad fils de Hasan 'Askarî, est considéré comme le Mahdî, le Sauveur de la Fin des Temps, occulté une première fois en 874 et puis définitivement en 940 et de ce fait appelé « l'imam caché ». La présence invisible du douzième imam cristallise autour d'elle toute l'attente eschatologique, avec son lot de justice et de bonheur à venir, de la communauté imamite.

Ajoutons à ces chiffres quelques dizaines d'autres millions de chiites qui ne disent pas toujours leur nom : Nusayris-Alaouites de Syrie, Bektashis et Alévis de Turquie, Ahl-i Haqq kurdes. Ainsi, les chiites, minoritaires il est vrai au sein de l'islam, représentent tout de même entre 15 et 20 % des musulmans, soit plus de deux cents millions de personnes.

C. Les sources scripturaires

Tout comme le sunnisme, le chiisme (rappelons que, dorénavant, par chiisme nous entendons chiisme duodécimain ou imamite) reconnaît deux sources scripturaires qu'il considère constituer les fondements de l'islam en général et de ses propres doctrines en particulier : le Hadith et le Coran. Cependant, pendant les tout premiers siècles de l'hégire, la majorité des chiites n'avait pas la même perception et la même définition du corpus coranique. En outre, le corpus des hadiths chiites est totalement différent de son équivalent sunnite.

1) Le Hadith

Il s'agit du corpus des traditions remontant au Prophète, à sa fille Fâtima et aux douze imams, c'est-à-dire à l'ensemble des personnages saints appelé les Quatorze Impeccables. Dans ce corpus immense, qui compte plusieurs milliers de pages, la part dévolue aux imams est de loin supérieure à celles de Fâtima et de Muhammad. Par rapport au Hadith sunnite donc, le Prophète occupe une place assez discrète dans les traditions chiites. Cette position est récusée avec force par le sunnisme. Les chiites, de leur côté, dénient toute authenticité au hadith sunnite, sauf un certain nombre de traditions communes aux deux familles doctrinales, plus particulièrement dans le domaine juridique. La raison principale de cette dénégation, c'est que les plus importants chaînons de transmission des traditions sunnites, à savoir les Compagnons de Muhammad, sont considérés comme les pires traîtres à la mission de ce dernier et ne jouissent d'aucune crédibilité. Une tradition prophétique n'est même considérée comme authentique que lorsqu'elle est transmise par un imam.

Pendant les premiers temps de l'islam, la transmission semble avoir été effectuée principalement de manière orale. La mise par écrit aurait surtout débuté dans la première moitié du VIIIe siècle. En vertu de cette chronologie, la question délicate de l'authenticité des traditions rapportées par ces compilations se pose de manière moins aiguë pour les chiites puisque la personne de l'imam vivant, censé contrôler personnellement le contenu des compilations, est à leurs yeux une garantie nécessaire et suffisante de véracité de ce contenu. C'est sans doute pour cette raison que ce qu'on appelle « la science du Hadith » ne trouva sa forme définitive que beaucoup plus tard dans le chiisme, soit vers les XIIe et XIIIe siècles, après de nombreuses et très longues controverses.

Tout comme dans le sunnisme, le corpus du Hadith a eu un rôle capital dans l'élaboration, la consolidation et la perpétuation des doctrines. Auteurs et compilateurs de ce corpus sont considérés comme des héros de la foi. Ce fut en effet grâce à leurs infatigables efforts de recherche, de recueil et de rédaction des traditions que le chiisme, affaibli après une période de crise à l'époque des derniers imams, put progressivement reprendre ses couleurs jusqu'à devenir un des plus puissants courants religieux de l'islam. La spécificité de cet énorme corpus, c'est qu'il est fortement marqué par des données d'ordre ésotérique, initiatique et même parfois magique. Il semble reproduire, en la développant sans doute considérablement, l'ancienne tradition chiite.

2) Le Coran

Les recueils chiites de Hadith rapportent, jusqu'au milieu du Xe siècle, un grand nombre de traditions remontant aux imams, traitant d'un sujet aux conséquences si graves que la grande majorité des chiites va l'abandonner à partir de cette époque, reniant ses propres traditions antérieures : le texte officiel du Coran, appelé la vulgate 'uthmânienne (du nom du troisième calife 'Uthmân), n'est qu'une version censurée, altérée de la véritable révélation faite à Muhammad. D'une manière générale, cette vulgate officielle a mis beaucoup de temps à être acceptée de tous, et cela ne se fit pas sans violence. Les sources de différentes natures évoquent par exemple le cas de quelques Compagnons du Prophète, certains parmi les khârédjites ou encore quelques penseurs mu'tazilites, ayant sérieusement mis en doute l'authenticité et donc la légitimité de la recension officielle. Cependant aucun courant religieux ne dispose autant que le chiisme ancien de données multiples, concordantes et systématiques concernant la mise en question de l'intégrité de cette recension du Coran. Il y a d'abord les indications que l'on pourrait qualifier d'indirectes. Certains propos attribués aux imams utilisent, en parlant de la vulgate 'uthmânienne, des termes comme « falsification », « altération », « changement » pour décrire ce qu'ont fait subir les adversaires de Muhammad et de 'Alî au Coran originel. Ensuite, il y a des indications directes, elles aussi plus ou moins diluées dans l'énorme corpus du Hadith. D'après celles-ci, à la mort du Prophète, seul ʻAlî, le vrai initié et héritier de Muhammad et son plus intime ami et secrétaire, détenait une recension complète de la Révélation. Ce Coran originel intégral est près de trois fois plus volumineux que la vulgate officielle. La majorité des Compagnons, Abû Bakr et ʻUmar – les deux premiers califes – en tête, rejetèrent ce texte et mirent au point un texte falsifié, puisque amputé de ses parties les plus importantes, volume établi et déclaré officiel par le troisième calife ʻUthmân qui ordonna la destruction des autres recensions. C'est que, selon les traditions chiites, cette Révélation originelle contenait un grand nombre de versets où ʻAlî et les descendants du Prophète – notamment Fâtima et les imams – étaient nommément cités comme des modèles et des guides par excellence de la communauté. D'autres versets, tout aussi nombreux, dénonçaient explicitement les hommes puissants de la tribu de Quraysh et leur traîtrise à l'égard de Muhammad, de son Livre et de sa religion. De plus, la Révélation intégrale contenait, sous une forme condensée ou symbolique, les mystères du ciel et de la terre, les événements du passé, du présent et de l'avenir. Tout cela fut censuré dans la version officielle « étatique ». Rejeté, menacé de destruction, le Coran intégral fut caché par ʻAlî. Il fut ensuite transmis secrètement d'imam à imam pour être révélé à tous, lors de l'avènement eschatologique de l'imam sauveur des Fins des Temps. D'ici là, les musulmans devront se contenter de la version censurée et déformée de la vulgate ʻuthmânienne, version issue de la trahison des Compagnons qui signèrent, par leur orgueil impie, la déchéance de la communauté dans sa majorité, en écartant ʻAlî de la succession du Prophète et en amputant le Livre de ce qu'il avait de plus profond.

De la monographie de Sayyârî sur la falsification du Coran jusqu'aux grands recueils de ʻAyyâshî ou de Kulaynî, pratiquement toutes les compilations anciennes de hadiths chiites datant du IXᵉ siècle et du début du Xᵉ siècle rapportent un nombre plus ou moins grand de traditions des imams contenant des citations du « Coran intégral », citations qui ne figurent donc pas dans le

Coran que l'on connaît. Un exemple significatif, parmi beaucoup d'autres (les mots et expressions ne figurant pas dans la vulgate sont écrits en italique) : « Ils ne trouveront pas ensuite en eux-mêmes la possibilité d'échapper à ce que tu auras décidé *au sujet de la cause de l'Ami divin* (*i.e.* l'imam) et ils se soumettront *à Dieu pour obéir* d'une manière totale/Si Nous leur avions prescrit : "Faites-vous tuer *et soumettez-vous totalement à l'imam*" ou bien "Quittez vos demeures *pour lui*", ils ne l'auraient pas fait à l'exception d'un petit nombre... » (4, v. 65-66).

Parmi les traditionnistes illustres, Ibn Bâbawayh († 991) semble être le premier non seulement à passer sous silence ces données, mais à adopter une position identique aux sunnites : le Coran officiel est identique au Coran révélé au Prophète. Cette attitude deviendra progressivement, à partir de cette époque, celle du courant majoritaire du chiisme duodécimain. C'est qu'entre-temps étaient survenus deux événements majeurs : 1) l'Occultation du douzième et dernier imam, devenu ainsi « l'imam caché », mettant un terme à la période des imams historiques et 2) l'arrivée au pouvoir des vizirs Bouyides chiites (de 945 à 1055) à Bagdad et leur prise de contrôle du califat sunnite abbasside. Une des conséquences capitales de cette évolution fut la suppression ou la redéfinition des points de divergence générateurs de violence avec le sunnisme. Dans ce contexte, mettre en doute l'intégrité du livre officiel, c'était ni plus ni moins contester l'islam. Ce que les juristes-théologiens chiites protégés des Bouyides, eux-mêmes « protecteurs du califat », ne voulaient ni ne pouvaient se permettre.

Ainsi, la thèse de la falsification du Coran officiel fut abandonnée par les théologiens et exégètes du courant désormais dominant du chiisme duodécimain, et progressivement oubliée par la masse des chiites. Et pourtant à chaque époque, il y eut des auteurs, et non des moindres, qui – par fidélité à la tradition primitive – professèrent de nouveau cette thèse. Ainsi, entre les deux sources scripturaires de l'islam, le Coran et le Hadith, les Rationalistes accordent leur confiance à la première et les Traditionalistes plutôt à la seconde. Le sujet reste encore de nos jours d'une actualité brûlante. Dans les écrits polémiques sunnites et notamment wahhabites contre les chiites (que l'on trouve aussi bien sur papier que sur internet), ces derniers sont très souvent déclarés « hérétiques » à cause de leur mise en question de la version officielle du Coran. Dans leurs réponses, les savants chiites, cherchant à prouver leur « orthodoxie », s'en défendent en argumentant que, depuis plus d'un millénaire, seule une poignée d'auteurs parmi eux ont défendu cette thèse-là et que le reste des chiites ont toujours vénéré, médité, pratiqué, lu et commenté le même Coran que tous les autres musulmans.

D. Initiation et niveaux de la foi

Ce qui vient d'être dit souligne encore une fois s'il en était besoin l'importance de l'enseignement des imams véhiculé par le Hadith, considéré comme le seul moyen d'explicitation du livre énigmatique qu'est le Coran. Rappelons-nous les expressions doctrinales chiites désignant le Coran comme « le Guide muet » et l'imam comme « le Coran parlant ». Le chiisme se présente ainsi comme une religion dont l'objectif est le dévoilement des sens cachés de l'Écriture. Ainsi la foi chiite, désignée par le terme complexe de *walâya*, se perçoit comme la dimension ésotérique du message prophétique. C'est la raison pour laquelle la compréhension de la foi et des différents niveaux de l'enseignement initiatique passe par celle des différents niveaux de sens de la *walâya*. Le terme signifie à la fois « proximité, amitié, amour, alliance » mais aussi « pouvoir, autorité » ou encore « charisme » et « sainteté ». Dans son acception technique chiite, il possède, tout en gardant tous les sens que l'on vient de mentionner, deux significations principales, l'une en relation avec le croyant fidèle, l'autre avec la figure de l'imam.

La *walâya* désigne l'amour, la fidélité, la dévotion et la loyauté que le fidèle-disciple doit à son imam-maître initiateur. « La *walâya*, c'est l'amour », selon le mot lapidaire attribué à l'imam Ja'far. Il aurait également déclaré : « Par

Dieu, si une pierre nous aime, Dieu la ressuscitera avec nous. La foi est-elle autre chose que l'amour ? » Ou encore : « Toute chose a un fondement. Le fondement de l'islam, c'est l'amour à notre égard, nous les Gens de la famille prophétique » (*i.e.* les Quatorze Impeccables). Cependant, dans une doctrine marquée, comme nous l'avons vu, par une conception dualiste du monde, l'amour du maître de sagesse qu'est l'imam ne peut aller sans la haine à l'égard de son ennemi. La *walâya* est donc inséparable de son contraire, la *barâ'a*, la dissociation à l'égard des forces de l'ignorance.

La *walâya* signifie en même temps la mission sacrée des imams et, en ce sens, elle est synonyme de la guidance temporelle et spirituelle des fidèles. On pourrait la traduire aussi par « saint pouvoir » puisqu'il s'agit d'une autorité octroyée par élection divine. Si l'imam est ainsi appelé à diriger sa communauté après le départ du prophète, c'est que la *walâya* constitue, selon la vision duelle que l'on a vue plus haut, le complément indispensable de la prophétie. Le prophète apporte la lettre de la Révélation à la majorité des fidèles, alors que l'imam initie une minorité de fidèles à l'esprit de la Parole divine. « Il y a quelqu'un parmi vous, aurait dit Muhammad, qui combat pour le sens caché spirituel du Coran comme moi-même j'ai combattu pour la lettre de sa Révélation, et cette personne c'est 'Alî. » Toujours en relation avec la personne de l'imam, la *walâya* désigne également la nature essentielle du Guide divin, c'est-à-dire sa réalité secrète en tant que lieu de manifestation des Noms et Attributs divins. Ce dernier sens du terme constitue en quelque sorte le secret ultime du chiisme : la doctrine de la divinité du Guide spirituel, horizon spirituel et modèle par excellence du fidèle initié. Ainsi, dans ses différentes strates, la *walâya* chiite possède plusieurs sens distincts mais en même temps complémentaires et interdépendants : car la mission de l'imam historique est l'initiation à la religion d'amour de la Face de Dieu qu'est l'Imam spirituel cosmique. C'est à cause de cette importance centrale, qu'un très grand nombre de hadiths chiites insistent sur le fait que le Coran « intégral originel » évoquait explicitement ce concept qui constitue le véritable sens et le centre de gravité de toute religion. C'est pour les mêmes raisons que la *walâya* est comptée dans le chiisme parmi les piliers de l'islam, au même titre que la profession de foi, la prière canonique, le jeûne, l'aumône ou le pèlerinage à La Mecque, et souvent présentée comme le pilier central qui soutient et donne sens aux autres. Sans la *walâya*, point de religion.

Ces multiples couches doctrinales se reflètent aussi bien dans le rôle et la définition de l'imam en tant que Guide divin, que dans les différents enseignements et disciplines religieux. L'imam est d'abord le maître incontestable des matières religieuses proprement dites, le savant des sciences exotériques. Son auditoire est ici composé de toutes sortes de disciples : des chiites initiés et non initiés bien entendu, mais aussi des non-chiites. Présentés sous cet aspect, les imams chiites sont également respectés – en plus de leur statut honorable de membres privilégiés de la famille du Prophète – en tant qu'autorités religieuses, par la tradition sunnite. Et pour cause, l'enseignement exotérique de l'imam ne présente pas de traits spécifiquement chiites et peut donc être entendu et appris, sans les choquer, par des non-chiites. À ce niveau, l'enseignement de l'imam comprend par exemple les matières juridiques, la théologie et l'exégèse coraniques exotériques.

À un niveau médian, la figure de l'imam est révélée à travers un enseignement initiatique destiné exclusivement aux chiites. Enfin, l'imam en tant que Face révélée de Dieu constitue l'ésotérique de l'ésotérique (*bâtin al-bâtin*) de l'enseignement chiite, le secret le mieux gardé de la *walâya*. Il n'est révélé qu'aux disciples intimes ayant reçu une initiation particulière faisant d'eux des « croyants éprouvés par Dieu pour la foi ». Ce niveau semble comprendre l'enseignement des couches les plus secrètes des disciplines religieuses, c'est-à-dire les doctrines ésotériques spécifiquement chiites, mais aussi des pratiques initiatiques telles que des prières secrètes, les pouvoirs liés à un certain corps de connaissance comme par exemple le Nom Suprême de Dieu ou encore certains rituels ou « exercices » comme « la vision par le cœur » qui consiste à atteindre la vision de l'imam intérieur, sous forme de lumière, dans le centre subtil du cœur.

E. Évolution historique : entre tradition et idéologisation

Il s'agit ici d'offrir quelques jalons importants de l'histoire du chiisme et d'essayer en même temps d'apporter une explication à ce qu'il convient d'appeler « le paradoxe du chiisme » : comment une doctrine qui se définit, dans ses sources fondatrices, comme un enseignement ésotérique et mystique de type quiétiste et apolitique a pu donner naissance en son sein à une idéologie politique telle que le khomeynisme, idéologie qui se trouve à la base de la révolution iranienne de 1978-1979 et qui marqua le début du développement mondial d'un islamisme activiste ?

Selon Henry Corbin, l'histoire du chiisme imamite duodécimain peut être divisée en quatre périodes :

1) Les imams historiques

La première est celle des imams historiques, allant du VIIe au Xe siècle de l'ère commune. Elle est également celle de leurs disciples et adeptes dont certains, véritables penseurs, ont joué un rôle important dans l'élaboration des doctrines chiites. La fin de cette période, qui se termine avec ce que la tradition appelle l'Occultation du douzième imam survenue en 940, correspond à l'avènement d'un fait majeur : la rédaction systématique des premières compilations de traditions, c'est-à-dire la genèse et le développement du corpus du Hadith chiite, contenant l'ensemble des enseignements sacrés attribués aux Quatorze Impeccables, le prophète Muhammad, sa fille Fâtima et les douze imams.

2) De « l'Occultation » à l'invasion mongole

La deuxième période s'étend de l'Occultation du dernier imam, désormais appelé « l'imam caché », à l'invasion mongole au milieu de notre XIIIe siècle. Le début de cette période est marqué par la continuation de la rédaction du corpus du Hadith. Cette époque correspond aussi à l'arrivée au pouvoir des Bouyides chiites au centre du califat et à la formation d'une puissante école de théologiens rationalistes appelée l'École de Bagdad ; il s'agit du courant fondé par Shaykh Mufîd et ses grands disciples. C'est l'époque des grands commentateurs rationalistes du Coran comme Shaykh Tûsî au XIe siècle et Tabrisî au XIIe siècle. Le dernier grand nom de cette période est indéniablement le grand savant Nasîr al-Dîn Tûsî († 1273), mathématicien, astronome, théologien, philosophe et sans doute un des plus grands commentateurs d'Aristote et d'Avicenne.

3) De l'invasion mongole à l'avènement des Safavides

Une troisième période va de l'invasion mongole à l'avènement des Safavides en Iran en 1501 et la déclaration du chiisme comme religion d'État. C'est un temps particulièrement fécond qui voit d'une part l'assimilation, par la pensée chiite, de la philosophie, celle d'Avicenne en particulier, et la formation de « dynasties » de sages avicenniens, singulièrement à Bahreïn, un des centres intellectuels et spirituels les plus riches du chiisme de l'époque, ainsi qu'à Ispahan qui verra la formation de plusieurs familles de philosophes, les Dashtakî et les Davânî notamment. C'est aussi l'époque de l'accueil de deux courants mystiques majeurs : le courant « occidental », issu du grand théosophe andalou Ibn 'Arabî et le courant « oriental » remontant au célèbre sage d'Asie centrale Najm al-Dîn Kubrâ († 1220).

4) Du XVIe siècle à nos jours

La dernière période est celle qui commence avec les Safavides au XVIe siècle et s'étend jusqu'à nos jours. Elle voit la formation du « clergé » chiite et le pouvoir grandissant des religieux (voir plus loin) ; elle est aussi, en Iran notamment, celle d'une véritable Renaissance dans les domaines de la littérature, des beaux-arts, de l'architecture et aussi de la philosophie et de la mystique. Les grandes cités iraniennes deviennent des centres de l'étude, de la transmission et de la production de grandes œuvres philosophiques sous la direction de penseurs décisifs : l'École d'Ispahan avec Mîr Dâmâd († 1631), l'École de Chiraz avec Mollâ Sadrâ († 1640), ou encore les Écoles de Sabzevar, de Mashhad et de Téhéran. Ces courants philosophiques sont encore vivants, grâce surtout à l'enseignement régulier de cette discipline dans les écoles théologiques chiites. Cette période est également marquée par la naissance et le développement des confréries mystiques proprement chiites.

F. Racines anciennes d'une politisation

Pour comprendre l'idéologisation d'une partie du chiisme, celle qui aboutit à la révolution khomeyniste en Iran fondée sur la notion centrale du « pouvoir charismatique du docteur de la Loi » (*walâya al-faqîh* ; selon certains il faut dire *wilâya*, mais cela revient au même), il semble nécessaire de rappeler quelques « moments » historiques constituant autant de tournants majeurs.

D'abord, il faut remonter jusqu'au Xe siècle de l'ère commune correspondant au IVe siècle de l'hégire. Cette période glorieuse de l'âge d'or de la culture et de la civilisation islamique fut également un tournant pour le chiisme et cela pour plusieurs raisons. Premièrement, ce siècle est le « siècle chiite » de l'islam. Les princes chiites iraniens de la famille des Bouyides régnèrent en maîtres à Bagdad, capitale de l'empire, où les califes abbassides sunnites ne furent, pendant plus d'un siècle, que de simples pantins entre leurs mains. Au même moment, les zaydites règnent au Yémen, les hamdânides duodécimains sur certaines régions de la Syrie et de l'Irak, les Fatimides ismaéliens sur pratiquement toute l'Afrique du Nord et certaines régions de la Syrie, les Carmates ismaéliens sur la région du golfe Persique, le sud de l'Iran et certaines parties de l'Arabie du Nord. Ainsi, quelques-unes des plus importantes régions des terres d'islam sont sous domination chiite. Autre point décisif : ce siècle constitue le tournant « rationalisant » de l'islam. Depuis plus d'un siècle a débuté un grand mouvement de traduction des œuvres grecques en arabe. Parmi ces dernières, les lettrés musulmans furent particulièrement fascinés par la dialectique aristotélicienne, le raisonnement logique et ses différents outils intellectuels. Enfin, pour les chiites duodécimains, ce siècle fut celui de la fin de la période des imams historiques.

Pour toutes ces raisons, la communauté duodécimaine vit une époque particulièrement difficile. Ses sources ont d'ailleurs appelé celle-ci « le temps de la confusion » (*hayra*). Les princes bouyides et les théologiens chiites qui fréquentaient leur cour pour justifier leur pouvoir se trouvaient en contradiction avec de nombreux textes scripturaires du corpus du Hadith duodécimain selon lesquels toute activité politique, qu'il s'agisse de révolte contre un pouvoir injuste ou de collaboration avec un pouvoir jugé légitime, est déclarée interdite pour les fidèles : « Toute bannière élevée avant l'avènement de la Fin du temps et le Soulèvement final du Sauveur appartient à un rebelle contre Dieu » ; « Ne cherchez pas à gouverner, ne courez pas derrière le pouvoir ; maudit est celui qui cherche à gouverner et celui qui le suit ; le seul pouvoir juste est celui du Sauveur à la Fin du temps. » Ces traditions, ainsi que de nombreuses autres similaires, projetant le gouvernement du souverain juste et la collaboration légitime avec lui aux temps eschatologiques, invitent le fidèle chiite à adopter une attitude quiétiste et apolitique, à supporter patiemment le fatal règne de l'injustice jusqu'à « la Délivrance » qui sera apportée par l'imam caché, à se tenir à l'écart de l'activité politique effective afin de protéger la pureté de sa foi. Enfin, quant aux lettrés et penseurs chiites, ils avaient un motif supplémentaire d'embarras puisque, en ce siècle de raison triomphante, ils se trouvaient légataires d'un corpus de textes saints, en l'occurrence le corpus du Hadith, très marqués par des caractéristiques ésotériques, mystiques et même magiques. C'est dans ce contexte de crise que la tradition chiite « ésotérique originelle » dominante jusque-là voit s'établir de plus en plus solidement en face d'elle une tradition « juridico-théologique rationaliste » qui prend de plus en plus de distance avec les doctrines de base et les textes qui les véhiculent. Adapter le chiisme au rationalisme, nuancer – voire édulcorer – les doctrines jugées trop déviantes pour ne pas heurter frontalement l'orthodoxie sunnite majoritaire et son « gardien », le calife abbasside tactiquement laissé sur son trône, justifier l'exercice du pouvoir partagé avec les Bouyides, et par-delà ceux-ci avec les Abbassides, telles semblent avoir été les principales occupations des juristes-théologiens bagdadiens de l'ère bouyide.

La doctrine s'engage d'abord sur le chemin de la rationalisation. Les grands noms de ce mouvement sont Shaykh Mufîd († 1022), considéré comme le fondateur de la tendance rationaliste, et son disciple Sharîf Murtadâ († 1044). De même, se met assez timidement en place « la science du Hadith », c'est-à-dire la détermination critique des critères d'authenticité des traditions. La grande figure de ce domaine, le Shaykh Tûsî († 1067), réussit ainsi à conférer aux docteurs de la Loi un statut et un champ d'action quasiment indépendants de la personne de l'imam. Ainsi, ces savants vont-ils progressivement passer sous silence un certain nombre de traditions ésotériques, initiatiques et mystiques portant en elles toute la spécificité chiite, afin que les canons du nouveau rationalisme soient respectés et que les divergences avec l'orthodoxie sunnite soient atténuées.

Autre manifestation d'écart notable du courant rationaliste par rapport aux textes fondateurs : l'activité politique. Face à la tradition selon laquelle le seul pouvoir juste est celui de l'imam caché et invitant le fidèle à se tenir à l'écart du gouvernement, les théologiens proches des Bouyides tenteront d'apporter des solutions alternatives, des relectures et des interprétations nouvelles des traditions, afin d'affronter les problèmes liés au pouvoir. L'œuvre du Shaykh Mufîd tenta de nuancer la tradition pour l'adapter au contexte politique de son époque : il est ainsi permis aux chiites en général et aux juristes-théologiens chiites en particulier de collaborer avec le pouvoir injuste mais légitime, si cette collaboration aboutit à promouvoir les droits de la communauté chiite et à empêcher leur répression. Les deux plus célèbres disciples de Mufîd, Sharîf Murtadâ, déjà mentionné, et son frère aîné Sharîf Radî († 1016), occupèrent l'un après l'autre des postes de haut fonctionnaire de grande importance. L'ambiguïté du second apparaît clairement lorsque, dans un de ses écrits, *Épître sur l'Occultation*, il explique la durée de l'absence de l'imam caché par la tyrannie des califes et la persécution des chiites. Son disciple, le Shaykh Tûsî, va carrément jusqu'à affirmer que tout souverain gouvernant selon la Loi canonique chiite est, tout comme les imams, un souverain juste. Le grand théoricien rationaliste introduit de cette manière une nouvelle thèse rendant légitime l'établissement d'un « pouvoir juste », contrôlé par les docteurs de la Loi, pendant l'Occultation.

La conquête mongole vers le milieu du XIIIe siècle est sans doute un autre tournant. Les grands bénéficiaires en furent les docteurs duodécimains rationalistes puisque leurs deux adversaires historiques, à savoir les Abbassides et les ismaéliens, avaient été balayés devant les cavaliers mongols. Ils consolidèrent leur position en collaborant cette fois-ci avec les nouveaux maîtres de l'empire. Les écrits théoriques de l'époque bouyide avaient besoin d'être relus et réinterprétés. Le pouvoir bouyide, chiite et donc considéré comme légitime, n'avait pas réussi à mettre fin au califat injuste des Abbassides. Les Mongols infidèles accomplirent cet exploit. La position chiite sera résumée par la célèbre sentence d'Ibn Tâwûs († 1266), l'un des plus grands savants duodécimains de l'époque : « Le souverain infidèle et juste est supérieur au souverain musulman et injuste. » Il aidera, ainsi que son illustre contemporain, le grand philosophe Nasîr al-Dîn Tûsî, passé de l'ismaélisme à l'imamisme duodécimain, le Khan mongol Hûlâgû dans sa politique de rétablissement de l'ordre. Du même coup, le rôle social du juriste et la perception de son autorité comme une « nécessité » spirituelle et intellectuelle prennent de plus en plus d'ampleur.

L'arrivée au pouvoir de la dynastie des Safavides (qui règne de 1501 à 1722) en Iran et la proclamation du chiisme duodécimain comme religion d'État constituent un autre tournant décisif. Tirant leur légitimité spirituelle de leur appartenance doctrinale au chiisme, cherchant à convertir tout l'Iran au chiisme, jusque-là majoritairement sunnite, afin de créer un pôle de pouvoir crédible face au califat sunnite des Ottomans, les Safavides éprouvèrent très tôt le besoin de s'assurer d'une solide armature idéologique religieuse. Savants locaux et docteurs venus de la Syrie, de l'Irak et de Bahreïn furent réunis pour mettre en place un appareil religieux, pour ne pas dire une « Église officielle », contrôlé par l'État. Ce système religieux donna naissance à son tour à un corps de docteurs de la Loi qui prit progressivement son indépendance vis-à-vis du pouvoir étatique central. C'est le début de ce qu'on a appelé le « clergé » chiite, clergé qui sera toujours plus organisé, plus hiérarchisé, économiquement et socialement plus puissant. C'est à partir de cette époque que les *mujtahid*-s (grands docteurs de la Loi) vont progressivement obtenir, au nom de l'imam caché, les immenses prérogatives juridiques que la tradition réservait exclusivement aux imams : direction des prières collectives, collecte de certaines taxes religieuses, contrôle de la justice et application des peines légales, déclaration de la guerre sainte offensive, etc., pratiques que le droit traditionnel ancien avait déclarées « en suspens » en l'absence de l'imam.

Sous la dynastie des Qâjârs (qui règne de 1794 à 1925) d'autres pas décisifs seront franchis dans le même sens. Bien que les rapports entre les chahs et les religieux aient été ambigus et parfois conflictuels, il est indéniable que les uns recherchaient la confirmation de leur légitimité auprès des autres, cette légitimité ayant été le souci principal de tous. Les prérogatives des docteurs théologiens, en tant que « porte-parole » de l'imam caché, firent un retour en force avec l'initiative du chef de file des *mujtahid*-s, Ja'far Kâshif al-Ghitâ' († 1812) qui autorisa le souverain Fath 'Alî Shâh à mener la guerre sainte (*jihâd*) contre l'armée du tsar russe : une première dans l'histoire du chiisme après l'Occultation. À la même époque, le grand juriste Mullâ Ahmad Narâqî († 1830) recourut, semble-t-il pour la première fois, à l'expression *walâya* (ou *wilâya*) *al-faqîh* pour désigner la délégation du pouvoir dévolu aux juristes, au nom de l'imam caché et en vertu des privilèges liés au titre de *mujtahid*. Nous avons déjà évoqué la place centrale de cette expression et de son contenu dans la théologie politique de l'ayatollah (titre suprême dans la hiérarchie du « clergé ») Khomeyni, père de la révolution islamique d'Iran. Ce dernier, ainsi que sa doctrine politico-religieuse fondée sur la notion du « pouvoir charismatique du juriste-théologien » sont donc à inscrire dans la droite ligne de l'évolution historique du courant rationaliste. Khomeyni et ses partisans se disent explicitement les continuateurs des penseurs de l'École bouyide de Bagdad, ainsi que les grands docteurs rationalistes de l'époque safavide. À ce titre, la doctrine khomeyniste peut être considérée comme l'aboutissement d'un long processus millénaire qui va de la rationalisation de la doctrine religieuse à son idéologisation.

Bien que logique dans cette mise en perspective, cette doctrine paraît pourtant « révolutionnaire » à deux égards. D'abord, c'est la première fois que tout un courant, parmi les religieux, entre en lutte ouverte avec un pouvoir politique dans l'intention bien arrêtée de le chasser et de le remplacer à la tête d'un grand État. Cette tentative est non seulement, sur le plan strictement doctrinal, en contradiction avec les enseignements des imams, mais c'est aussi la première fois, sur le plan historique, que les rapports entre religieux et souverains, toujours marqués par un certain équilibre, fût-il précaire, sont complètement bouleversés. Ensuite, la doctrine khomeyniste et le discours qui la porte sont « révolutionnaires » en ce qu'ils s'émancipent définitivement de la prudente réserve et de la casuistique classiques, allant jusqu'à déclarer ouvertement sa rupture avec les enseignements attribués aux imams. En cela, le khomeynisme peut sans doute être considéré comme le dernier tournant dans l'évolution du courant rationaliste. Il nous manque encore le recul historique, étant donné la nouveauté des faits, pour pouvoir apprécier les conséquences de ces bouleversements, d'autant plus qu'une dimension messianique y paraît présente aussi. Symptomatique à cet égard semble la succession des titres du « guide » de la révolution islamique de 1978-1979 : « ayatollah » avant et au début de la révolution, puis « représentant de l'imam caché », enfin « imam » tout court. La sacralité de l'imam est ainsi transférée, au moins pour une partie des fidèles, sur la personne du guide politico-religieux de la révolution.

La domination de la tradition juridico-théologique rationaliste au sein du chiisme a su mettre progressivement en place tout un « processus de substitution » : le docteur de la Loi remplaça l'imam, le droit prit la place des enseignements des imams, la *walâya* – amour et fidélité que tout disciple doit à son guide – se métamorphosa en « imitation » du *mujtahid*, l'amour mystique des imams se transforma en un culte doloriste dont les manifestations collectives violentes furent tacitement approuvées, sinon encouragées, par l'autorité cléricale, un clergé officiel et institutionnalisé remplaça les Compagnons initiés des imams. Comme l'a judicieusement souligné le savant allemand Heinz Halm, les docteurs rationalistes, jusqu'aux ayatollahs de notre époque, sont tout sauf des fondamentalistes ; ils en sont même l'exact contraire, tant la distance prise avec les textes fondamentaux, à savoir le corpus des hadiths des imams, est flagrante.

Et l'ancienne tradition ésotérique non rationnelle ? Elle fut isolée, marginalisée, parfois persécutée par le courant rationaliste devenu dominant et conquérant et ce à partir de l'époque bouyide, comme on vient de le voir. Elle ne mourut cependant pas. Appelée, à partir du XIIe siècle, le courant traditionaliste, elle fut constamment représentée et vivifiée par des auteurs isolés, il est vrai, mais particulièrement importants. Par ailleurs, comme nous l'avons dit plus haut, l'époque safavide donna également naissance aux grandes écoles de philosophie dans plusieurs cités iraniennes ainsi qu'aux confréries mystiques chiites. Un grand nombre des représentants de ces deux courants sont restés fidèles et se réclament explicitement de la tradition originelle, en la rapportant, en la méditant et en la commentant dans leurs écrits, leurs pensées et leurs pratiques. Pendant les périodes safavide, qâjâr et plus récemment post-révolutionnaire, certains d'entre eux payèrent cher cette fidélité. Et pourtant de nos jours, ils restent encore très nombreux quoique très discrets.

Conclusion

L'époque moderne a bien entendu apporté des changements radicaux dans les profondeurs de la pensée musulmane. L'intrusion de la modernité technique et culturelle a entraîné un certain nombre de bouleversements dans les sociétés islamisées :

– Les nouveautés techniques et la pensée scientifique ont fait irruption dans le courant du XIXe siècle. Contrairement à ce que l'on a souvent prétendu, elles n'ont pas posé de problèmes spécifiques aux sociétés musulmanes ; la technologie n'a pas été rejetée, diabolisée. L'éducation générale, le mode de vie quotidien des musulmans se sont adaptés au fil des générations.

– Les conquêtes coloniales ont par contre entraîné des réactions très vives de la part des populations occupées. La pression exercée sur des pays restés indépendants (Iran, Turquie) a aussi suscité de profonds mouvements nationalistes. La religion musulmane a pu être impliquée dans ses réveils, comme un marqueur d'identité fondamental.

Les musulmans ont réagi de façons très diverses à cette situation. Où en sommes-nous ? Notons d'abord la vie sociale d'une grande partie des musulmans croyants, qui vivent dans le monde moderne et pratiquent leur religion en privé, sans bruit et sans conflit intérieur profond. Ils prouvent le mouvement en marchant. Les courants dits « intégristes », cherchant à appliquer dans la vie de la cité des normes de la Loi religieuse, ont pris une autre option, celle d'une religion par essence collective, et militante. Mais dans les deux cas, on notera un déplacement fondamental du centre de gravité de la spiritualité musulmane. On pourrait le résumer comme une translation du « religieux » vers le « sociétal ». L'évolution de fond de la pensée chiite depuis le IXe siècle jusqu'à nos jours, allant d'une spiritualité de type mystique à une théologie politique, en fournit un exemple remarquable. Dans le sunnisme, les intellectuels préfèrent dans la plupart des cas ne pas mettre en cause les fondements théoriques de la pensée traditionnelle, et se contenter de solutions pratiques, sociales. Ainsi, la prééminence, l'infaillibilité du prophète Muhammad n'est pas remise en question. Mais en fait, le rôle du Prophète est profondément modifié, car les enseignements des hadiths ne sont plus vraiment pris en compte dans leur intégralité. Ainsi, le droit musulman, fondé pour une large part sur des hadiths, n'est plus guère appliqué que dans une minorité d'États. Beaucoup de musulmans se disant « croyants » ne pratiquent de fait plus, ou prennent de nombreuses libertés à l'égard de la Loi. Pour simplifier, on peut dire qu'on est passé d'un islam religieux, tourné vers l'obéissance rigoureuse à la Loi (celle des juristes), la connaissance de Dieu (des théologiens), l'aspiration à Lui (des mystiques) vers une religion avant tout éthique. Cette religion peut être pratiquée de façon privée, ou revendiquée dans le cadre de mouvements politiques : elle imprègne des comportements sociaux plus qu'elle ne dérive de choix théologiques.

Et de fait, la théologie semble peu présente dans la vie religieuse des musulmans contemporains. La mystique, affaiblie dans sa dimension sociale, rejoint la pratique intime des croyants fervents. Comme si la fonction occupée par Dieu, Allah, dans la pensée médiévale était actuellement occupée par la communauté elle-même. L'irruption des formes de pensée et de vie sociales modernes consécutive à l'expansion coloniale n'a pas apporté de renouveau dans le domaine propre du *kalâm*. Quelques tentatives de renouvellement virent le jour, comme celle du grand réformateur égyptien Muhammad 'Abdoh, qui rédigea une *Épître sur l'unicité divine* en 1897 ; mais elles étaient fort timides et ne firent pas vraiment école. Au fond, les questions du caractère éternel du Coran ou de la prédestination des actes humains n'intéressent plus l'intelligentsia musulmane, tout entière absorbée par les problèmes de société concrets : résistance face à l'envahisseur colonial, adaptation du droit et de l'éducation aux conditions nouvelles apportées par la modernité... Force est de constater qu'à l'heure actuelle la pensée musulmane est principalement orientée vers l'éthique et/ou le politique. Le rôle de la classe des oulémas de type traditionnel, porteurs de la culture et de la pensée théologique, a été fortement réduit. Une nouvelle classe d'intellectuels, souvent formés dans les universités laïques aux disciplines des sciences humaines et des sciences exactes (mais non aux sciences religieuses !), a pris la parole ; que l'on pense par exemple au succès inouï du « télécoraniste » égyptien contemporain 'Amr Khaled. L'étendue du problème ainsi posé est immense : une communauté religieuse comme celle de l'islam sunnite peut-elle se passer de théologie ?

Cependant, contrairement à l'image figée du musulman souvent entretenue en Occident, l'islam est une religion jeune. Elle recèle encore de vastes potentialités dans l'expression de ses valeurs, de ses symboles et de sa foi.

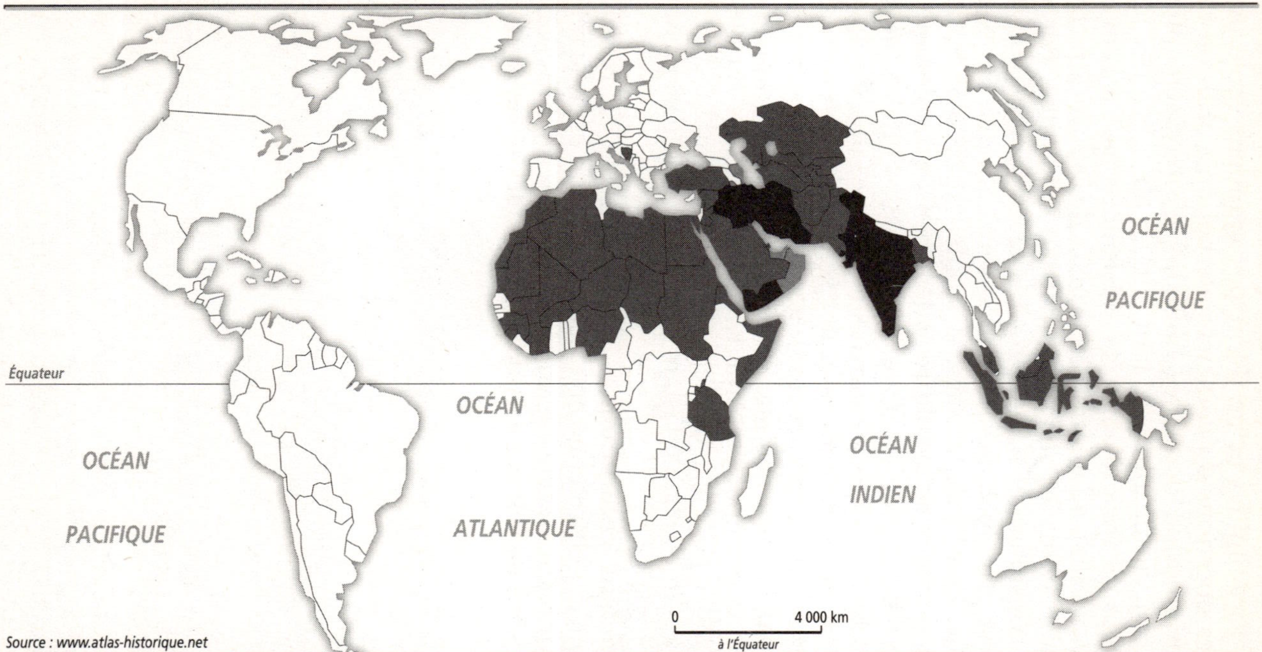

PRÉSENTATION DU MONDE MUSULMAN AUJOURD'HUI

Musulmans kharédjites — Musulmans sunnites — Musulmans chiites

Repères chronologiques

629 à 638 : règne du roi Dagobert.
571 : naissance de Muhammad (date approximative).
610 : première révélation coranique à Muhammad.
622 : hégire, émigration du Prophète vers la ville de Médine.
624 : victoire de Badr sur les Mecquois.
625 : bataille de Uhud, qui tourna au désavantage des musulmans.
630 : reddition de La Mecque aux musulmans sans combat.
632 : mort du Prophète. Abû Bakr est élu calife. Il décède en 624.
634-644 : califat de ʻUmar. Début de l'expansion militaire musulmane.
636 : conquête de la Syrie.
637 : victoire sur les Perses.
642 : conquête de l'Égypte.
644-656 : califat de ʻUthman. Recension du Coran (653 ?), selon la tradition.
656 : ʻAlî est proclamé calife. Son autorité est contestée.
657 : bataille de Siffîn entre ʻAlî et Muʻâwia, chef des Omeyyades. Le pouvoir de ʻAlî en sort déstabilisé.
661 : ʻAlî est assassiné. Début du pouvoir dynastique en islam avec les Omeyyades avec Damas comme capitale.
680 : bataille de Karbalâ en Irak. Husayn, fils de ʻAlî (petit-fils de Muhammad) est tué.

711 : une armée musulmane franchit le détroit de Gibraltar ; début de la conquête de l'Espagne. Vers la même époque, des armées arabes conquièrent la vallée de l'Indus.
718 : les Arabes sont repoussés devant Constantinople.
728 : mort de Hasan Basrî.
732 : Charles Martel arrête les Arabes à Poitiers.
750 : la dynastie des Abbassides renverse les Omeyyades. Sa capitale sera Bagdad (fondée en 762) ; elle régnera, de façon purement nominale après le Xe siècle, jusqu'en 1258.
780-809 : règne de Hârûn al-Rashîd à Bagdad.
800 : Charlemagne, empereur d'Occident. Bonnes relations avec Hârûn al-Rashîd.
813-833 : règne du calife éclairé Ma'mûn.
827 : le mu'tazilisme est proclamé doctrine officielle du califat.
922 : exécution du mystique Hallâj.
1065 : fondation de la madrasa Nizâmiyya de Bagdad, premier grand collège universitaire sunnite.
1095 : début de la première croisade.
1099 : prise de Jérusalem par les croisés.
1187 : Saladin reprend Jérusalem aux croisés.
1258 : destruction de Bagdad par les Mongols d'Hûlâgû Khan. Fin des Abbassides.
1453 : prise de Constantinople par les Turcs ottomans.
1492 : chute de Grenade. La « Reconquista » est achevée par Isabelle la Catholique et Ferdinand d'Aragon.
1501 : fondation de l'empire safavide (chiite) en Iran.
1779 : dynastie des Qajar en Perse.
1798 : campagne d'Égypte avec Napoléon Bonaparte.
1924 : abolition du califat ottoman (très affaibli et symbolique) par Mustafa Kemal Atatürk.
1928 : Hasan al-Banna fonde, en Égypte, l'association des Frères musulmans. Il sera assassiné en 1949.
1979 : l'ayatollah Khomeyni prend le pouvoir en Iran.

TABLEAU GÉNÉALOGIQUE DES IMAMS ET DES GRANDES BRANCHES DU CHIISME

Le prophète Muhammad († en 632)

Fâtima († vers 632) — 'Alî († en 661)

al-Hasan († vers 670) (lignée chiite hasanide)

al-Husayn († 680, martyr à Karbalâ)

'Alî Zayn al-'Âbidîn († vers 711)

Muhammad al-Bâqir († vers 737)

Zayd
Chiisme zaydite

Ja 'far al-Sâdiq († 765)

Mûsâ al-Kâzim († vers 799)

Ismâ'îl
Chiisme ismaélien

'Alî al-Ridâ († 818)

Muhammad al-Jawâd († 835)

'Alî al-Hâdî († vers 868)

al-Hasan al-'Askarî († vers 874)

Muhammad al-Mahdî
(occulté, selon les duodécimains, en 940)
(Chiisme imamite duodécimain)

Bibliographie

Amir-Moezzi Mohammad Ali, Jambet Christian, *Qu'est-ce que le shî'isme ?*, Fayard, 2004.

Benkheira Mohammed H., *L'amour de la Loi – Essai sur la normativité en islâm*, PUF, 1997.

Burlot Joseph, *La civilisation islamique*, Hachette, 1990.

Corbin Henry, *Histoire de la philosophie islamique*, Gallimard, 1986.

Deroche François, *Le Coran*, PUF, « Que sais-je ? », 2005.

Geoffroy Éric, *Initiation au soufisme*, Fayard, 2003.

Mervin Sabrina, *Histoire de l'islam – fondements et doctrines*, Flammarion, 2000.

Rodinson, Maxime, *Mahomet*, Seuil, 1994.

Wael Henri de, *Le droit musulman, nature et évolution*, CHEAM, 1989.

INDEX

Quatrième partie

Petite histoire du bouddhisme

par Jean-Noël Robert

Introduction

À Jean Baubérot, à l'efficace maïeutique.

Vu d'Europe, le bouddhisme apparaît à beaucoup comme le modèle idéal de « religion à la carte » : chacun pourrait y prendre ce qui l'attire et délaisser ce qui semble trop contraignant. On y mêle les plaisirs de l'exotisme et du grand air, de l'occultisme et du postmodernisme ; une histoire refaite avec efficacité dans les temps les plus récents, comme celle du temple de Shaolin, n'a pas peu contribué au succès d'une « spiritualité » qui est souvent perçue comme étant au-delà des religions particulières. C'est dans le roman d'Arthur C. Clarke *Les enfants d'Icare* [1], me semble-t-il, qu'est décrite de façon exemplaire la nouvelle religion qui prédomine sur terre après que la venue d'extraterrestres eut rendu impossible aux humains de persister dans leurs croyances traditionnelles : il s'agit d'une sorte de zen allégé pour intellectuels, fondé sur l'absence de dogmes et une pratique douce.

Bien que les Martiens ne soient pas encore là, on trouve souvent déjà dans les grandes villes des *dôjô* qui se rapprochent de cette nouvelle ère. Il n'y a peut-être pas de quoi faire la fine bouche : le passage du bouddhisme de l'Inde à la Chine fut un saut culturel au moins aussi audacieux que sa venue en Occident. Après tout, les langues européennes sont bien plus proches des langues indiennes que le chinois, le tibétain ou le japonais, et la translation des concepts devrait s'y faire avec moins de difficulté. La différence est peut-être dans la rapidité même du processus ; ce qui s'est effectué pendant des siècles de l'Inde à la Chine, de la Chine en Corée, de la Corée

1. *Childhood's End* en version originale.

au Japon, s'est réalisé en quelques décennies en Europe et aux États-Unis. La lenteur de l'histoire imposait d'elle-même une cohérence culturelle à la diffusion de la Loi de l'Éveillé. Mais on est passé à présent des caravanes de la route de la Soie au téléchargement sur la Toile et tout est donné en même temps. Alors que la variété inconciliable des enseignements bouddhiques est traditionnellement expliquée par le souci de tenir compte de la diversité des intelligences, tous sont désormais présentés sur le même plan et c'est à chacun de concocter son mélange.

Ce petit livre voudrait au moins donner une idée de l'incommensurable pluralité du bouddhisme, qui va bien au-delà de ce que l'on trouve dans les autres courants religieux, et prouver qu'il est difficile de s'y montrer péremptoire. Si le lecteur comprend qu'on ne peut en parler ou l'étudier qu'en le situant précisément dans l'espace et dans le temps, ce sera un premier pas important.

I

Le bouddhisme parmi les religions

Pour qui a toujours vécu dans un pays marqué par l'une ou l'autre des traditions religieuses dites « monothéistes » – centrées sur un dieu unique –, que ce soit le judaïsme, le christianisme ou l'islam, le bouddhisme apparaît comme déroutant, voire aberrant. La perplexité qu'il suscite se révèle dans le vocabulaire qu'on utilise à son sujet.

C'est ainsi que beaucoup d'Occidentaux, surtout lorsqu'ils sont attirés par l'étude du bouddhisme, répugnent à lui donner le nom de « religion » ; ils préfèrent en parler comme d'une « philosophie ». La principale raison invoquée pour ce choix lexical est qu'à la différence des monothéismes le bouddhisme ne reconnaît pas un Dieu éternel, créateur du ciel, de la terre et de tout ce qui l'habite, à commencer par les hommes. Il existe entre un tel être et ses créatures un abîme infranchissable : la différence entre l'absolu et le relatif. Qui plus est, ce Dieu peut dire « Je » ; il s'agit d'un dieu personnel et souverain. Pour le bouddhisme, nous le verrons, l'une des illusions les plus fondamentales de la pensée ordinaire est la croyance invétérée en un « Moi ». Que les hommes puissent dire « je » en croyant que ce « je » désigne quelque chose de réel – et éternel de surcroît – est la marque de l'ignorance où ils sont plongés. Pour les religions monothéistes, cette mise à l'écart de l'idée de Dieu, lorsqu'elle n'est pas perçue comme blasphématoire, est mise au rang des idées philosophiques. Il y a une relation si étroite entre « religion » et « Dieu » qu'on ne saurait concevoir l'une sans l'autre, d'où l'hésitation à définir le bouddhisme comme religion.

Ceux qui, issus d'une religion monothéiste, se sont tournés vers le bouddhisme ont souvent été séduits par l'absence de ce Dieu si personnel et encombrant ; ils ont aussi été sensibles à ce qui rapprochait le bouddhisme de l'idée occidentale de philosophie et ne pouvaient guère admettre qu'il soit une religion au même titre que celles qu'ils abandonnaient.

Il y a un autre argument contre l'emploi du mot « religion ». Il s'agirait, aux yeux de certains, d'un terme forgé en Occident pour inclure de force dans une même catégorie des phénomènes non occidentaux en réalité essentiellement différents de ceux qui nous sont familiers. De très bons spécialistes ont soutenu qu'il était abusif, par exemple, de parler de l'ensemble des traditions, des pratiques, des doctrines de l'Inde connu sous le nom d'« hindouisme » comme d'une religion au même titre que celles que l'on connaît en Europe ; et à plus forte raison pour le bouddhisme, système encore plus singulier.

On fera ici deux réponses à ces objections issues de milieux différents mais revenant d'un côté comme de l'autre à refuser au bouddhisme le nom de religion.

Tout d'abord, il n'est pas très logique de refuser l'appellation de religion, sentie avant tout comme trop centrée sur l'Europe et le christianisme, pour lui préférer celle de philosophie, qui est encore plus européocentrique, puisque la philosophie désigne un courant de pensée bien spécifique né en Grèce et qui s'est développé essentiellement dans le monde méditerranéen. Le pur exercice de la raison qui caractérise la philosophie est un concept étranger au bouddhisme.

Ensuite, la notion de religion comme objet d'un savoir spécifique et d'une démarche d'allure scientifique, qui s'est développée entre le XVIIIe et le XIXe siècle, ne provient certes pas du christianisme (nombre de penseurs chrétiens ont d'ailleurs récusé cette appellation), mais s'est plutôt constituée contre lui. On peut reprocher à ce concept d'être une création académique, mais on devra alors refuser de l'appliquer à tout ce que l'on appelle communément « religion ». Rappelons que le mot européen « religion » n'a guère de correspondant exact en arabe ou en hébreu, et que le mot latin qui en est à l'origine a des sens fort différents de celui qu'on lui donne actuellement. Si l'on suit le raisonnement jusqu'au bout, on en arrivera à refuser d'appliquer ce terme à quelque tradition que ce soit, y compris la chrétienne. Que faut-il dire alors ?

Quiconque a séjourné assez longtemps dans un pays de tradition bouddhique ou a pu visiter les grands temples et monastères encore en activité mesurera sans doute rapidement le caractère artificiel de ces objections. Il faut ne pas avoir vu les vieilles paysannes allumer des lampes votives dans les chapelles qui bordent le chemin menant au sommet de la colline de Kurama à Kyôto, ni les pèlerins ensanglantés qui se prosternent sur la route de Lhassa, faisant de leurs corps percés d'aiguilles l'unité de mesure de leur progression vers la « cathédrale » du Jo-khang, pour pouvoir encore nier au bouddhisme son caractère de « religion », entendu au sens naïf d'ensemble de pratiques et de croyances menant au salut.

De même que l'on reconnaît immédiatement comme théâtre un spectacle indien ou japonais qu'on n'aura jamais vu auparavant, ou que l'on sait que tel bruit insolite fait par plusieurs personnes réunies est de la musique, de même tout homme reconnaît intuitivement chez son prochain une pratique religieuse, que ce soit la prière, le pèlerinage ou l'ascèse. Un moine reconnaît toujours un autre moine. Lorsqu'on voit la grande voyageuse Alexandra David-Néel, à la personnalité si attachante par ailleurs, répandre ses sarcasmes sur le petit peuple tibétain qui ne comprend rien, selon elle, aux doctrines savantes du bouddhisme, dont elle aurait pour sa part trouvé la clef dans la bibliothèque du musée Guimet, on peut se demander qui a compris quoi.

Il reste cependant que le bouddhisme comporte de profondes différences avec ce que l'on désigne communément par le terme de religion.

La plus évidente est, nous venons de le voir, l'absence d'un Dieu suprême. Le bouddhisme reconnaît sans difficulté l'existence d'une multitude de dieux, tout le panthéon de l'Inde ancienne même, mais il leur accorde une place qui, à tout prendre, n'est pas supérieure à celle de l'homme. Est-ce à dire que ce serait une paradoxale « religion sans dieu », une « religion athée » ? Certains n'ont pas hésité à employer ce terme. Mais c'est oublier que le personnage central du bouddhisme, le Bouddha lui-même, a un statut qui le rend supérieur aux dieux. On verra aussi que le Bouddha s'est en quelque sorte dépassé lui-même au cours de l'Histoire, au point que le personnage historique que nous croyons connaître est devenu l'émanation d'un Bouddha suprême, universel. Dans certains pays bouddhiques, des penseurs modernes considèrent même que le bouddhisme est somme toute un monothéisme. Mais un monothéisme d'où serait effacée la distance entre créateur et créature ! On aurait donc une religion sans dieu, centrée sur un être suprême qui ne serait en définitive pas supérieur à notre monde humain. Voilà beaucoup de paradoxes.

On les retrouve pour la question des textes sacrés, des Écritures. La situation semble claire dans nos religions : la **Torah** pour le judaïsme, la **Bible** pour le christianisme, le **Coran** pour l'islam. Des livres somme toute assez courts, que l'on peut avoir dans sa poche et emporter au bout du monde, dont la composition a été arrêtée il y a bien longtemps et que l'on ne peut plus modifier. Mais que dire des Écritures bouddhiques ? Tout d'abord, elles remplissent des dizaines, voire des centaines de volumes et alors que, disons, d'un bout du monde musulman à l'autre, comme dans toute l'étendue du monde juif ou chrétien, tous les croyants seraient peu ou prou d'accord sur le contenu de leurs livres sacrés (nous ne parlons pas de l'interprétation, mais du texte lui-même, les différences entre Bible catholique et protestante sont par exemple peu de chose), il sera sans doute impossible de trouver un seul texte bouddhique que l'ensemble des pratiquants, du Sri Lanka au Japon, s'accorderaient à reconnaître comme fondamental. On trouve dans le monde bouddhique des canons (c'est-à-dire de grandes collections de textes reconnus comme faisant autorité) appartenant à diverses traditions, mais aucun n'est commun à toutes. Telle ou telle école, cependant, telle ou telle secte, estimera qu'un livre précis résume tous les autres, ou qu'il les dépasse, dispensant ainsi de l'étude du reste. Parfois, un modeste résumé de deux cent soixante caractères chinois sera censé contenir le cœur de la doctrine. Et il y aura des maîtres respectés pour soutenir qu'en fin de compte il n'est nul besoin d'Écritures, et qu'elles sont bonnes à brûler !

La question des langues est indissociable de celle des Écritures : qui ne sait que le Coran ne peut être étudié que dans son texte arabe original, ou que seul le Pentateuque en hébreu est de nos jours encore recopié à la main ? Il y a quelques décennies encore, les catholiques lisaient la Bible en latin. Langue et religion semblent intimement liées. Dans l'hindouisme aussi, où le sanscrit reste la langue parfaite des hommes et des dieux depuis les *Védas* originels. Le bouddhisme fut sans doute la première des traditions spirituelles dont le fondateur ait défendu expressément d'associer l'enseignement à une langue précise et ait recommandé de le transmettre dans le parler de chaque peuple. Lorsque les missionnaires bouddhiques portèrent le message de leur religion à l'étranger, en Inde et hors de l'Inde, la première tâche à laquelle ils s'attelaient était donc de traduire les enseignements qu'ils avaient reçus, oralement d'abord, par écrit ensuite. Mais les hommes sont ainsi faits que toute innovation devient rapidement une tradition : la langue parlée par tous, au fil des siècles, devient langue morte et langue sacrée ; le sanscrit, dédaigné à l'origine par les bouddhistes, devint l'une des grandes langues de sa transmission. Et cela aboutit à un nouveau paradoxe : la doctrine du Bouddha, qui devait être propagée dans les langues accessibles au plus grand nombre, produisit une multitude de langues traditionnelles figées au long des âges.

Il existe sans contredit un sentiment de solidarité ou de fraternité entre les fidèles d'une même religion « monothéiste ». Peut-on dire qu'il en est de même des fidèles du bouddhisme ? Qu'un croyant bengali se sente plus proche d'un bouddhiste japonais que d'un compatriote musulman ou hindouiste ? Il n'y a pas de communauté des croyants, d'instance centrale bouddhique, personne pour parler au nom de l'ensemble des fidèles. Si la notoriété a donné au dalaï-lama l'apparence d'un pape du bouddhisme, ce n'est qu'une illusion d'optique, puisque son autorité religieuse ne s'étend pas réellement au-delà de l'école dont il est à la tête, même si son autorité spirituelle et son prestige politique sont indéniables. Pour prendre l'exemple du Japon, l'un des pays de l'Extrême-Orient dont la culture fut le plus profondément imprégnée par le bouddhisme, il existe une multitude d'écoles et de sectes qui seraient bien en peine, malgré quelques tentatives de création d'institutions « œcuméniques », de parler d'une seule voix sur les grandes questions morales que pose la vie moderne ; il est vrai aussi qu'elles n'en ressentent guère la nécessité.

Il est presque impossible, dans ces conditions, d'exposer le bouddhisme en termes généraux. On pourrait même affirmer que prétendre parler au nom de l'ensemble des bouddhistes revient à une tentative de manipulation intellectuelle. Toute affirmation à son sujet devrait être tempérée par une référence à une époque, à un pays, voire à une école, car elle peut toujours être démentie par un fait provenant d'un autre milieu.

Le bouddhisme est donc une religion multiforme sur laquelle il est bien difficile de porter des affirmations définitives. Par sa capacité à s'adapter à des cultures extrêmement diverses, il présente une richesse singulière, ce qui rend son étude si attachante même pour celui qui ne le pratique pas comme croyant.

II

LE BOUDDHA, PREMIER DES TROIS JOYAUX

Rien de plus facile en principe que d'entrer dans la voie bouddhique. Il suffit pour cela de prononcer la formule appelée « la prise de refuge » dans les *Trois Joyaux* : « *Je prends refuge dans l'Éveillé (le* Bouddha*) ; je prends refuge dans la Loi (le* Dharma*) ; je prends refuge dans la communauté monastique (le* Samgha*).* » Si ces paroles s'entendent moins au Japon qu'en Thaïlande, pour citer deux extrêmes, il est peu de bouddhistes qui nieraient que ces *Trois Joyaux* constituent le centre de leur foi, quelle que soit la variété des sens qu'on leur donne. C'est pourquoi nous allons dans les trois chapitres qui suivent évoquer un par un ces Joyaux, fondement de la voie de l'Éveillé. Les termes indiens indispensables sont donnés en sanscrit simplifié[1].

Le premier Joyau est le Bouddha (qu'on écrit aussi plus correctement *Buddha*) : ce n'est pas un nom propre, mais une appellation honorifique qui signifie « l'Éveillé » ou « Celui qui a compris ». Il ne s'applique pas à un seul homme, mais à la série infinie de tous ceux qui, au cours d'âges immensément longs, ont accédé à la compréhension véritable de la Loi de l'univers, découverte qui mène à la délivrance des liens de ce monde.

Le mot « *Bouddha* » s'applique cependant au début à un individu précis, celui qui a montré la Voie aux hommes dans cette période cosmique où nous vivons encore. La façon dont

1. Suivis, s'il y a lieu, du même mot dans l'autre grande langue indienne du bouddhisme, le pâli ; elle n'est pas si éloignée du sanscrit et on peut reconnaître les mots apparentés ; ainsi *dharma* en sanscrit, *dhamma* en pâli, *nirvâna / nibbana, prajñâ / paññâ,* etc.

il est arrivé à son état d'Éveillé a valeur d'exemple pour les générations qui ont suivi son enseignement. Comme il est presque impossible de retrouver les circonstances historiques exactes de la vie du Fondateur, nous suivrons encore une tradition très répandue en Extrême-Orient pour résumer sa marche à l'Éveil en huit grandes étapes. Elles ont le mérite de mêler les faits admis par la plupart des croyants avec la vision du monde qui est la leur ; ce n'est pas seulement une vie, mais aussi un modèle que le pratiquant est appelé à imiter. Il suffira d'aller dans un musée d'arts asiatiques pour les retrouver illustrées en peintures ou en sculptures.

Il est malheureusement impossible de définir les dates exactes de la vie du Bouddha « historique » qui encadrent ces huit étapes ; les dates transmises sont trop diverses pour être conciliées entre elles. Pendant longtemps, les chercheurs se sont entendus sur une fourchette approximative : en admettant qu'il ait vécu quatre-vingts ans, on estimait sa naissance aux environs de 560 av. J.-C. et sa disparition vers 480 av. J.-C. On a tendance à présent à rabaisser ces chiffres d'un siècle, et il n'est plus possible d'admettre les dates beaucoup plus anciennes données par d'autres traditions.

1. **La première étape** nous plonge tout de suite dans l'univers religieux : la vie terrestre du Bouddha commence au ciel. Avant sa naissance, il passe son avant-dernière existence dans un paradis de béatitude où l'a mené une longue série de morts et de renaissances ; il s'est distingué du reste des hommes en ce que ces âges interminables furent pour lui l'occasion d'un constant progrès moral. Même lorsqu'il renaissait dans le corps d'un chien, d'un pigeon ou d'un lièvre, il trouvait l'occasion de faire le bien pour sauver ses semblables. Peu à peu purifié dans ses intentions, il était devenu un être promis à l'Éveil, un « *bodhisattva* » : c'est-à-dire qu'il ne lui restait plus qu'une vie à accomplir dans le long cycle des renaissances avant d'en être à tout jamais délivré. Le futur Éveillé accomplit la première étape de sa dernière existence : il redescend du monde des dieux dans le monde des hommes, car seul un homme peut devenir bouddha.

2. **Le choix de sa famille** : grâce à ses pouvoirs surnaturels et contrairement à l'immense majorité des êtres vivants, il peut choisir ses parents et son lieu de naissance ; il accomplit ainsi la deuxième étape de sa dernière existence : l'entrée dans

le ventre de sa mère. Celle-ci s'appelait Mâyâ et était la première épouse d'un petit roi du nord de l'Inde. Ce nom même est curieux : il signifie en réalité l'« illusion universelle », voire la « tromperie », qui empêche les hommes de prendre conscience de leur état réel et de s'en libérer. Il est assez lourd de sens pour que l'on se demande s'il s'agit vraiment d'un fait historique ou d'un symbole, d'autant plus que l'embryon qu'est à présent le futur Bouddha passera les mois de sa gestation séparé du corps de chair de sa mère par un réceptacle de béryl, nourri directement par les dieux.

3. **La naissance** : l'enfant naît comme fils du roi Shuddhodana, souverain d'un royaume situé aux confins de l'Inde, dans le sud du Népal actuel ; sa capitale a pour nom Kapilavastu, mais c'est dans une villégiature de campagne du nom de Lumbini, encore maintenant lieu de pèlerinage pour les bouddhistes, que naît le petit Siddhârtha (un nom symbolique : « Qui a réalisé son but »), ultime rejeton de la lignée Gautama du clan des Shâkya. Il fait aussitôt sept pas en direction des points cardinaux et proclame : « Je suis le souverain du monde », au milieu de phénomènes naturels miraculeux saluant sa naissance.

Issu d'une famille de rois guerriers, il serait normal qu'il succède à son père dans la voie royale. Mais à l'examen des nombreux signes extraordinaires qui marquent le corps de l'enfant (trente-deux principaux et quatre-vingts secondaires !), un sage devin prédit que celui-ci pourra accomplir son destin selon deux possibilités : il deviendra soit empereur du monde, soit un grand religieux, un « *Bouddha* ». Cette prédiction inquiète le père, qui voudrait bien sûr que son fils prenne sa relève au sommet de sa caste de rois guerriers. Il décide donc de faire en sorte que Siddhârtha suive la première voie.

4. **Le grand départ** : sept jours après la naissance de Siddhârtha, sa mère, Mâyâ, meurt et l'enfant est dès lors élevé par sa tante. À l'adolescence, son père lui construit des palais où il mène une vie à l'écart des misères du monde. Bientôt marié, bercé de plaisirs, la surveillance attentive de son père ne peut l'empêcher de faire quatre rencontres décisives au cours de ses excursions hors du palais : il aperçoit d'abord un vieillard, puis un malade, ensuite un cadavre et enfin un moine. Instruit par celui qui l'accompagne, il apprend ainsi que les hommes

vieillissent, tombent malades et meurent, mais aussi que certains quittent le monde à la recherche du salut.

Le prince décide d'entrer lui aussi dans cette voie : alors que sa femme est enceinte, il décide de quitter en pleine nuit le palais que les dieux ont endormi, à cheval et accompagné de son fidèle écuyer. Il a ainsi accompli, à l'âge de vingt-neuf ans (ou dix-neuf selon certaines traditions), l'étape décisive de la « sortie de la famille », comme ce Grand Départ est appelé en Extrême-Orient. Il coupe sa chevelure et se met en quête de l'Éveil.

5. **La soumission du Malin** : pendant des années d'errance, Siddhârtha Gautama se rend auprès des grands maîtres spirituels de l'Inde de son époque, dont la tradition a conservé certains noms, mais il les rejette successivement. Il finit par acquérir une réputation de polémiste redoutable et de rigoureux pratiquant de la méditation. Il décide un jour de mener ses exercices ascétiques jusqu'au bout : en six années de yoga, il suspend graduellement ses fonctions vitales, réduit sa nourriture jusqu'à se trouver, squelette immobile, aux portes de la mort. Il comprend alors qu'il s'est fourvoyé et que ces pratiques extrêmes ne mènent à rien. Il reprend de la nourriture et restaure ses forces, à la grande déception de ses disciples, qui l'abandonnent.

Mais le *bodhisattva* ne change plus sa décision : il s'assoit sous un arbre, à l'endroit qui sera appelé en sa mémoire Bodh Gaya, près de la rivière Nairanjanâ, affluent du Gange, dans le grand royaume de Magadha, et se plonge dans une méditation décisive. Le dieu de la Mort, Mâra, qui préside au cycle infini des morts et des renaissances, s'inquiète de cette menace qui met en péril sa souveraineté et soumet le méditant à toutes sortes de tentations, qu'il repousse victorieusement.

6. **La réalisation de l'Éveil** : au terme d'une nuit de méditation, à l'âge de trente ou trente-cinq ans selon les traditions, le *bodhisattva* devient un bouddha, un Éveillé parfait et complet : il acquiert l'intelligence totale des lois de l'univers, il se remémore toutes ses existences précédentes, connaît les vies passées et futures de l'ensemble des êtres vivants. Alors que la plupart des religions, y compris la religion brahmanique indienne qui précède le bouddhisme, sont fondées sur la croyance en une révélation, le bouddhisme a pour fondement une découverte : c'est la compréhension par expérience (la

bodhi, qui est le fait du *buddha*), et du même coup la délivrance, des mécanismes du monde qui plongent les êtres dans une série interminable d'existences finalement misérables.

7. **La mise en branle de la roue de la Loi** : le *bodhisattva* mérite bien dès lors son nom de Siddhârtha, « Celui qui a réalisé son but ». Cependant, il hésite quelque temps : la connaissance à laquelle il est parvenu est en elle-même salvatrice, c'est-à-dire qu'elle libère celui qui la possède de la condition de prisonnier du monde qui est celle de tous les êtres humains. Il pourrait dès lors en jouir pour lui-même, en solitaire, mais sa compassion le pousse à en faire profiter les autres hommes. Finalement, sur les supplications du dieu Brahma, il se décide à divulguer son message : il se rend à Bénarès, en un endroit appelé le parc aux Daims (ou aux Cerfs ou aux Antilopes, mais pas aux Gazelles, comme on le dit souvent, car il n'y a pas de gazelles en Inde), y retrouve ses cinq anciens disciples et leur enseigne le contenu de son expérience. La roue de la Loi ainsi dévoilée est donc l'enseignement de base du bouddhisme, l'essentiel du Dharma (voir chapitre suivant) qui va désormais évoluer de façon infinie mais toujours dans le même but : mener les êtres à la délivrance.

Car, pour faire un bouddha, l'Éveil est condition nécessaire mais non suffisante. Il faut ensuite qu'il prêche la Loi et assure qu'elle soit transmise le plus longtemps possible dans le monde où il est né, jusqu'à ce que les forces de l'ignorance reprennent un jour le dessus.

8. **L'entrée dans l'Extinction** : pendant les cinquante années que dure encore sa vie terrestre, celui qui sera désormais connu sous le nom de Shâkyamuni (« l'Ermite du clan des Shâkya ») parcourt toutes les régions de l'Inde pour enseigner sa doctrine et fonder la communauté qui sera chargée de la propager après lui.

Il est définitivement délivré de la condition humaine et s'il reste encore dans le monde, c'est en quelque sorte pour achever de « brûler » le reste de carburant qui propulse les hommes dans l'existence, le Karma, ou conséquence des actes accomplis, mais il est en réalité au-delà de ces liens.

Au terme d'un demi-siècle, arrive le grand soir où il ne reste plus rien pour soutenir cette ultime existence : le Bouddha disparaît dans l'Extinction définitive à quatre-vingts ans ; il a complètement épuisé les conséquences de ses actes, livré son message et il s'éteint comme le feu lorsqu'il n'y a plus de combustible. C'est l'entrée dans l'Extinction, en sanscrit le *Nirvâna*, qui diffère de la mort « ordinaire » en ce qu'elle n'est pas suivie d'une renaissance dans le cycle des vies et des morts.

On aura une idée de la diversité des traditions bouddhiques si l'on sait que, par exemple, les trois grandes dates de la vie de Shâkyamuni – sa naissance, son Éveil, sa disparition – sont célébrées à la pleine lune du cinquième mois par les fidèles d'Asie du Sud-Est, qui considèrent que les trois événements se sont produits le même jour (c'est la grande fête du Vessâka ou Vessak), tandis que les pays de culture chinoise, Vietnam, Corée, Japon, fêtent sa naissance le huit du quatrième mois, son Éveil le huit du douzième mois et son *Nirvâna* le quinze du deuxième mois.

III

Le Dharma, deuxième Joyau

Beaucoup de bouddhistes occidentaux se refusent à rendre le mot sanscrit *dharma* par sa traduction la plus évidente, qui est « la Loi », sans doute en raison de la résonance autoritaire qu'ils y perçoivent. Ils préfèrent s'en tenir à *dharma*, ou à *dhamma* en pâli. Si ce choix est admissible pour parler du bouddhisme du Sud, il se révèle maladroit pour l'Asie centrale et orientale, dont les peuples ont tenu à traduire dans leur propre langue ce mot fondamental. Or, force est de constater que les Chinois ont opté très tôt pour un mot qui signifiait « loi », transmis tel quel dans les autres régions de culture chinoise, et que les Japonais l'ont traduit à leur tour par « loi, ordre (impérial) ». Plus étonnant encore, les Mongols ont repris au turc ancien, qui le tenait lui-même d'une ancienne langue d'Asie centrale appelée sogdien, la traduction du *dharma* indien par le mot *nom*, qui vient directement du grec ancien *nomos* (que l'on a dans « autonome » par exemple) et qui signifie bel et bien « loi » dans le sens européen. Pourquoi être plus royaliste que le roi et récuser un terme que bien des peuples bouddhistes ont adopté sans sourciller ?

Ce d'autant plus que le mot « loi » rend deux sens importants de *dharma* : la loi morale, mais aussi la loi naturelle qui soutient l'ordre du monde. Il est vrai que le mot indien a un sens très riche : le *dharma* est à la fois le principe qui mène le monde, le discours sur ce principe, la réalité phénoménale (les « choses ») qui est l'objet de notre conscience et qui est à dépasser, la méthode à suivre pour parvenir à ce dépassement, la morale qui va avec cette méthode et l'enseignement qui dispense le tout. Les Chinois ou les Mongols n'ont pas hésité à donner tous ces sens à leur vieux mot signifiant « loi ».

Le Bouddha est donc venu en ce monde pour réaliser le Dharma, c'est-à-dire pour le comprendre, l'accomplir et l'enseigner. On pourrait aller jusqu'à dire que le deuxième Joyau est plus important que le premier. En effet, à la différence des religions monothéistes, si l'on imaginait que la recherche historique venait par extraordinaire à démontrer que le Bouddha Shâkyamuni n'avait jamais existé, la Loi révélée sous son nom ne s'en trouverait pas moins vraie, car elle décrit pour les bouddhistes la réalité du monde, indépendamment de celui qui est venu l'enseigner. Cette idée est bien illustrée par l'art bouddhique le plus ancien, qui se refuse à représenter l'Éveillé, alors que c'est sa Loi qui est représentée par divers symboles, notamment la roue mise en branle par le Bouddha.

Qu'a donc enseigné en premier lieu Shâkyamuni lorsqu'il a rejoint ses anciens disciples dans le parc aux Daims de Bénarès ? Il s'agit des premiers éléments de la doctrine bouddhique, que l'ensemble de ceux qui se disent bouddhistes reconnaissent comme un enseignement fondamental, même si les générations postérieures les interpréteront de façons fort différentes.

Le premier enseignement a reçu le nom de « Quatre Nobles Vérités » ; le terme en sanscrit implique la notion de « réalité », tandis que le chinois signifie davantage « évidence ». Cette liste condense ce que les êtres humains ont besoin de savoir pour comprendre leur état dans le monde et la nécessité de s'en délivrer :

1. **La vérité sur la douleur** : le mot « douleur », généralement utilisé en français, est un peu fort, il vaudrait mieux parler de « peine » ou de « mal-être » inhérent à tout ce qui existe, dans la mesure même où il existe. Cette affirmation, assez simple dans son pessimisme, repose sur une analyse du monde qui vise à démontrer la fausseté de ce que nous prenons en général comme allant de soi, à commencer par notre conviction d'être nous-mêmes : l'individu qui dit « je » est en réalité un assemblage d'éléments physiques et psychologiques persuadé d'exister en tant que tel, alors qu'il n'a pas plus d'existence indépendante qu'une voiture qui est un ensemble de parties démontables. Cette croyance au « Moi » (comme disent les Chinois) ou au « soi » (dans les langues de l'Inde) est le socle de « l'ignorance » fondamentale qui conditionne nos actions. Pour le dire d'un mot, toutes nos peines viennent

de la possession de ce que nous ne désirons pas et du désir de ce que nous ne possédons pas.

2. **La vérité sur l'origine** de la peine (les Chinois disent « l'assemblage » de la douleur) : les êtres vivants sont menés par une soif (ou une appétence) insatiable de plaisir, une cupidité inextinguible qui prospère sur l'ignorance de notre humaine condition. Pour assouvir leurs désirs et fuir leurs répulsions, ils œuvrent inlassablement. Nous sommes donc menés par nos « passions » (ou « souillures » morales) qui nous poussent à agir, mais nos actes ont des conséquences qui vont bien au-delà du but spécifique que nous leur donnons : ils constituent peu à peu un fardeau qui pèse sur l'individu et, en fonction de son poids, oriente ses renaissances. Ce bagage d'actes qui nous suivent s'appelle le Karma, qui ne signifie rien d'autre que « l'Acte » : nous sommes responsables de nos actes, et l'Acte à son tour nous conditionne dans notre devenir.

Comme tous les Indiens, les bouddhistes pensaient que les êtres circulaient dans une série infinie de morts et de renaissances. Il n'y avait pas de mort absolue, car celui qui mourait renaissait presque aussitôt dans un nouvel état quelque part dans la Roue de la naissance et de la mort. Les six grandes possibilités de renaissances ont été appelées les « Six Voies » : elles vont de la voie des dieux jusqu'aux enfers, en passant par les hommes et les animaux. Pour les bouddhistes, les dieux ne sont donc pas éternels : ils sont aussi soumis aux renaissances, mais comme leur durée de vie est infiniment supérieure à celle des humains, ils ont moins conscience de la fragilité de leur état et sont de fait moins pressés d'en sortir, ce qui devient à la longue pernicieux : seuls les hommes peuvent échapper au cycle de l'existence.

L'engrenage du Karma, créé par l'homme et créant l'homme en retour, sur le destin de l'individu, se fait par le biais d'un mécanisme psychophysiologique qui porte le nom redoutable de « production conditionnée » (en chinois : « les douze liens causaux ») et qui veut expliquer en douze étapes comment l'ignorance de départ aboutit finalement à la vieillesse, à la maladie et à la mort le long des Six Voies.

3. **La vérité de la disparition**, ou extinction, de la peine : si les deux premières des quatre vérités ont un aspect sombre, les deux dernières, au contraire, apportent l'espoir. Une fois

que nous avons pris conscience de notre condition pénible et des causes qui y ont mené, nous devons savoir qu'il existe un moyen de nous en sortir ; cette sortie a pour clef l'interruption de la production du Karma, de notre fardeau d'actes. Une fois l'Acte disparu, il n'y a plus de raison de renaître dans le cycle de l'existence : la disparition de l'Acte est l'extinction de la personne, de cet assemblage inconsistant qui se défait et se refait sans cesse. C'est donc l'entrée dans le *Nirvâna*, telle que l'a montrée le Bouddha dans sa vie terrestre.

4. **La vérité sur la voie** : mais supprimer les actes, les passions et l'appétence qui les provoquent est plus facile à dire qu'à faire, c'est le terme d'un long chemin, ainsi que nous l'avons vu dans le cas du Bouddha lui-même. Ce chemin se déploie selon trois modalités : la bonne conduite, la méditation et la sagesse, les trois étant indissociables, et il aura huit « branches » ou, pourrait-on dire, « domaines d'activité » qui recouvrent toute l'action humaine : mode de vie, conduite, concentration, etc. Cette Octuple Voie est l'une des plus anciennes représentations du bouddhisme que l'on trouve dans l'art indien, sculptée sous forme de roue à huit rayons gardée par deux daims.

On a depuis longtemps remarqué que ces quatre vérités, partant du concret pour arriver à la délivrance finale, suivent la méthode du médecin de l'Inde antique : constat de la maladie, cause de la maladie, possibilité de guérison et indication de la cure. Cet aspect concret explique aussi la répugnance attribuée au Bouddha envers les questions purement philosophiques : celui qui soigne un homme transpercé par une flèche n'a pas le loisir de s'interroger sur la personnalité de l'archer qui a lancé la flèche, mais doit s'occuper en priorité du blessé.

Le bouddhisme le plus ancien partage la vision du monde courante en Inde à l'époque, et donc ses présupposés : la croyance en ce que l'on appelle parfois la transmigration ou la métempsycose n'a pas besoin d'être démontrée, de même que la misère de l'être qui doit errer éternellement dans ce cycle. L'idée d'absence de Moi réel au niveau phénoménal était aussi bien répandue, même si les non-bouddhistes pensaient qu'il y avait un Soi transcendant auquel pouvait s'identifier un jour le sage, ce que nièrent les bouddhistes.

Hors de l'Inde cependant, et surtout en Extrême-Orient, cette conception du cycle des naissances comme une tragédie dont il fallait s'échapper était importée, et bien moins profondément implantée. On pourrait même dire qu'elle n'apparaissait pas si terrible pour ceux qui y croyaient. En revanche, les inlassables injonctions à prendre conscience du caractère inconstant de l'existence humaine, de « l'impermanence » de notre condition, passaient beaucoup plus aisément dans n'importe quelle culture, confirmées qu'elles étaient par l'expérience quotidienne. De même, la doctrine du Karma, de l'Acte qui entraîne à plus ou moins long terme des conséquences directes ou indirectes sur celui qui agit, séduisait par son aspect rationnel et simple les milieux intellectuels aussi bien que les milieux populaires.

L'essentiel de la Loi fut très tôt condensé dans un bref poème que l'on retrouve de l'Inde ancienne au Japon et qui peut se traduire ainsi :

> *Les choses* (Dharma) *naissent de liens causaux,*
> *Que l'Ainsi-Venu* (le Bouddha) *a exposés,*
> *Et leur disparition également,*
> *C'est ce grand Religieux qui l'a expliquée.*

C'est sur la base de ces doctrines fondamentales, constituant la Loi de l'Éveillé dans les états les plus anciens que nous puissions atteindre par les textes, que s'élaboreront dans leur richesse foisonnante les doctrines postérieures du bouddhisme. Ceux qui auront charge de le transmettre et de le développer forment le troisième Joyau.

IV

Le Samgha, troisième Joyau

Après son passage dans l'Extinction, le corps du Bouddha fut incinéré et ses cendres réparties entre les différentes régions de l'Inde. Placées dans des monuments appelés *stûpa*, ancêtres des « pagodes » d'Extrême-Orient, ces saintes reliques devinrent le signe visible de la présence continue de l'enseignement de l'Éveillé en ce monde et furent étroitement associées au pouvoir politique qui les protégeait. C'est souvent auprès de ces monuments qu'apparurent les monastères.

L'autre signe du passage du Bouddha en ce monde est la doctrine qu'il y a laissée, le deuxième Joyau qu'est le Dharma. Mais comment assurer que cette loi, qui est aussi – nous l'avons vu – un mode de conduite, soit correctement transmise et mise en pratique après la disparition de celui qui l'a révélée ? Ce sera le rôle de la « communauté » bouddhique (le *Samgha* ou *Sangha*) qui s'est constituée dès le vivant même du Bouddha, avec pour noyau les cinq disciples qui entendirent son premier sermon à Bénarès, dans le parc aux Daims.

Il est en effet bien difficile de vivre selon les préceptes bouddhiques tout en restant dans le monde. Le Karma, le bagage de nos actes, peut être bon ou mauvais ; si l'on veut être sûr que la somme d'actes de bien l'emporte sur la somme des mauvaises actions, afin de permettre une renaissance dans une condition meilleure que la vie présente, il faut s'entourer de circonstances favorables. Pour qui est plongé dans la vie quotidienne, riche ou pauvre, le monde est source de trop de soucis, de souffrances ou de tentations pour pouvoir se livrer à l'exercice de « l'Octuple Voie ». Il importe donc de se séparer, dans la mesure du possible, de la société et de refaire ce qu'avait fait le prince Siddhârtha en quittant sa famille.

Cependant, il est presque impossible de faire fi du monde

réel si l'on veut mener une vie « purifiée » : comment se tenir à l'écart des tâches de l'agriculture, de l'élevage, voire du commerce, si l'on veut faire vivre toute une communauté, ou même si l'on vit en solitaire ? On aura besoin de laïcs restant engagés dans l'économie générale pour fournir les produits de première nécessité permettant à la communauté de subsister.

À une date très ancienne, que la tradition fait remonter aux disciples directs du Bouddha, s'est donc constituée une communauté de moines vivant selon une liste de préceptes détaillés auxquels devaient se soumettre les pratiquants. Cette communauté prendra progressivement forme au cours de plusieurs « conciles » qui préservent le souvenir d'importantes dissensions anciennes. Des inscriptions datées du IIIe siècle avant l'ère chrétienne attestent que le Samgha a déjà une place sociale reconnue aux côtés des brahmanes, représentant l'ordre religieux ancien.

Le moine bouddhique des origines se définit comme un « mendiant » (*bhikshu* ou *bhikkhu*) qui n'a aucune possession propre hormis certains objets d'usage quotidien et qui se nourrit et s'habille de ce que lui donnent en aumône les fidèles laïcs. On a ainsi une répartition assez claire des rôles : le moine est entièrement voué à la pratique de la méditation, à l'étude de la doctrine et à l'observance de la moralité. Lorsqu'il entre dans les ordres, il s'engage à respecter deux cent cinquante commandements (ou deux cent vingt-sept, selon les écoles) qui couvrent tous les aspects de la vie humaine et qu'il serait bien sûr impossible d'observer dans le monde extérieur. Le laïc, de son côté, père de famille et maître de maison, qu'il soit agriculteur, artisan, commerçant ou guerrier, peut s'engager d'une part, après avoir pris refuge dans les Trois Joyaux, à obéir autant que faire se peut aux cinq commandements principaux auxquels devraient se soumettre tous les êtres humains :

- ne pas tuer ;
- ne pas voler ;
- ne pas forniquer ;
- ne pas mentir ;
- ne pas boire d'alcool,

mais aussi à pourvoir régulièrement à la subsistance du Samgha. Tout le monde est familier de l'image du moine bouddhique qui, seul ou en groupe, s'en va chaque jour recevoir sa nourriture déposée dans son bol à aumône par les ménagères attendant respectueusement son passage. Cette scène caractéristique de l'Asie du Sud-Est ne se voit pas souvent dans les pays d'Extrême-Orient, où les monastères deviendront de grands domaines qui pourront produire ce dont ils ont besoin (et même bien au-delà), pas plus qu'au Tibet, mais la pratique du don fait par les laïcs au Samgha, qui peuvent être représentés par le pouvoir royal ou le gouvernement, se retrouve dans tous les pays de culture bouddhique.

Ici encore, cette pratique s'explique par la notion de l'Acte et de sa rétribution : on s'assure un bon bagage en accumulant ce que l'on appelle les « mérites », de bonnes actions qui viendront s'inscrire à l'actif de celui qui les aura accomplies. Le décompte des mérites est complexe, certains actes sont plus méritants que d'autres, mais l'un des placements les plus sûrs est le Samgha ; il représente ce que l'on appelle un « champ de mérites » qui doit être particulièrement cultivé.

Cette morale de base se résume dans un autre petit poème aussi ancien que celui cité plus haut, et que fredonnait encore un prince japonais du VIIe siècle :

Le mal, que l'on s'en abstienne,
Le bien, que l'on s'y consacre,
La pensée, qu'on la purifie ;
Telle est la doctrine des Éveillés.

Bien que la tradition assure que la congrégation des laïcs a été créée par le Bouddha, à contrecœur, après le Samgha, comme un pis-aller pour ceux qui n'avaient pas le courage d'abandonner la famille, il n'est guère douteux que les deux corps soient parfaitement parallèles l'un à l'autre.

Il en va de même des deux congrégations féminines. Malgré les critiques contemporaines de l'inégalité des conditions masculine et féminine dans le bouddhisme, on ne peut que reconnaître que c'est l'une des plus anciennes religions à avoir accordé un statut indépendant à la pratique religieuse des femmes, tant monastique que laïque.

La tradition veut que ce soit sur l'insistance de la tante qui l'avait élevé que Shâkyamuni ait accepté la formation d'une communauté de nonnes, les *bhikshunî* (ou *bhikkunî*), soumises d'ailleurs à une discipline beaucoup plus rigoureuse que les moines, avec un nombre bien plus important de commandements à observer. Le Bouddha aurait ajouté que la durée du Dharma en ce monde serait réduite de moitié à cause de l'importante concession qu'il faisait aux femmes.

Il en va de même pour la congrégation des femmes laïques : on leur reconnaît une parité d'importance dans l'entretien de la communauté monastique, ce qui revient à une reconnaissance d'autonomie dans la pratique. L'un des plus anciens textes bouddhiques conservés, intitulé *Stances des Therî* (ou *Doyennes*), retrace l'itinéraire, raconté par elles-mêmes, de femmes qui se dégagent des fortes contraintes de leur temps (on connaît encore maintenant la situation pénible des veuves en Inde) pour marcher vers la délivrance.

Cela n'empêche pas le bouddhisme de placer la femme dans une position défavorable par rapport à l'homme : on ne peut devenir bouddha que si on renaît dans un corps d'homme, le corps féminin est décrit comme particulièrement impur ; quant au désir sexuel, singulièrement celui qu'éprouve un homme pour une femme, il constitue l'un des principaux obstacles sur le chemin de l'Éveil. Tout cela n'est pas nouveau et n'est pas propre au bouddhisme. Il faut voir aussi que par-delà l'amour charnel, ce sont également les liens familiaux qui sont visés dans ces attaques : épouse et enfants sont les plus fortes attaches qui retiennent l'homme voulant quitter le monde. Il est donc logique que les discours sur la vie religieuse les attaquent particulièrement. Même plus tard, quand le ton changera quelque peu et que l'on aura un regard nouveau sur les possibilités spirituelles des femmes, on verra encore des textes promettre aux pratiquants consciencieux de ne jamais plus renaître dans un corps féminin.

Un aspect important de la pratique des moines et des nonnes était les assemblées tenues à la pleine lune et à la nouvelle lune, au cours desquelles chacun confessait publiquement ses péchés et faisait pénitence. Ces assemblées évoluèrent au cours de l'histoire, on y admit aussi des laïcs. Si la règle exigeait au début que les religieux ne restent pas au même endroit plus longtemps que ne le nécessitait la saison des pluies en Inde, lorsque les voyages devenaient difficiles, les monastères devinrent assez tôt des institutions stables où l'on demeurait longtemps. On se rappellera cependant que l'engagement religieux était beaucoup moins contraignant qu'il ne le fut dans l'Europe médiévale, et celui qui renonçait à la vie monastique ne s'exposait pas à des poursuites ; le seul danger qu'il encourait était pour son Karma.

Quel était le but de la vie monastique ? Dans le bouddhisme ancien et dans celui qui se pratique encore en Asie du Sud-Est, le but ultime du fidèle n'est pas de devenir bouddha, car il n'y a qu'un seul Bouddha pour l'âge cosmique qui nous concerne, mais d'accomplir la Loi et d'arriver par la pratique à l'Éveil et à la paix du *Nirvâna*. Seule la vie de moine, à l'abri des contraintes matérielles grâce à la fois au renoncement au superflu et à l'entretien assuré par les laïcs, permet de progresser réellement vers cette fin. Cela peut occuper un grand nombre de vies successives : la nonne qui aura bien pratiqué pourra renaître comme moine ; le moine à son tour franchira progressivement les différents niveaux de méditation qui lui permettront de supprimer un nombre croissant de passions, jusqu'à celles qui sont le plus profondément implantées dans le psychisme. Ceux qui auront vaincu toutes ces difficultés parviennent au plus haut état auquel puisse prétendre l'être humain à moins de devenir bouddha : ils deviennent des *Arhat* (aussi *Arahant*), c'est-à-dire des « Méritants » (méritant les plus hautes offrandes et vénérations) : ils parviennent, à l'instar du Bouddha, à la suppression du Karma et sont délivrés à tout jamais du cycle des naissances et des morts. À la fin de leur vie, ils pénètrent dans l'Extinction définitive. Ces Méritants sont donc l'ultime niveau des Auditeurs, de ceux qui ont écouté la parole du Bouddha et l'ont accomplie.

Pour ce qui concerne la communauté monacale aussi, le bouddhisme représente une sorte de « première » dans l'histoire des religions. Le Samgha constitue sans doute le premier exemple d'une collectivité structurée à travers les siècles, centrée non pas sur un maître vivant, mais sur une doctrine qu'elle a à charge de transmettre dans son intégrité. Cette communauté se réclame certes d'un fondateur, mais ceux qui sont ensuite à sa tête, pour vénérables qu'ils soient, ne sont que des hommes choisis parmi leurs semblables. Elle se propage et essaime de plus en plus loin, mais reste bien distincte du pouvoir politique, tout en cherchant son patronage. Elle admet les hommes comme les femmes, mais ils vivent strictement séparés, conscients de ce que le célibat est la condition indispensable d'une vie vouée à la pratique religieuse et à l'étude. Les membres de la communauté pratiquent la confession et la pénitence, le jeûne, la vie solitaire, la méditation.

Il était difficile dans ces conditions de ne pas faire le rapprochement avec l'autre grande tradition qui subsiste encore de nos jours, le monachisme chrétien sous ses formes catholique et orthodoxe. Plusieurs savants ont soutenu l'hypothèse, séduisante il est vrai, d'une influence concrète du Samgha bouddhique sur la naissance de l'idéal monacal chrétien, que ce soit par l'intermédiaire du manichéisme (dont on est sûr qu'il a subi cette influence), du monachisme syrien, voire, plus tôt encore, des mystérieux esséniens. Rien n'est cependant démontré de ces contacts, malgré quelques indices intrigants.

Ce qui est certain, en revanche, c'est que le Bouddha lui-même s'est trouvé mis au nombre des saints vénérés par l'Église chrétienne, sous le nom de saint Josaphat (ou Joasaph) : sa vie traduite et réadaptée du persan médiéval à l'arabe, puis au géorgien et enfin au grec, parvint à Constantinople au Xe siècle, pour ensuite, à travers le latin, se diffuser dans toute l'Europe jusqu'en Islande, en Irlande, en Russie. Josaphat n'est autre que la transformation du mot *bodhisattva*, de l'être d'Éveil qu'était Shâkyamuni avant de devenir bouddha.

V
Les Trois Corbeilles

Le corps physique du Bouddha avait été réduit en cendres, il en restait les saintes reliques. La trace de ses pas miraculeusement imprimée sur les rochers et vénérée par les fidèles témoignait de la réalité de son existence, mais il avait laissé un autre corps, le corpus de sa doctrine, le Dharma, que les moines devaient transmettre et étudier. Au cours de cinquante ans de prédication tout autour de l'Inde, il avait prononcé un nombre incalculable de sermons que ceux qui constituèrent la première communauté monastique s'efforcèrent de conserver en mémoire. À une époque où l'écriture n'était quasiment pas employée par les Indiens, le seul moyen de ne pas perdre ces enseignements était de les apprendre par cœur, mais encore fallait-il définir quels étaient les textes à retenir. Ce fut l'une des tâches des conciles successifs qui se tinrent depuis l'Extinction du Bouddha jusqu'au règne du grand roi Ashoka (ou Asoka) de la dynastie des Maurya.

Ce personnage illustre dans l'histoire du bouddhisme est resté pour la postérité le modèle de ce que doit être le pieux souverain protecteur de la Loi. Il aurait connu un long règne allant environ de 268 à 232 av. J.-C., au début duquel il s'était converti à la doctrine de l'Éveillé, horrifié par les massacres qu'il avait perpétrés pour accéder au pouvoir. Il s'efforça dès lors de faire de son empire, centré sur le pays de Magadha au nord-est de l'Inde, mais qui s'étendit sur un vaste territoire, une terre où régnait la Loi morale de Bouddha. Nous avons la chance extraordinaire d'avoir, grâce à son œuvre missionnaire, les seuls témoignages écrits anciens sur l'état du bouddhisme deux siècles environ après le *Nirvâna* : il fit en effet graver sur la pierre des Édits adressés à l'empire, déclarations pieuses et moralisantes qui apportent un éclairage direct sur les données de la tradition. Ces inscriptions furent retrouvées au XIXe siècle.

Nous savons ainsi par l'Édit de Bhabra que l'empereur Ashoka a défini, à l'intention du Samgha lui-même, la liste des recueils de paroles du Bouddha à conserver de façon durable. Il est évidemment curieux que ce soit le pouvoir politique, en la personne du souverain, qui vienne dicter à la communauté des moines la liste des textes qu'ils auront à étudier, mais cela recoupe une ancienne tradition qui relate le rôle décisif d'Ashoka dans l'organisation du troisième grand concile, tenu en sa capitale de Pataliputra, concile qui aurait donné une forme définitive aux Écritures bouddhiques. Bien plus étonnant est le fait que les sept titres gravés sur la pierre ne correspondent en rien à ce qui s'est transmis jusqu'à nous comme corpus authentique des Écritures bouddhiques.

Ce fait illustre la difficulté des problèmes qui se posent dans l'histoire du bouddhisme lorsqu'il faut confronter les données historiques et archéologiques avec les traditions bien implantées. Mais c'est l'évolution du bouddhisme jusqu'à son état moderne qui est ici considérée ; les siècles ont donc validé le lien qui s'est établi entre l'antique empereur et les Écritures bouddhiques. De plus, nous retrouverons au cours de l'histoire ce lien entre le souverain et le texte sacré.

Ce serait donc au IIIe siècle av. J.-C. que s'est imposée l'organisation de l'ensemble des enseignements attribués au Bouddha (ce que l'on appelle le « canon » bouddhique, c'est-à-dire le recueil ou « corpus » reconnu comme faisant autorité dans la communauté), même si les croyants la font remonter aux disciples immédiats de Shâkyamuni. Transmis oralement au début, le Canon était rigoureusement classé et divisé pour permettre la mémorisation et la récitation en commun. Très tôt s'imposa l'appellation de « *Trois Corbeilles* » (*Tripitaka* ou *Tipitaka*) pour les trois grandes répartitions du Canon, puisque les anciens Indiens, comme les Grecs et les Romains, regroupaient les manuscrits dans des paniers. Cela implique bien sûr des textes écrits et il est difficile d'imaginer que le terme soit antérieur à l'ère chrétienne ; on ne le trouve pas en tout cas dans les inscriptions d'Ashoka, mais il a perduré jusqu'à nos jours en Asie du Sud-Est et est aussi utilisé en Extrême-Orient.

La première des Trois Corbeilles, la plus fameuse, est la *Corbeille des soutras* (*sûtra* ou *sutta*). Les soutras sont censés contenir la parole même du Bouddha ; ce sont les discours rapportés de mémoire par l'un de ses disciples, ce qui explique qu'ils commencent tous en principe par les mots « Ainsi par moi fut entendu... », comme attestation de l'authenticité de la transmission. C'est une collection de textes très divers par la longueur et le contenu qui reprennent et développent les doctrines censées remonter à Shâkyamuni, mais on y trouve aussi les *jâtaka* ou « récits des naissances », très proches du conte populaire, qui rapportent les différentes réincarnations passées du Bouddha, de même qu'un célèbre recueil de sentences d'allure proverbiale, les *Vers de la Loi* (*Dhammapada*). Beaucoup de passages de la *Corbeille des soutras* seront à leur tour l'objet de nouveaux développements dans des *Tripitaka* postérieurs, en d'autres royaumes et en d'autres langues, mais il y aura toujours un souci, même dans les mouvements les plus novateurs, de se couler dans le moule attesté par une tradition si vénérable.

Une caractéristique des soutras est leur texte extrêmement répétitif, un trait que l'on retrouve aussi dans les versions plus tardives, ce qui semble contredire le sens habituel du mot sanscrit *sûtra,* qui désigne d'ordinaire un bref aphorisme qui appelle un commentaire. Cela a mené certains à penser que le mot ancien *sutta* n'est pas l'équivalent de *sûtra* mais signifie en réalité, comme *sûkta* en sanscrit, « ce qui est bien dit ». En ce cas, on trouverait un synonyme de ce terme dans l'inscription d'Ashoka à Bhabra, qui qualifie les enseignements du Bouddha de *subhâsite,* « bien dits ».

La deuxième est la *Corbeille de la discipline* (*Vinaya*) qui régit la vie des moines, c'est-à-dire du Samgha. Ces recueils de règlements très détaillés concernent aussi bien l'individu que la communauté et sont présentés comme la parole du Bouddha lui-même ; c'est dire que le *Vinaya* est investi de la même autorité que les soutras. Mais ici encore, il a évolué selon les époques et les traditions : alors que le bouddhisme d'Asie du Sud-Est en possède un seul, il en existe cinq en langue chinoise et le concept même de discipline monastique a considérablement changé en Extrême-Orient, tout particulièrement au Japon.

Le nom de la troisième corbeille, celle de l'Abhidhamma (ou *Abhidharma* en sanscrit) ne se laisse pas facilement traduire : on a trouvé pour le rendre en français des termes aussi différents que « super-doctrine » ou « métaphysique » ou encore « retour technique sur la Loi ». Les Chinois ont choisi plus simplement de le traduire par « discussion », ce qui indique bien le rôle de cette dernière partie du Canon : y sont consignés des réarrangements systématiques des enseignements du Bouddha dispersés dans la *Corbeille des soutras*, auxquels on a ajouté des discussions en questions et réponses. L'organisation pour ainsi dire rationnelle de cette partie du Canon donne une impression de pensée systématique qui évoque la démarche philosophique et on pourrait la comparer à la philosophie médiévale de l'Europe, qui se présente comme un commentaire rationnel de la Bible. Bien que faisant partie des Trois Corbeilles, l'Abhidhamma n'est pas vraiment parole du Bouddha, mais il constitue la porte qui va permettre le développement continu de la pensée bouddhique, car les moines savants des âges suivants s'inscriront tout naturellement dans cette lignée de commentaires remontant en théorie aux disciples mêmes de Shâkyamuni.

Cette troisième corbeille prendra une telle importance que dans le bouddhisme tibétain, par exemple, le Canon bouddhique sera au Moyen Âge divisé de fait en deux parties : le *Kanjur*, qui contient une version tardive du *Tripitaka*, et le *Tanjur*, qui recueille les commentaires indiens ; le premier comprend cent huit volumes, le second deux cent vingt-cinq, et on pourrait considérer que cette seconde partie est le prolongement de *l'Abhidhamma*. En Chine aussi, le *Grand Canon* (comme on finit par appeler *Les Trois Corbeilles*) vit au long de ses éditions successives croître démesurément la partie consacrée à la « *Discussion* », au point qu'elle dépasse de beaucoup en quantité les deux premières parties.

Le Canon bouddhique, nous l'avons dit, pourrait être considéré comme le corps spirituel du Bouddha, encore plus vénérable que les reliques qu'il avait laissées en notre monde. Il convenait donc d'y accorder un respect au moins aussi grand. L'une des façons les plus marquantes qu'eurent les rois et les empereurs de concrétiser la faveur et la protection qu'ils accordaient au Samgha fut de financer l'énorme entreprise de publication du Canon bouddhique dans les différentes formes qu'il a prises au long des âges. Un empereur chinois des Song (au Xe siècle) fit ainsi graver cent trente mille planches pour imprimer plus de mille textes du Canon de l'époque ; au XIIIe siècle, un roi coréen fit graver les blocs imposants que l'on voit encore au temple Haein-sa dans le sud de la Corée ; le roi birman Mindon, au XIXᵉ siècle, se fit l'émule d'Ashoka au point de réunir lui aussi un concile et faire ensuite graver tout le *Tripitaka* sur sept cent vingt-neuf stèles de pierre au temple Kuthodaw, rivalisant ainsi avec les célèbres soutras de pierre du temple chinois Yunju-si, où les quatorze mille deux cent soixante-dix-huit stèles du Grand Canon furent gravées sur plus de mille ans.

Il y a bien peu de points communs qui relient les différents Canons qui marquent les territoires du monde bouddhique ; une partie relativement très réduite se retrouve plus ou moins dans les grandes collections de l'Asie du Sud-Est, du Tibet et de la Chine, mais l'idée d'un corpus de textes et non pas d'un seul livre qui concentrerait toute la Loi est commune à toutes les traditions. On verra cependant en Extrême-Orient, dans les écoles qui fleurirent en Chine et au Japon, une étonnante dévalorisation des *Trois Corbeilles* au profit du *Grand Canon* : elles finirent par symboliser l'étape la plus basse de l'enseignement du Bouddha Shâkyamuni, dépassée par les révélations consignées dans le *Grand Canon*. Le *Tripitaka* devenait ainsi une sorte de pis-aller pour ceux qui n'avaient pas pu profiter des doctrines plus élevées. Il n'en alla bien sûr pas de même dans les différents pays d'Asie du Sud-Est, où le *Tripitaka* est au centre de la vie intellectuelle du Samgha et où l'on assure encore qu'il descend directement de la version établie il y a vingt-trois siècles au cours du concile réuni par l'empereur Ashoka.

Il faut chercher l'origine de traditions aussi antagonistes dans les grandes divergences au sein de la communauté à propos desquelles nous avons des témoignages dès l'époque de Shâkyamuni ; elles refirent surface au temps d'Ashoka, mais elles devinrent de plus en plus aiguës et aboutirent à la grande division du bouddhisme que l'on constate encore de nos jours entre ce que l'on appelle les deux Véhicules.

VI

Le Grand Véhicule et le tantrisme

Le schisme semble être le mode de croissance de toutes les grandes religions. On a l'impression que les principaux mouvements spirituels, à mesure qu'ils s'éloignent dans le temps et l'espace de leur fondateur, de fait incapable de répondre aux nouvelles interrogations, sont condamnés à la divergence. Elles apparaissent relativement tôt, puis se développent et se durcissent en d'irréconciliables confrontations. On connaît le résultat de ce processus pour les religions monothéistes : le christianisme divisé en catholicisme, orthodoxie et protestantisme, l'islam sous ses formes sunnite, chiite, ou même alawi.

Le bouddhisme n'a pas échappé à la règle, il la subit même de façon sans doute plus profonde et continue que les autres, au point de présenter un aspect intellectuel extraordinairement bigarré. Au contraire d'autres religions strictement définies soit par la doctrine, soit par la pratique, on pourrait dire du bouddhisme que toutes les doctrines possibles ont été soutenues à un moment ou à un autre de son histoire, et il serait difficile de trouver une pratique sur laquelle tous s'accordent. Même ce qui passe en Europe pour des traits inséparables de la voie du Bouddha : la « non-violence » (c'est-à-dire le refus de supprimer quelque vie que ce soit), le végétarianisme, la pratique continue de techniques complexes de méditation, par exemple, ne sont en rien universels dans le monde bouddhique.

Les sources bouddhiques font état de divisions très anciennes de la communauté monastique, notamment entre une faction dite « Majoritaire » et une « Minoritaire ». Elles ne s'accordaient pas sur le statut qu'il fallait donner à l'Arhat. La secte des Majoritaires s'est à son tour scindée en de nombreux courants, celle des Minoritaires survit jusqu'à nos jours en Asie du Sud-Est.

La multiplication des courants et des sectes alla grandissant autour des premiers siècles de l'ère chrétienne. Surtout, elle s'accompagna d'un phénomène remarquable de création continue de nouveaux textes scripturaires, de soutras presque révolutionnaires qui avaient tous un but manifeste : supplanter l'ancien Canon des *Trois Corbeilles* et apporter la révélation d'une dimension nouvelle du bouddhisme. Ce mouvement faisait éclater le cadre moralement restreint du Samgha traditionnel, marqué par son idéal de l'Auditeur et du moine pratiquant strictement les préceptes et la méditation pour parvenir un jour au plus haut degré auquel puisse prétendre un homme, l'Arhat ; on accordait désormais la primauté à une autre figure : le *bodhisattva*.

Ce nouveau courant est appelé, dans les textes qui le prônent, le *Mahâyâna*, ou « *Grand Véhicule* » ; il faut bien voir qu'il s'agit d'un terme polémique, adressé à son adversaire direct, le « *Petit Véhicule* » (*Hînayâna*), ainsi qu'il appelle de façon péjorative ceux qui s'attachent encore à l'enseignement traditionnel. Ces derniers récusent bien sûr une telle appellation. Il ne faut pas non plus exagérer la rupture entre les deux ; il est évident que, dans la pensée de ses tenants, le Grand Véhicule représente davantage un dépassement du Petit Véhicule que son abolition. Il semble que l'importance de l'écriture dans la formation du Grand Véhicule ne soit pas à négliger : avec la généralisation de l'écrit dans la civilisation indienne, qui s'en méfiait auparavant, il fut possible de diffuser des doctrines nouvelles et audacieuses qui seraient auparavant restées circonscrites à leur auteur et son entourage et auraient eu beaucoup plus de difficultés à se répandre.

Il est en effet une idée que l'on retrouve partout dans le bouddhisme, c'est que tout enseignement donné par le Bouddha est adapté aux facultés d'intelligence de celui à qui il est destiné. Il existe certainement une vérité absolue, mais elle est inexprimable, et tout ce qui est présenté, en notre monde phénoménal, comme vérité n'est seulement qu'un aspect de la vérité absolue. Une conséquence de cette idée est que, s'il n'existe pas de doctrine parfaitement vraie, il n'en est pas non plus de complètement fausse. Le Petit Véhicule n'est donc pas entièrement faux, mais il devient insuffisant, il peut au mieux représenter une bonne entrée dans la voie du salut pour ceux qui n'ont pas la capacité d'aller au principal.

Avec l'apparition du Grand Véhicule, on assiste à un rééquilibrage des Trois Joyaux : alors que l'idéal de l'Arhat était de réaliser le Dharma, et donc d'arriver au *Nirvâna*, l'accent est mis désormais sur le premier Joyau : le but ultime du pratiquant n'est plus d'entrer dans l'Extinction, mais d'accéder soi-même à l'état de bouddha. Le pratiquant ne se veut plus Auditeur, mais *bodhisattva*, « l'être promis à l'Éveil » : alors que, dans le bouddhisme ancien, ce terme ne s'appliquait guère qu'au Bouddha Shâkyamuni dans ses vies passées et dans la période précédant son éveil, il est à présent affirmé que tous les hommes sont appelés à entrer dans la « carrière de *bodhisattva* », dont le premier pas est la décision d'accéder un jour à l'Éveil parfait : c'est la « production de la pensée d'Éveil ». Cette décision engage celui qui la prend dans une voie immensément longue, dont il ne verra le terme qu'après un nombre inimaginable de millions de siècles ; les mérites qu'il accumulera serviront certes à son salut personnel, mais il placera avant sa propre libération son œuvre de compassion à l'égard des êtres de ce monde encore plongés dans les peines venant de l'ignorance.

La compassion altruiste devient le maître mot de la pratique bouddhique. Elle s'accompagne d'une forme spéciale d'intelligence, que l'on traduira par « sagesse » ou « sapience » (*prajñâ*), propre aux *bodhisattvas* et qui leur permettra de mettre en œuvre des « expédients » ou stratagèmes salvateurs afin de mener les gens au salut, serait-ce même à leur insu. La pratique des *bodhisattvas* se caractérise par six « excellences » de vertu, dont la plus importante est sans contredit « l'excellence de sagesse » (*prajñâ-pâramitâ*), qui finira par dépasser toutes les autres dans le bouddhisme d'Extrême-Orient, précisément parce qu'elle est le moteur de leur action salvatrice.

On a souvent comparé, non sans quelque raison, en particulier à cause de leur contemporanéité, ces idées sur la Sagesse bouddhique, parfois appelée Mère des bouddhas, pour montrer son caractère fondamental, aux doctrines gnostiques centrées sur la Sophia (sagesse) qui furent si importantes dans le monde méditerranéen autour du début de l'ère chrétienne. Il est cependant peu probable, même si l'hypothèse est fascinante, qu'il y ait eu influence directe dans l'un ou l'autre sens.

Un autre vieil enseignement bouddhique se voit fort dévalorisé dans le Grand Véhicule : la croyance au Karma, au bagage individuel des actes que l'on est seul à constituer et seul à subir, subsiste certes, mais l'action compassionnelle des *bodhisattvas* consiste justement à soulager le Karma des êtres.

On voit ainsi le *bodhisattva* Avalokiteshvara (qui s'appellera *Guanyin* en Chine, *Kannon* au Japon et y prendra des traits féminins) promettre dans le *Soutra du Lotus*,l'un des livres majeurs du Grand Véhicule, daté du milieu du IIe siècle apr. J.-C., de venir en aide à tous ceux qui souffrent, qui sont en danger ou dans le besoin, pour peu qu'ils invoquent son nom.

Un autre grand livre de peu postérieur, l'*Enseignement de Vimalakîrti*, montre son protagoniste, un banquier, tournant en ridicule les grands Arhats disciples de Shâkyamuni et exalte la pratique de ceux qui restent dans le monde, portant ainsi ses coups contre le prestige du Samgha. Du même coup, c'est l'importance de la discipline monastique, du *Vinaya*, qui est remise en question : on verra naître un code de conduite simplifié et grandiose, appelé « *Commandement de bodhisattva* », qui s'adressera aussi bien aux laïcs qu'aux religieux.

Mais c'est aussi le premier Joyau, le Bouddha, qui connaît un profond bouleversement dans le Grand Véhicule : le *Soutra du Lotus*, par exemple, révèle que l'entrée de Shâkyamuni en *Nirvâna* n'était rien d'autre qu'une mise en scène charitable destinée aux êtres de ce monde : en réalité, le Bouddha était éveillé et entré en Extinction depuis un temps si immensément long qu'il défie l'imagination.

Pour le *Mahâyâna*, il n'y a pas qu'un seul bouddha, l'univers en compte un nombre inimaginable, tel celui dont le royaume est situé à l'ouest de notre monde, le Bouddha Amitâbha, qui accueillera en son domaine paradisiaque tous ceux qui s'en remettront à sa compassion.

Ces nouvelles visions amènent aussi une amplification de l'idée même du corps de Bouddha : pour expliquer son action multiforme, il est nécessaire de postuler qu'il existe et agit en trois dimensions : une dimension phénoménale, qui est celle de l'action en ce monde et qui est celle de Shâkyamuni, par exemple ; une dimension sublimée réservée à l'action du Bouddha sur les *bodhisattvas* ; enfin une dimension ultime, ineffable, qui n'est pas le *Nirvâna* mais le « Plan de la Loi », où toutes les identités des bouddhas distingués en notre monde se confondent en une seule.

Enfin, le Grand Véhicule permit l'apparition de ce que l'on peut appeler des penseurs systématiques du bouddhisme, dont les noms comptent à présent parmi les grands philosophes, en particulier Nâgârjuna (milieu IIIe siècle apr. J.-C., représentant l'école dite de la Médianité), qui porta aussi loin qu'il est possible la réflexion sur le concept de Vacuité exposée dans une série de soutras dits « *Soutras sur l'excellence de sagesse* ». Le bouddhisme tibétain se réclame en grande part de lui.

Une autre branche majeure de la réflexion du Grand Véhicule, représentée par Asanga et son frère Vasubandhu et appelée école des Maîtres de Yoga ou du Rien-que-Conscience, eut une forte influence sur l'Extrême-Orient.

On doit à ces deux écoles le développement d'importants travaux sur la logique utilisée pour démontrer leurs propositions fondamentales. Les Tibétains reçurent et étudièrent attentivement cette science, alors qu'elle eut un impact bien moindre en Chine, en Corée et au Japon.

Voici un résumé poétique de la pensée sur la Vacuité, donné dans la dernière stance du *Soutra du Diamant* :

Tous les composés phénoménaux
Sont comme rêve, mirage, bulle, reflet,
Comme la rosée ou comme l'éclair,
Ainsi faut-il voir les choses.

Après le Grand Véhicule, le dernier grand stade de l'évolution du bouddhisme indien consiste en ce que l'on appelle parfois le « *Véhicule de diamant* », ou tantrisme. Ce dernier mot vient du sanscrit *tantra*, qui signifie aussi bien « livre » (comme *soutra*) que « rituel », ce qui décrit bien son caractère : il s'agit d'un ensemble d'instructions, exposées dans des textes qui se présentent eux aussi comme la parole de bouddhas, mais appartenant à des dimensions plus élevées que le Shâkyamuni terrestre. Ces instructions, qui doivent être étudiées en compagnie d'un maître qualifié qui confère au disciple l'autorisation rituelle de les aborder, visent à accomplir par une pratique minutieusement codifiée et d'allure magique ce qui était obtenu auparavant, dans les doctrines antérieures, par la réflexion, la méditation et la bonne conduite : l'accès à la réalité suprême qui est en fait transformation de tout le phénoménal en absolu : les contraires se résorbent, de même que la distinction entre êtres et Bouddha, pour ne laisser place qu'à une unité parfaite.

L'un des principaux supports de la pratique tantrique en Extrême-Orient (où on l'appelle plutôt « ésotérisme » ou « doctrine secrète ») est le *Mandala*, qui se présente sous une forme assez différente au Tibet. Il s'agit d'une représentation imagée de l'univers en tant qu'émanation du Bouddha suprême Mahâvairocana. Le pratiquant suit certains rites pour établir une affinité avec l'un des bouddhas ou *bodhisattvas* qui composent le mandala.

À ces êtres supramondains sont associés des sons qui peuvent être d'une seule syllabe ou de plusieurs ; ils sont appelés *mantra*. Le maître donne à son disciple le *mantra* qui sera le support de sa méditation ; relié à un bouddha ou *bodhisattva*, ce *mantra* sera la clef du processus d'élaboration psychique auquel se livrera le pratiquant. L'identification entre les êtres suprêmes du bouddhisme, les sons et les lettres qui les fixent est concrétisée de façon impressionnante dans les mandalas japonais où les images des divinités sont remplacées par la lettre qui les symbolise.

Le tantrisme bouddhique s'est développé parallèlement au tantrisme hindouiste entre le Ve et le VIIe siècle ; il est probable que celui-ci ait influencé le premier, tant ce Véhicule de Diamant, que l'on considère parfois comme un troisième véhicule, est éloigné des doctrines anciennes du bouddhisme. Mais son influence fut considérable, en Inde d'abord, où il est la dernière forme du bouddhisme indien avant sa disparition, au Tibet bien sûr, et même au Japon, où il subsiste sous un aspect très original.

VII

Le passage en Asie centrale et en Chine

Le bouddhisme fut dès l'origine une religion missionnaire, trait qu'il partage avec le christianisme et l'islam, bien que les modes de propagation aient été fort différents d'une religion à l'autre. Ce fut cependant à l'époque de l'empereur Ashoka que furent sans doute faits les premiers efforts organisés, encouragés par un souverain, pour porter la doctrine dans des contrées vraiment étrangères, c'est-à-dire au-delà des frontières de la culture indienne.

L'une des portes naturelles de l'Inde sur l'Asie centrale et le monde iranien étaient les provinces du Nord-Ouest, l'antique région du Gandhâra et ce qui est encore appelé le Cachemire. La première est célèbre pour avoir vu l'éclosion de « l'art gréco-bouddhique du Gandhâra », une nouvelle manière de représenter le Bouddha et les grands personnages bouddhiques selon les procédés de l'art grec qui avait pénétré jusqu'aux confins de l'Inde grâce à l'action des souverains des royaumes descendant des conquêtes d'Alexandre le Grand († – 323). Cette nouvelle expression artistique, qui n'hésitait plus à donner à l'Éveillé des traits humains, se propagea vers l'intérieur de l'Inde pour se mêler aux courants anciens, mais, située qu'elle était dans une région de passage, elle fut assez rapidement exportée vers les contrées situées au-delà de l'Himalaya par les cols du Karakorum qui donnaient accès au bassin du Tarim, dans la province chinoise actuelle du Xinjiang (que l'on appelle parfois encore le Turkestan chinois).

Les nombreuses grottes ornées de peintures bouddhiques creusées dans les montagnes qui bordent le désert du Taklamakan permettent de suivre la progression de cet art en même temps que son adaptation progressive aux techniques et aux motifs de l'art chinois : les sites de Kashgar, Kucha, Kizil, Khotan, Loulan sont les relais qui mènent plus loin vers l'est à Turfan, Dunhuang, puis vers les capitales successives de la Chine, le terminus étant le lointain archipel japonais. On a appelé « route de la Soie » les divers chemins qui reliaient la Chine à l'Asie centrale, menant vers l'ouest aux villes de Samarcande, Boukhara, à la Perse, voire à Constantinople.

Mais ce n'étaient pas seulement les artistes bouddhiques qui voyageaient le long de la route de la Soie ; il s'agissait avant tout d'une voie commerciale, que sillonnaient des caravanes de marchands, celles que l'on voit évoquées dans certaines paraboles du *Soutra du Lotus,* par exemple. Il est probable que les commerçants indiens furent les premiers propagateurs du bouddhisme dans les diverses cités-oasis d'Asie centrale, mais ils furent vite accompagnés de moines missionnaires qui firent des disciples, s'insinuèrent à la cour des souverains et finirent par instaurer cette relation privilégiée entre communauté religieuse et pouvoir politique qui définit un royaume bouddhique.

Le transfert fut d'autant plus facile que le bassin du Tarim était habité à l'origine par des peuples parlant des langues indo-européennes relativement proches des langues de l'Inde du Nord et que le Cachemire fut, sous les empires Kouchan, puis Gupta (du Ier au VIe siècle apr. J.-C.), une région d'intense vie intellectuelle bouddhique. Cette proximité permit l'établissement aux marches de la Chine de communautés bouddhiques prospères qui étaient aussi des centres d'études et de diffusion des doctrines. Elles furent le vivier d'où partirent les nombreux moines qui s'implantèrent en Chine pour se consacrer à la traduction des textes bouddhiques et à leur propagation. Les premiers siècles de l'histoire du bouddhisme en Chine comptent pratiquement autant de figures d'origine étrangère que de Chinois.

Ce n'est qu'après le XIe siècle, avec l'invasion des Turcs musulmans, que cette civilisation si féconde disparut. Une grande figure des lettres turques, Mahmud de Kashgar, a conservé ce quatrain décrivant la fin du bouddhisme dans le bassin du Tarim, alors qu'un autre peuple de langue turque, les Ouïgours, y avait développé entre-temps sa propre culture bouddhique :

Nous sommes arrivés en torrent,
Nous sommes apparus de par les villes,
Nous avons détruit les temples bouddhiques,
Nous avons conchié les images des bouddhas.

Les anciens historiens du bouddhisme chinois ont gardé la date, sans doute semi-légendaire, de 67 apr. J.-C. comme celle de l'introduction officielle du bouddhisme grâce à deux religieux au nom indien, mais qui pouvaient être originaires d'Asie centrale ; ils apportèrent à la capitale d'alors, Luoyang, plusieurs coffres d'écritures bouddhiques, s'installèrent au Temple du Cheval Blanc, qui devint la première institution bouddhique chinoise, et s'attelèrent immédiatement au travail de traduction, inaugurant ainsi un scénario qui se répéta plusieurs fois dans l'histoire de la Chine.

On a des traces d'une propagation diffuse du bouddhisme du Ier au IIe siècle, mais c'est avec la personne de Fotudeng (mort en 348 à 116 ans !) que l'on voit se dessiner en Chine aussi les relations privilégiées entre le Samgha et le pouvoir. Originaire d'Asie centrale, ce moine faiseur de miracles fit grande impression sur le peuple nomade qui envahissait alors la Chine du Nord. Si le pouvoir qu'il servit et qui l'honora ne dura guère, il put cependant former un grand nombre de disciples chinois, parmi lesquels Dao'an († 385) qui inaugura la tradition chinoise d'interprétation des soutras.

Les moines d'Asie centrale arrivèrent ainsi de génération en génération à mettre leur érudition au service de la grande œuvre de transmission du bouddhisme. L'un des plus célèbres, dont l'action se fit sentir dans l'ensemble de l'Extrême-Orient, est Kumârajîva (344-412), originaire de Kucha, qui fut pratiquement kidnappé par les Chinois pour venir poursuivre son activité de traducteur à Chang'an. On lui doit des versions qui s'imposèrent pour les siècles suivants : le *Soutra du Lotus*, l'*Enseignement de Vimalakîrti*, le *Soutra d'Amitâbha*, et l'immense commentaire de *Nâgârjuna* dont le titre français est le *Traité de la grande vertu de sagesse*.

Les VIIe et VIIIe siècles virent la dernière grande vague de traducteurs étrangers, qui importèrent et traduisirent les grands textes du tantrisme.

Les Chinois de leur côté répondirent avec enthousiasme à cette religion étrangère, la seule à s'implanter si durablement et en profondeur dans la culture chinoise. Il y eut un nombre considérable de moines chinois qui bravèrent les dangers d'un long voyage pour aller, selon l'expression consacrée, « chercher la Loi » en Inde. Il faut connaître au moins le nom de Xuanzang (602-664), qui voyagea pendant quinze ans dans toute l'Inde, apprit parfaitement le sanscrit et revint à Chang'an porteur de nombreux textes qu'il traduisit pendant le reste de sa vie en suivant une nouvelle méthode scrupuleusement philologique.

Son presque contemporain Yijing (635-713) séjourna lui aussi dix ans en Inde, mais choisit pour cela la voie maritime ; parti de Canton, il transita par Sumatra et débarqua sans doute au Bengale.

Ces deux moines vécurent au début de la dynastie des Tang (618-907), qui marqua non seulement l'apogée de la civilisation chinoise, mais aussi du bouddhisme en Chine. Entre le VIe et le VIIIe siècle s'élabora une réinterprétation du bouddhisme indien à la lumière de la pensée chinoise, elle-même marquée par deux anciennes traditions, le confucianisme et le taoïsme. On devait à Dao'an le développement des croyances en Maitreya, le Bouddha du futur qui doit succéder dans un âge très lointain à Shâkyamuni, mais qui devint une figure très populaire en Chine. Plus tard, Huiyuan (334-416) fut à l'origine de la dévotion au Bouddha Amitâbha qui devait accueillir ses fidèles dans son paradis de l'Ouest. Ces doctrines dites de la Terre Pure jouirent aussi d'une grande vogue populaire, se développèrent aux VIe et VIIe siècles avant de se propager dans tout l'Extrême-Orient.

L'école Tiantai, dont le maître le plus illustre fut Zhiyi (538-597), apporta une grille de lecture considérablement sinisée du *Soutra du Lotus,* dont elle fit le livre suprême du bouddhisme, le point culminant de l'enseignement du Bouddha. L'école Huayan, fondée par Fazang (643-712) et prenant pour base le *Soutra de l'Ornement de splendeur,* développa une vision grandiose d'un univers parfaitement interconnecté, qui exerça une grande influence sur l'esthétique et la pensée philosophique de l'Extrême-Orient.

Si la culture chinoise fut profondément marquée par le bouddhisme, elle agit en retour sur ce dernier de façon très originale. Beaucoup des préoccupations fondamentales de la religiosité indienne n'étaient partagées ni par les penseurs ni par le peuple chinois. On vit donc naître des questions et des réponses différentes de l'Inde.

C'est ainsi qu'on explique le phénomène singulier que constitue le *Chan*, plus célèbre sous la prononciation japonaise de *Zen*, que certains ont voulu voir comme une forme extrêmement sinisée du bouddhisme. Ce courant, dont l'un des témoignages les plus fameux est le livre intitulé *Les entretiens de Linji (Lintsi)*, de la fin du IXe siècle, peut aussi être considéré comme une réaction radicale à un problème qui se pose constamment aux fidèles bouddhistes : devant l'incroyable exubérance des doctrines divergentes consignées dans le Canon bouddhique, devant la complexité et la diversité des pratiques préconisées, qu'elles concernent les méthodes de méditation ou le rituel, certains esprits ont choisi le refus radical et proclamé que le vrai bouddhisme est au-delà des écritures, au-delà de l'enseignement et de la parole, au-delà même des bouddhas. Le Chan se veut donc une rupture avec la tradition, mais on doit souligner qu'une telle coupure radicale n'est somme toute guère différente des doctrines de la Terre Pure, par exemple, où l'on explique que le salut est possible par la simple invocation du nom du Bouddha Amitâbha. De même, la rupture entre le monde lié à la transmigration et le monde de la délivrance est niée dans des doctrines prônant la parfaite identité du cycle des naissances et du *Nirvâna*, des passions et de l'Éveil.

On voit dans le Chan comme dans d'autres écoles (Tiantai et l'ésotérisme entre autres) que l'une des principales questions devient celle de la nature de bouddha : qui parmi les êtres la possède ? Cela revient à demander qui peut devenir bouddha. Il n'est dès lors plus guère question du Dharma et du Samgha. Et pourtant, la communauté monastique n'était pas remise en question, même si les laïcs étaient appelés à participer davantage à la vie bouddhique. Ainsi, pendant l'âge d'or des traductions, de grands lettrés tenaient à participer aux activités de remise des textes en bon chinois.

Et pourtant, l'adoption de cette doctrine étrangère n'alla pas de soi. C'est justement pendant la dynastie des Tang où il brilla d'un tel éclat que le bouddhisme connut l'une de ses plus dures persécutions : entre 843 et 845, toutes les religions étrangères furent interdites aux Chinois, les monastères furent dépossédés et les moines et les nonnes réduits à l'état laïc. Si le bouddhisme se remit de cette répression pour connaître un nouvel éclat sous les Song (du Xe au XIIe siècle), la conquête de la Chine par les Mongols et l'appui qu'ils donnèrent au bouddhisme sous sa forme tibétaine pendant la dynastie des Yuan (XIIIe et XIVe siècles) provoquèrent un rejet plus profond lors de la dynastie Ming (du XIVe au XVIIe siècle), où l'on vit apparaître un mouvement de fusion des trois doctrines : confucianisme, taoïsme et bouddhisme.

Ce n'est qu'au XXe siècle que le bouddhisme amorça sa renaissance en Chine, avec l'apparition de grands réformateurs tels Taixu (1890-1947) et Xuyun (1840 ?-1959). On a pu croire, pendant les pires heures du maoïsme et de la Révolution culturelle, que la période chinoise de cette religion était close, mais les dernières années montrent qu'il n'en est rien.

VIII
DU TIBET À LA MONGOLIE

Si le bouddhisme a d'abord dû contourner l'Himalaya pour pénétrer en Chine, plus tard il s'enfonça au cœur des montagnes pour donner naissance à l'une des cultures religieuses les plus fascinantes pour l'Occident, le bouddhisme tibétain. Situé entre les deux mondes, indien et chinois, s'étendant sur un territoire immense mais peu densément peuplé, le Tibet devint une force politique majeure en Asie centrale et en Chine pendant une brève période, du VIIIe au IXe siècle, qui vit son empire aller du bassin du Tarim au golfe du Bengale. L'histoire tibétaine veut faire remonter l'introduction du bouddhisme au premier grand roi qui présida à l'expansion du Tibet, Srong-btsan sgam-po : il envoya en Inde, au VIIe siècle, une ambassade dirigée par un ministre de génie qui en rapporta tout à la fois l'alphabet et le bouddhisme. Ce souverain aurait eu deux épouses, l'une chinoise et l'autre népalaise, dont chacune aurait appuyé la forme de bouddhisme en vigueur dans sa patrie d'origine. Il faudra attendre plus d'un siècle, à la fin du VIIIe siècle, pour que le Tibet, sous le règne du Khri-srong lde-btsan, opte pour le bouddhisme indien contre les doctrines chinoises d'inspiration Chan, bien que l'on ne soit pas sûr du caractère historique de la controverse qui fut alors organisée pour décider du parti à prendre. C'est de la même époque que date le grand temple bouddhique de Bsam-yas, non loin de la capitale Lhassa sur la rive gauche du Brahmapoutre, édifice dont chacun des trois niveaux aurait été construit selon les styles tibétain, chinois et indien, sous l'impulsion de religieux venus d'Inde. Parmi ceux-ci, il faut mentionner au moins Padmasambhava, un maître tantrique originaire du nord-ouest de l'Inde qui devint l'une des personnalités les plus vénérées du Tibet, associé jusqu'à nos jours aux doctrines les plus anciennes et les plus secrètes.

Comme en Chine auparavant, les siècles qui suivent voient alterner l'action des moines venant de l'Inde et les élaborations des Tibétains eux-mêmes. Une grande différence avec la Chine, cependant, est le caractère très systématique de l'introduction du bouddhisme, directement supervisée par le pouvoir royal, au point que celui-ci se préoccupa très tôt d'unifier les traductions des textes en constituant un dictionnaire sanscrit-tibétain que devront suivre les traducteurs.

Les liens entre le bouddhisme et la maison royale se firent si forts que les grandes familles aristocratiques défendant les anciennes croyances tibétaines antérieures à l'arrivée du bouddhisme, celles qui furent rassemblées par la suite sous l'appellation de Bon, finirent par en prendre ombrage. Elles favorisèrent l'accession au trône du terrible Glang-dar-ma, lequel se lança dans une persécution systématique du bouddhisme qui mit pratiquement fin à sa présence dans le Tibet central, pour ne le laisser subsister que dans les régions périphériques. Bien que Glang-dar-ma fût assassiné en 842, les destructions étaient irréparables et l'on entra alors dans un siècle de chaos qui marque la limite entre ce que l'on appelle la Première Transmission et la Seconde Transmission du bouddhisme au Tibet. Il est curieux de remarquer que cette persécution fut presque contemporaine de celle qui s'abattit sur le bouddhisme chinois, sans qu'il y ait, à ce qu'il semble, un lien direct entre les deux événements.

La Seconde Transmission fut l'œuvre conjointe de moines tibétains, dont le plus grand représentant est Rin-chen-bzang-po (mort en 1055), qui alla étudier au Cachemire, et de moines indiens, avec à leur tête l'illustre Atîsha (mort en 1054), originaire du Bengale et qui avait suivi l'enseignement des plus grands maîtres indiens de l'époque, parmi lesquels Nâropa, dont on conserve encore les chants mystiques.

Le bouddhisme refleurit dans un désert politique : l'Empire tibétain s'était écroulé, le pouvoir était éclaté entre une poussière de principautés et de clans dont les patriarches accordaient leur protection à tel ou tel moine reconnu comme possesseur d'une grande érudition ou tout bonnement de pouvoirs miraculeux.

À partir du XIIe siècle se constituèrent les grandes écoles du bouddhisme tibétain dont plusieurs subsistent jusqu'à nos jours. On connaît bien en Europe le nom de Mi-la ras-pa

(Milarépa ; † 1123), qui a laissé un extraordinaire récit de sa vie. Il fut le disciple du grand traducteur Mar-pa († 1097), qui s'était rendu en Inde à la recherche d'initiations tantriques et de textes ésotériques et y rencontra aussi Nâropa.

L'ordre des Sa-skya-pa, dont l'imposant monastère se trouve encore entre Tashilhunpo et Ding-ri, remonte à Atîsha par l'intermédiaire de deux générations de disciples tibétains. Il est important dans l'histoire parce qu'il constitue le premier noyau de pouvoir politique unifié au Tibet depuis la chute de la royauté. Cela fut possible grâce à la protection accordée par l'empereur mongol Qubilai, maître de l'Empire chinois, qui choisit le moine 'Phags-pa, supérieur des Sa-skya-pa, comme son chapelain et lui conféra l'autorité temporelle sur tout le Tibet. L'oncle de 'Phags-pa, Sa-skya Pandita († 1251), déjà bien en cour auprès des Mongols, fut également un grand érudit et l'auteur d'un recueil d'aphorismes, ou très courtes fables, qui sont toujours lus au Tibet.

La chute du pouvoir des Sa-skya-pa suivit la disparition de la dynastie mongole des Yuan ; les différentes écoles luttèrent alors sauvagement entre elles pour s'emparer du pouvoir politique, mais on vit s'affermir aussi des courants qui se réclamaient des grands noms de la Première Transmission, en particulier le courant dit des « Anciens », Rnying-ma-pa, qui se voulait un retour à une tradition moins strictement monastique, certainement en réaction contre le renouveau disciplinaire qui avait marqué la Seconde Transmission. Les Rnying-ma-pa eurent recours à un procédé original pour légitimer leurs doctrines : celle de la découverte de « trésors », de textes cachés par les grands religieux d'autrefois, en particulier Padmasambhava, que les « maîtres des trésors » pouvaient repérer dans leurs caches grâce à leurs pouvoirs surnaturels.

Les modèles de ceux qui s'adonnaient à la pratique tantrique étaient les personnalités extraordinaires censées avoir vécu jadis en Inde (bien que quelques-uns aient porté des noms chinois) que l'on appelait les « Quatre-vingt-quatre Réalisés (ou Accomplis) » (*siddha*) : ayant parfaitement maîtrisé l'Excellence de sagesse et la Vacuité, ils sont munis de facultés merveilleuses que les textes se plaisent à énumérer. Leur perfection même les avait placés au-delà des restrictions auxquelles étaient soumis les moines, en particulier en ce qui concernait la ritualisation de l'acte sexuel. Il était humain que beaucoup de pratiquants soient conduits à anticiper les fruits de leurs exercices et relativisent l'importance du *Vinaya*, notamment en ce qui concernait le célibat. Beaucoup de maîtres illustres furent mariés, de même que des religieux bien plus obscurs ; il y eut donc un étiolement de la frontière entre laïcs et moines que l'on retrouve à l'époque moderne chez les Rnying-ma-pa.

Parallèlement à ces écoles bouddhiques, s'établit le Bon : forme organisée des croyances anciennes tibétaines. Ses partisans, les bon-po, rassemblèrent toutes sortes d'enseignements d'origines très diverses et pas forcément tibétaines, pour constituer une sorte de contre-pouvoir religieux dont les aspects extérieurs rappellent fort le bouddhisme : compilation d'un canon d'écritures, institution d'une communauté religieuse, rituels, au point que certains préfèrent considérer le Bon comme une forme aberrante de bouddhisme plutôt que comme une religion séparée.

L'œuvre du grand religieux Tsong-kha-pa (1357-1419), fondateur de l'école des Dge-lugs-pa (« les Vertueux » ; ils furent longtemps connus en Europe sous le nom de « Bonnets jaunes », par opposition aux Rnying-ma-pa, appelés « Bonnets rouges »), peut être considérée comme une réaction à la pratique non contrôlée du tantrisme. Alors qu'il était très versé lui-même dans ces doctrines, Tsong-kha-pa insista sur la nécessité de suivre un parcours d'études rigoureusement gradué avant d'accéder au plus haut niveau de la pratique tantrique, et ceci dans le cadre de la communauté monacale. On pourrait même trouver un aspect rationnel à la méthode prônée par les Dge-lugs-pa : le novice commence par l'étude de la logique, fondée sur la mise à l'épreuve de la validité du raisonnement, de la grammaire et des fondements de la doctrine bouddhique. Le cursus peut être très long, douze années ou plus pour arriver au grade de « docteur » (*dge-shes*). Les trois grands monastères dge-lugs-pa qui entourent Lhassa (Drepung, Sera, Gandan) étaient de véritables universités monastiques comptant des milliers de moines.

Le regain de respect que s'attira l'école grâce à ce vigoureux rétablissement de l'étude lui valut l'attention des puissances politiques. Si l'Empire mongol avait disparu, il subsistait des principautés mongoles qui exerçaient un pouvoir variable sur les territoires du Tibet et de l'ouest de la Chine. L'un des princes les plus puissants, Altan Khan, de la tribu des Mongols Oirats, décerna le titre de dalaï-lama (« maître [vaste comme l'] océan ») au troisième successeur de Tsong-kha-pa, considéré comme une réincarnation à travers lui du bodhisattva Avalokiteshvara lui-même ; Bsod-nams rgya-mtsho († 1588) devint donc le troisième dalaï-lama. Le plus prestigieux représentant de la lignée fut sans doute celui que l'on a appelé « le grand Cinquième » (Blo-bzang rgya-mtsho ; 1617-1682), grand érudit et fin politique, qui assit son pouvoir temporel formellement en 1642 et résida au palais du Potala à partir de 1660. À ce pouvoir temporel répondait le pouvoir spirituel du Panchen-lama, résidant au monastère de Tashilhunpo (Bkra-shis lhun-po) près de la ville de Shigatsé et tenu pour l'émanation du Bouddha Amitâbha lui-même. Bien que ces deux lamas ne fussent prépondérants que dans leur école dge-lugs-pa, leur prestige politique leur assura un pouvoir incontesté au Tibet jusqu'à l'invasion communiste chinoise de 1950, aggravée définitivement en 1959. Ce pouvoir s'est accru symboliquement dans le long exil du quatorzième dalaï-lama, prix Nobel de la paix en 1989.

Le rayonnement du bouddhisme tibétain sous sa forme dge-lugs-pa fut considérable en Asie centrale. La personne du dalaï-lama, que l'on va chercher parmi les enfants nés quelques semaines après sa mort et à qui l'on fait passer de véritables « tests » de reconnaissance, et l'idée même de sa réincarnation séduisaient l'imagination. On vit de proche en proche des monastères dont les abbés se succédaient par réincarnation s'édifier du Tibet à la Mongolie. L'un des monastères mongols les plus importants reprit le nom tibétain de Gandan et fut placé sous l'autorité d'un « bouddha vivant », le Jebtsundamba-hutugtu, dont la dernière réincarnation, personnage truculent s'il en fut, tomba sous les balles des communistes en 1924. En Mongolie-Extérieure (peuplée par les Khalkhas) comme en Mongolie-Intérieure (absorbée par la Chine), ces monastères furent non seulement des centres religieux, mais aussi des centres de diffusion de culture et de science, notamment médicale.

L'ultime avatar du bouddhisme tibétain fut sa transmission aux Mandchous, qui s'étaient emparés de la Chine et fondèrent la dynastie des Qing au XVIIe siècle. Leur pouvoir ne fut renversé qu'avec la révolution de 1911 et ils entretinrent avec le bouddhisme tibétain (qu'ils furent les premiers à appeler « lamaïsme » ; ce n'est pas un néologisme européen, comme on le prétend souvent) les mêmes relations qu'avait instaurées la dynastie mongole. L'un des symboles de cette protection impériale est le magnifique temple Yonghegong, au cœur de Pékin, qui est encore maintenant un centre important de culture tibétaine, mongole et mandchoue. Un autre symbole est la résidence impériale d'été de Jehol (actuellement Chengde) dans le nord-est de la Chine, qui fut bâtie au XVIIIe siècle sur le modèle du Potala, et devenue récemment un lieu de tourisme international.

Alors que tout ce pan du monde bouddhique semblait en danger de disparition il y a encore vingt ans, les développements inattendus de la situation politique à la fin du XXe siècle lui ont permis d'acquérir une nouvelle vitalité dont on peut attendre beaucoup.

IX

De l'Asie du Sud-Est au retour en Inde

Alors que le Grand Véhicule se propageait dans l'ensemble de la Haute Asie et de l'Extrême-Orient, son adversaire principal, le Véhicule des Auditeurs qu'il avait appelé de façon méprisante le « Petit Véhicule » et qui avait été évincé peu à peu des monastères du sous-continent indien, non seulement parvenait à survivre, mais s'implantait solidement dans plusieurs pays de cultures très différentes où il a prospéré jusqu'à nos jours. S'appelant lui-même *Theravâda* (« Discours des Anciens [ou : Doyens] »), il est fondé sur une version des *Trois Corbeilles* en langue pâli dont il soutient que ce fut la langue même dans laquelle Shâkyamuni exposa son enseignement dans le royaume de Magadha. Bien que cela soit peu probable, il est certain que le pâli est une langue ancienne de l'Inde, relativement proche de certains des dialectes dans lesquels l'empereur Ashoka avait fait rédiger ses proclamations, et qu'elle ne fut employée que pour noter la doctrine bouddhique. C'est cette version pâli des *Trois Corbeilles* (*Tipitaka*) qui constitue le corpus de l'enseignement bouddhique dans tous les pays d'Asie du Sud-Est se réclamant du *Theravâda* : le Sri Lanka (anciennement Ceylan), la Birmanie (Myanmar), la Thaïlande (ancien royaume de Siam), le Laos, le Cambodge et les régions de culture cambodgienne du Vietnam du Sud. Cette unité de surface du bouddhisme d'Asie du Sud-Est est cependant trompeuse : ce serait une erreur de penser qu'il y a eu une tradition ininterrompue de la doctrine des Anciens. Au contraire, les sources historiques montrent que le *Theravâda* est relativement tard venu dans plusieurs de ces contrées et qu'il y a supplanté des traditions se réclamant du Grand Véhicule et même du tantrisme, lesquelles ont persisté malgré tout dans les pratiques de certains courants. La situation actuelle de prédominance du *Theravâda* est donc le produit de réformes successives visant à pallier ce qui était senti comme une décadence du bouddhisme.

L'unité globale du *Theravâda* est tempérée par la variété de ses expressions nationales ; si le pâli est la langue commune des Écritures, il a été noté par de nombreuses écritures différentes, illisibles entre elles. Les prononciations sont également très diverses ; par exemple, « Bouddha » se prononcera /bo'daa'/ en birman, /put/ en cambodgien, /phútthá'/ en thaï... Ainsi, même les termes ou les formules les plus courants du bouddhisme sont difficilement reconnaissables d'une langue à l'autre.

Mais le conservatisme extérieur du *Theravâda* en fait la seule tradition reliant directement le bouddhisme moderne à ses origines indiennes, puisque celui-ci avait presque entièrement disparu du sous-continent. Si l'on débat encore des causes qui ont provoqué la disparition du bouddhisme d'Inde, on tend en général à l'attribuer à deux facteurs principaux : d'une part la vigoureuse renaissance de la religion indienne traditionnelle, notamment en Inde du Sud, qui mena une dure polémique contre le bouddhisme tout en s'inspirant de certaines de ses doctrines, d'autre part, en Inde du Nord, les invasions musulmanes qui commencèrent dès le VIIIe siècle et portèrent leurs derniers coups au XIIe siècle, avec la destruction par les armées turques de la prestigieuse « université » bouddhique de Nâlandâ dans le Bihâr actuel (nom venant de *vihâra*, « monastère bouddhique »), qui fut l'un des centres les plus rayonnants du savoir bouddhique.

C'est l'île de Ceylan (Sri Lanka) qui s'enorgueillit de la plus ancienne transmission du bouddhisme *Theravâda*, que la tradition fait remonter aux enfants du roi Ashoka. On sait cependant qu'il y eut par la suite des communautés prônant le Grand Véhicule et le tantrisme, jusqu'à leur dissolution, au XIIe siècle, dans le *Theravâda*, à la suite d'un concile réuni sur ordre royal.

Selon les traditions locales, la Birmanie connut également très tôt le bouddhisme. De la multiplicité des ethnies qui composent ce pays, le peuple des Birmans dominant actuellement les populations pyu, môn (affiliés aux Khmers), shan (parents des Thaïs) et karen parvint à l'hégémonie en succédant à la brillante civilisation qui se développa autour de la ville de Pagan, où les différentes composantes mahâyâniques, tantriques et indigènes préexistantes furent réduites au profit du bouddhisme *Theravâda* provenant de Sri Lanka aux XIe-XIIe siècles. Les deux régions furent en relation étroite pendant cette période, trouvant dans l'organisation bouddhique ceylanaise les mêmes réponses à leurs préoccupations politiques.

Plus à l'est, les territoires correspondant actuellement à la plus grande partie du Cambodge, de la Thaïlande, du Laos et du Vietnam du Sud virent longtemps prospérer la culture khmère, autre qualificatif pour la population du Cambodge, illustrée par les magnifiques monuments d'Angkor. Mais à l'apogée de cette brillante civilisation, entre le VIIIe et le XIVe siècle, c'est une forme assez originale de bouddhisme du Grand Véhicule, avec en plus une nette influence du brahmanisme, qui prédominait, ainsi que le montre l'abondance des inscriptions sanscrites conservées. Ce n'est qu'au XIVe siècle, après une période de troubles politiques et religieux, que le Cambodge fut à son tour attiré dans le giron du *Theravâda*, facteur de rétablissement de la paix et de l'ordre.

Cette reconversion se fit sous l'influence d'une puissance nouvelle dans la péninsule indochinoise, les peuples thaïs originaires du sud de la Chine, où subsistent encore maintenant dans la province du Yunnan d'importantes zones de population thaïe. Arrivés sur place vers le XIIe siècle, scindés entre les Thaïs du Siam et ceux du Laos (sans compter les Shan de Birmanie), ils s'approprièrent la civilisation khmère avant de former leur propre culture, ainsi que le montre encore l'important vocabulaire d'origine cambodgienne dans le thaï moderne. Le roi Râma Kamheng (1277-1317) établit non seulement l'écriture siamoise, mais suivit le mouvement de l'époque en implantant le *Theravâda* dans son nouveau royaume.

Dans les siècles qui suivirent, il y eut de constantes relations entre les divers royaumes abritant le *Theravâda* : alors que le Sri Lanka avait été au début un modèle pour la Birmanie, on vit au XVIIe siècle des souverains ceylanais s'évertuer à enrayer l'affaiblissement du Samgha insulaire en dépêchant en Birmanie, puis au Siam, des délégations qui ramenèrent des moines chargés de restaurer les études et la discipline monastique. Les rois de ces trois pays furent aussi soucieux d'établir de bonnes éditions des *Trois Corbeilles* en pâli, mouvement qui se poursuivit jusqu'en plein XXe siècle au Cambodge.

Seul pays de la région à avoir échappé au colonialisme, le royaume de Thaïlande (appelé Siam jusqu'à la fin de la Seconde Guerre mondiale) montre encore actuellement une structure au sein de laquelle le trône est le garant du Samgha, lequel reste le symbole de l'unité culturelle et spirituelle de la nation. Après des décennies de désordre et de tyrannie, le royaume cambodgien pourra peut-être retrouver le même équilibre.

Il existe cependant des régions où le bouddhisme a perdu sans doute définitivement pied. En Asie du Sud-Est, le changement le plus spectaculaire s'est produit dans les grandes îles de l'actuelle Indonésie, Java et Sumatra.

C'est dans un monastère de Sumatra qu'à la fin du VIIe siècle le moine chinois Yijing étudia le sanscrit avant de poursuivre son voyage maritime vers l'Inde. Le monument bouddhique mondialement connu de Borobudur (ou Bârâbudur), dans le centre de Java, achevé vers 850 par une lignée de souverains qui disputaient le royaume à une dynastie hindouiste, est une véritable gravure dans la pierre des principaux enseignements du bouddhisme du Grand Véhicule sous une forme très influencée par le tantrisme, dont on trouve aussi les textes traduits en javanais ancien. Bouddhisme et hindouisme continuèrent de se disputer la prépondérance à Java jusqu'au XVe siècle mais l'arrivée de marchands musulmans en provenance de l'océan Indien mena à l'établissement progressif de l'islam, au détriment des anciennes religions. Seul l'hindouisme fait encore preuve d'une grande vitalité dans l'île de Bali, où sont conservées les traditions littéraires javanaises.

Les populations descendant de l'ancien royaume de Tchampa, qui occupait le Vietnam central (Annam) et une partie du Cambodge, ont elles aussi perdu leur héritage bouddhique du Grand Véhicule, dont on garde toutefois de riches traces archéologiques et artistiques. Parlant une langue rattachée au malais et au javanais, le tchame, elles sont presque entièrement converties à un islam assez original et il ne subsiste qu'une infime minorité hindouiste.

Le bouddhisme avait presque entièrement disparu du sous-continent indien, pour ne subsister que sous une forme tantrique très hindouisée au Népal et dans certaines poches comme Chittagong, dans l'actuel Bengladesh. Si l'Inde n'avait pas complètement oublié le Bouddha, elle l'avait réintégré dans son système traditionnel en en faisant par exemple l'une des réincarnations du grand dieu Vishnou, ce qui revenait à le dissoudre dans l'hindouisme.

Il est donc d'autant plus intéressant de constater la résurgence d'un bouddhisme indien à partir des années 1950. Si ce retour à la vie n'a peut-être pas porté tous les fruits que l'on pouvait en attendre, il constitue cependant les premiers signes d'un intérêt significatif d'une portion considérable de la population indienne envers cette religion oubliée sur sa terre d'origine.

Ce renouveau est associé au nom d'un homme, Bhimrao Ramji Ambedkar (1891-1956) ; originaire de la province de Maharashtra, il naquit dans une famille pauvre appartenant à la classe dite des « intouchables » (Dalit, ou encore Harijan). Ayant souffert de la discrimination imposée par le système des castes traditionnel dans l'hindouisme, il ne se résolut pourtant pas à faire ce que faisaient beaucoup d'hommes de sa condition, c'est-à-dire à se convertir à l'islam, qui ne tenait pas compte de ces divisions. Il entra assez tardivement en contact avec le bouddhisme, se consacrant avant tout à la défense politique de ses semblables. Devenu ministre en 1947, dans le premier gouvernement de l'Inde indépendante, il finit par se persuader que le passage au bouddhisme était la voie qui mènerait à la libération sociale des intouchables.

Le 14 octobre 1956, Ambedkar se convertit solennellement au bouddhisme en prononçant la formule de prise de refuge dans les Trois Joyaux et en faisant vœu d'observer les cinq commandements principaux. Avec lui, trois cent quatre-vingt mille intouchables prononcèrent leurs vœux, lors d'une grandiose cérémonie dirigée par un moine birman, ce qui rattachait fermement ce mouvement social au *Theravâda*. Si Ambedkar mourut six semaines après sa conversion, son mouvement s'amplifia et on comptait presque huit millions de bouddhistes en Inde au recensement de 2001, ce qui en faisait la cinquième religion du pays.

Il y a certes lieu de s'interroger sur la nature exacte de ce bouddhisme que l'on a parfois appelé « ambedkariste » pour marquer son caractère insolite par rapport à la tradition du *Theravâda*. On notera d'abord l'influence du bouddhisme occidental. Dès l'origine : c'est un Américain d'ascendance italienne qui, sous le nom religieux de Lokanâtha, initia pour la première fois Ambedkar à l'enseignement du Bouddha. D'autre part, ce mouvement est resté essentiellement laïc et politique : il n'y a pas eu constitution d'un Samgha indien. Si le *Tipitaka* pâli a été effectivement imprimé en Inde dans l'écriture la plus employée, la devanagari, on ne peut dire qu'il y ait eu un mouvement de retour à la tradition *Theravâda*. Il faut aussi s'interroger sur les « vingt-deux vœux » rédigés par Ambedkar lui-même et exigés des convertis ; ils se ramènent essentiellement à un refus de tout compromis avec l'hindouisme, ce qui est peu conforme à la nature syncrétique du bouddhisme dans sa pratique vécue.

X

De la Corée au Japon

La péninsule coréenne reçut très tôt l'empreinte de la civilisation chinoise ; divisée aux alentours du début de notre ère en plusieurs principautés placées sous la suzeraineté de la Chine, peuplée d'ethnies différentes, elle connut un lent processus d'unification qui s'acheva avec le triomphe du royaume de Silla sur ses rivaux de Paekch'é et Koguryŏ en 668 ; suivi par les dynasties de Koryŏ, puis, à partir du XIVe siècle, de Chosŏn, Silla fut à l'origine de la nation coréenne moderne. Son avènement coïncidait avec l'essor de la dynastie chinoise des Tang et une intense période de remodelage politique et culturel au Japon.

La relative facilité des communications avec la Chine fit que nombre de religieux coréens purent aller s'instruire directement auprès des grands maîtres, voire jouer un rôle dans l'histoire du bouddhisme chinois, comme Wŏnch'ŭk (613-696), qui fut le disciple du grand Xuanzang et approfondit l'enseignement de Vasubandhu, Ŭisang (625-702), l'un des docteurs de l'école de l'Ornement de Splendeur (Huayan). On relève pourtant dès cette époque une volonté certaine d'indépendance : le célèbre Wŏnhyo, condisciple de Ŭisang, refusa finalement d'aller avec lui en Chine et choisit la vie laïque, ce qui ne l'empêcha pas de rédiger des traités qui figurent maintenant dans le *Grand Canon* bouddhique. On retrouve une attitude voisine beaucoup plus tard avec Chinul (1158-1210), un grand moine du courant Chan (Sŏn en coréen), qui voulut se rendre en Chine, mais atteignit l'Éveil en cours de route, rentra à la capitale et fonda l'école Chokyé, qui reste la plus représentative du bouddhisme coréen. Cela se passait pendant la dynastie Koryŏ, qui vit l'apogée du bouddhisme en Corée ; un moine comme Ch'égwan put rapporter en Chine les livres de l'école Tiantai qui avaient disparu lors des persécutions du IXe siècle. L'introduction aux doctrines de cette école qu'il composa lui-même devint plus tard le manuel par excellence du Tendai japonais. La grande entreprise d'édition du Canon bouddhique, du XIIIe siècle, appelée parfois en Occident « *Tripitaka Coreana* », reste le symbole de cet âge d'or.

Avec la dynastie Chosŏn (XIVe-XXe siècle), le bouddhisme subit de sévères restrictions, car les nouveaux souverains furent d'ardents partisans du confucianisme. Confinés dans les provinces reculées, les monastères survécurent en se consacrant à la pratique plutôt qu'à l'étude. La période coloniale japonaise, qui s'étendit sur presque la première moitié du XXe siècle, vit des essais d'implantation d'un bouddhisme à la japonaise qui ne résista pas à l'indépendance.

En conséquence, le christianisme compte à présent au moins autant de croyants que le bouddhisme en Corée du Sud, le reste de la population se tournant plutôt vers une forme de religion populaire proche du chamanisme ; quant à la Corée du Nord, il faudra attendre la chute de la dictature pour avoir une idée plus exacte de la situation religieuse, qui semble pour le moment désespérée.

Le bouddhisme fut transmis officiellement au Japon vers 550 apr. J.-C., lorsque le souverain de Paekch'é envoya à l'empereur japonais Kinmei des images du Bouddha et des textes canoniques en chinois classique, accompagnés d'une lettre où il faisait valoir que cette doctrine était désormais prépondérante en Chine ; il la présentait en quelque sorte comme le dernier cri du modernisme, argument auquel les Japonais sont toujours sensibles.

Après quelques réticences brutales de la part de clans se réclamant du culte traditionnel des divinités japonaises (les *kami*), qui rappellent ce qui se passa plus tard au Tibet, la nouvelle religion finit par s'implanter grâce à des miracles telle la guérison d'épidémies. Curieusement, les premières personnes à être ordonnées au Japon furent des femmes, mais il faut souligner que les novices devaient se rendre au royaume de Paekch'é pour recevoir une ordination régulière.

Un véritable essor fut donné au bouddhisme par l'action du prince Shôtoku (574-622), qui avait reçu une éducation religieuse soignée grâce à ses maîtres coréens. On considère souvent que le texte qui lui est attribué, la *Constitution en dix-sept articles*, est une proclamation du bouddhisme d'État, alors qu'on y trouve davantage d'éléments confucéens que bouddhiques, mais ce prince resta dans l'histoire comme le modèle du souverain protecteur de la Loi bouddhique, une sorte d'Ashoka japonais.

La première période de splendeur fut l'époque de Nara (710-784), du nom de la capitale d'alors. Elle se caractérise d'abord par un déplacement de la direction des échanges culturels, qui ne passent plus seulement par la péninsule coréenne, mais sont avant tout orientés vers la Chine des Tang, dont la capitale Chang'an reçoit périodiquement des délégations diplomatiques et religieuses de la cour japonaise.

Le triomphe du bouddhisme est symbolisé par la construction en 752 du Tôdai-ji, haut lieu de l'école de l'Ornement de Splendeur (*Kegon-shû* en japonais), et de son immense statue du bouddha vénéré dans cette secte, Mahâvairocana. Vers la même époque arrive de Chine sur invitation impériale le grand moine Ganjin (688-763), qui établit en 757 au Tôshôdai-ji une estrade d'ordination où sont conférés pour la première fois au Japon les commandements bouddhiques selon la stricte règle monastique. Avec ses six écoles (ou « sectes ») différentes, Nara devient donc un centre du bouddhisme de niveau international.

Le transfert de la capitale à la ville de Heian (actuelle Kyôto) inaugura l'époque du même nom, qui voit d'autres doctrines venir de Chine, importées par des moines japonais allant chercher sur le continent à la fois un nouveau savoir et une légitimité face aux puissantes « écoles du Sud » (Nara). Les deux grandes écoles qui vont marquer l'époque de Heian (794-1185) et l'histoire japonaise en général sont l'école Tendai et l'école Shingon.

L'école Tendai continue le Tiantai chinois. Elle fut fondée par le religieux Saichô (767-822) qui fit en Chine un bref séjour de moins d'un an en 804-805 et voulut mettre le *Soutra du Lotus* au centre de sa pratique, tout en instaurant au Japon le « Commandement de bodhisattva » comme substitut à l'ordination complète que Ganjin avait imposée au siècle précédent. C'est juste après sa mort, en 822, que la cour impériale autorisa l'établissement d'une estrade d'ordination au monastère qu'il avait établi, l'Enryaku-ji, sur la colline de Hiei près de Kyôto. Il est assez ironique de constater que les ordinations pleinement régulières ne jouirent que d'une exclusivité d'à peine soixante-quinze ans au Japon.

La grande rivale du Tendai fut l'école Shingon (« Paroles

authentiques », c'est-à-dire « mantra »), qui eut pour fondateur l'illustre Kûkai (774-835). Parti en Chine en même temps que Saichô, il en revint en 806, rapportant l'ultime nouveauté en matière de bouddhisme, les enseignements tantriques transmis récemment de l'Inde. La doctrine ésotérique, avec ses fastes prestigieux, la beauté inépuisable de ses deux mandalas déployés au temple Tôji de Kyôto, impressionna profondément la cour et l'aristocratie. Le Shingon porta bien sûr ombrage au Tendai, qui proposait certes de belles cérémonies, mais dont les doctrines scolastiques manquaient de l'atmosphère magique qui entourait le Shingon.

Ce fut ce manque que voulurent combler les deux successeurs de Saichô, Ennin et Enchin ; ils se rendirent en Chine chercher des consécrations ésotériques et des textes du même courant. Leurs séjours coïncidaient avec les persécutions du milieu du IXe siècle, ils profitèrent donc des derniers feux de la splendeur des Tang et purent donner au Tendai sa facette ésotérique, le Taimitsu, qui dès lors fut transmis parallèlement à l'enseignement scolastique.

Les écoles de Nara et de Heian s'adressaient avant tout à la noblesse, mais le peuple avait aussi trouvé ses saints, dès le VIIIe siècle, en la personne de Gyôki (668-749), qui consacra son œuvre missionnaire à soulager la misère populaire, ou le légendaire En-no-gyôja, personnage aux pouvoirs extraordinaires dont se réclamèrent les *yamabushi*, popularisés dans le théâtre nô et kabuki, des moines magiciens allant pratiquer dans les montagnes les côtés plus obscurs de l'ascèse bouddhique.

Dès la fin du Xe siècle commencèrent à se préciser des courants qui seront d'autant plus suivis qu'ils viseront à simplifier la doctrine bouddhique et à étendre sa pratique. Ils triompheront pendant la période de Kamakura (1185-1333), où le pouvoir désormais aux mains des généraux (*shôgoun*) voulait montrer sa rupture avec l'époque impériale.

Le plus fondamental de ces courants est sans doute celui de la Terre Pure (*Jôdo* en japonais), qui se fondait sur l'idée selon laquelle le monde entrait dans la période dite de la fin de la Loi bouddhique (*mappô*), où il n'y aurait plus personne pour pouvoir comprendre et pratiquer la Loi bouddhique telle que l'avait exposée Shâkyamuni. Il fallait donc s'en remettre à la grande compassion du Bouddha Amitâbha (Amida en japonais) pour être sauvé. On ne mentionnera ici que le plus radical des promoteurs de la Terre Pure, le moine Shinran

(1173-1262), qui prêcha l'abandon complet à la compassion d'Amida, la seule pratique valide pour l'époque étant d'invoquer son nom (*nenbutsu*). Fondateur de la secte dite « Authentique » de la Terre Pure (*Jôdo-shinshû*), encore actuellement celle qui compte le plus grand nombre de fidèles au Japon, il montra par son propre mariage l'exemple d'une vie religieuse très dégagée des contraintes des règles du Samgha telles qu'elles avaient été comprises.

À la même époque, le moine Nichiren (1222-1282), lui aussi issu du Tendai, apporta sa propre solution radicale au besoin de salut : il suffisait de s'en remettre complètement au *Soutra du Lotus,* dont la simple récitation du titre permettait la délivrance.

Enfin, le *Zen*, forme japonaise du Chan chinois, prend aussi son essor à l'époque de Kamakura, divisé en deux courants, le Rinzai avec Eisai (1141-1215), et le Sôtô avec Dôgen (1200-1253), deux moines provenant également de l'école Tendai. Le premier prônant la pratique des « énigmes » irrationnelles (*kôan*) menant à l'Éveil par la réduction de la raison au silence, le second exaltant la méditation assise (*zazen*) comme seule pratique efficace.

On voit que tous ces courants ont en commun d'être une simplification radicale de l'extraordinaire complexité des doctrines, des pratiques et des rites du bouddhisme qui étaient contenus dans l'immensité du Canon bouddhique, que seule une poignée de moines pouvait se vanter d'avoir lu dans sa totalité. Ils permettaient au peuple, aux nobles, aux guerriers d'avoir l'impression de pratiquer réellement et efficacement, ce qui explique leur succès dans ces divers milieux.

La longue période d'Edo (1600-1868), en réagissant vigoureusement au christianisme arrivé au Japon vers la moitié du XVIe siècle, juste mille ans après le bouddhisme, et finalement perçu comme une menace pour l'indépendance du pays, fit de la première venue une sorte de religion d'État, garantissant que personne ne suive la religion des Européens.

Mais le christianisme avait par réaction provoqué chez des intellectuels japonais la prise de conscience du caractère étranger du bouddhisme. Elle mena à une réflexion sur ce qui faisait l'identité japonaise, réflexion qui déboucha, après l'ouverture à l'Occident de l'ère Meiji (1868-1911), à l'élaboration quelque peu artificielle d'un Shintô purifié qui devint officiellement cette fois religion d'État, tandis que le bouddhisme fut l'objet d'une véritable campagne de répression que l'on a pu comparer à la Révolution culturelle chinoise. Cette campagne mena à l'abolition du syncrétisme des kamis (dieux japonais) et des bouddhas qui avaient été pendant des siècles l'expression de la religiosité japonaise. Déchu de son rôle après la Seconde Guerre mondiale, le shintô ne fut cependant pas remplacé par le bouddhisme. On assista plutôt à l'essor d'un phénomène assez original, ce que l'on a appelé les « nouvelles religions ». Elles peuvent être de tradition shintoïste, syncrétiste ou bouddhique. Parmi ces dernières, on relèvera l'abondance des sectes laïques se réclamant de Nichiren et de la vénération du *Soutra du Lotus* (Sôga gakkai, Reiyûkai, Risshôkôseikai, il y en a bien d'autres), mais aussi des mouvements plus novateurs, voire franchement aberrants, en ce qu'ils incorporent désormais des enseignements bouddhiques venus directement de l'étranger, parfois même de l'Occident, sans être passés au filtre de la tradition. Tout le monde a encore en mémoire les attentats du métro de Tokyo de l'hiver 1995, perpétrés par le plus radical de ces mouvements, Ôm-shinrikyô (la « secte Aum »).

L'histoire du bouddhisme est certainement loin d'être terminée au Japon ; les grandes écoles traditionnelles sont toujours actives, des universités bouddhiques assurent l'enseignement des doctrines scolastiques en même temps que la recherche et il se peut même que le parti pris de longue date d'incorporer l'État laïc dans le Samgha lui-même en généralisant la coutume du mariage des religieux, qui disposent ainsi de leur temple comme d'un patrimoine, soit la clef de la continuité de la transmission.

XI

Le bouddhisme et ses langues

La question des langues dans le monde bouddhique mérite que l'on s'y arrête en raison de sa complexité et de son intérêt pour l'histoire des religions.

On a remarqué récemment que le passage de la Bible hébraïque en langue grecque, la Septante, sans doute au IIIe siècle av. J.-C. à Alexandrie, constituait le premier acte de traduction au sens moderne du terme dans la tradition culturelle occidentale. Ainsi, le besoin de transmettre fidèlement un corpus religieux complet – même si cette fidélité se réalise de façon parfois paradoxale – a constitué le moteur premier dans ce processus littéraire qui se poursuit de nos jours à un rythme inouï et où le religieux tient une place désormais incomparablement réduite.

Il en alla de même en Asie : le souci de transmettre la parole du Bouddha au plus grand nombre de peuples possible fut à l'origine d'un immense mouvement de traduction qui a profondément marqué les langues actuelles. Pour certaines langues disparues, les seuls monuments, encore impressionnants, que l'on en possède sont souvent des versions de textes bouddhiques. Il arrive aussi, comme pour confirmer la remarque initiale, que l'on possède presque uniquement pour certaines langues, mis à part des documents commerciaux, des traductions des écritures chrétiennes et bouddhiques à la fois : c'est le cas du sogdien, la langue de Samarcande.

Il serait donc possible de faire l'histoire du bouddhisme à travers les langues qui l'ont véhiculé. Cette histoire commence en Inde même. Nous avons vu que les textes réputés les plus anciens, ceux du *Theravâda*, ont été consignés dans une langue, le pâli (qui pourrait signifier tout simplement « texte »), relativement proche des langues ayant cours dans l'empire d'Ashoka. Il est presque certain que ce n'était pas la langue d'origine du Bouddha : nous aurions donc déjà affaire à une traduction.

La grande langue religieuse et savante dans l'Inde de l'époque du Bouddha et pendant les siècles qui suivirent était le sanscrit. Une recommandation formulée en termes ambigus et attribuée à Shâkyamuni lui-même aurait défendu à ses disciples de coucher ses enseignements en cette langue et le fait est que les bouddhistes des premiers siècles semblent l'avoir consciemment évitée, sans doute parce qu'elle était trop liée au brahmanisme.

Mais les choses vont changer du tout au tout avec l'apparition du Grand Véhicule autour du Ier siècle de l'ère chrétienne ; le sanscrit devient alors la langue privilégiée du bouddhisme indien. Même si beaucoup de soutras sont rédigés dans un style si aberrant par rapport au sanscrit classique qu'on l'a appelé « sanscrit hybride », c'est en grande majorité dans cette langue, dans laquelle avaient aussi été transposés des enseignements relevant du « Petit Véhicule », que le bouddhisme fut transmis vers l'Asie centrale, la Chine et le Tibet. Il se peut que le passage au sanscrit ait été facilité par l'extension de l'usage de cette langue à d'autres domaines que la religion brahmanique ; en ce cas, les bouddhistes auraient simplement suivi le mouvement général de l'époque et il ne faudrait pas voir d'intention religieuse dans ce changement. Dans le monde de culture chinoise, cependant, et singulièrement au Japon, le sanscrit devint en tout état de cause une langue sacrée ; appelée « langue de Brahma », elle était réputée la plus efficace pour les formules magiques, au même titre que les lettres d'origine indienne qui les notaient.

En quittant l'Inde, l'enseignement de Shâkyamuni exerça une double action sur les cultures environnantes : dans certains cas, il fut à l'origine de nouvelles cultures écrites. Même s'il existait déjà une écriture, ce fut le bouddhisme qui mit en forme la civilisation, en introduisant en même temps que la Loi les sciences grammaticales et logiques. Le bassin du Tarim vit s'épanouir les littératures tokharienne et khotanaise ; la première notée dans une langue indo-européenne de type original, dont la découverte à la fin du XIXe siècle bouleversa la linguistique. Le khotanais était une langue iranienne, comme il en existe encore dans la région (Pamir, Hindu Kush). S'il ne subsiste que des fragments de ces littératures, on devine qu'elles étaient considérables et qu'elles exercèrent une influence directe sur les débuts du bouddhisme chinois.

Il existait bien sûr une culture écrite chinoise d'une grande richesse avant l'introduction du bouddhisme, mais la nouvelle religion y apporta des éléments très originaux. La vaste entreprise de traduction, qui s'étendit sur plusieurs siècles et mobilisa des centaines de lettrés, enrichit considérablement la langue, soit en donnant des sens nouveaux à d'anciens termes (on a vu l'exemple du mot « Loi »), soit en créant des mots nouveaux qui ont encore cours pour exprimer des concepts modernes (contrairement à ce que pensent certains sinologues, les mots pour « monde » ou « temps » du chinois moderne ne sont pas des néologismes inspirés par l'Occident, mais ont été employés pour la première fois il y a plus de quinze siècles dans les textes bouddhiques), soit en important tels quels des mots indiens dans la langue chinoise.

Par-delà ces aspects superficiels, le bouddhisme exerça aussi une influence en profondeur, admettant pour la première fois l'emploi de vulgarismes, d'expressions de la langue parlée chinoise dans des textes écrits d'où ils étaient auparavant strictement exclus. De même, les catégories grammaticales indiennes apportèrent une nouvelle perception du monde : la claire distinction des trois temps, passé, présent, futur, l'expression du pluriel, l'actif et le passif. La subtile psychologie bouddhique développa aussi le vocabulaire abstrait de la langue chinoise.

Il n'est pas exagéré de dire, en revanche, que l'immense littérature tibétaine est presque entièrement fille du bouddhisme. Le travail minutieux des traducteurs et des grammairiens, coordonnés par l'autorité politique, a très tôt donné naissance à un style unifié, utilisé d'abord pour la traduction, puis étendu à l'usage des textes rédigés par les Tibétains eux-mêmes. Jusqu'à ce que les autorités chinoises qui envahirent le Tibet essaient d'imposer l'usage d'une langue moderne basée sur le dialecte de Lhassa et que le royaume du Bhutan établisse son dialecte comme langue officielle, c'est ce style littéraire qui fut presque le seul moyen d'expression de la culture tibétaine.

Du VIIIe au XIIe siècle, les Turcs Ouïgours, qui se convertirent de la religion manichéenne au bouddhisme, élaborèrent aussi sous l'influence du bouddhisme la première grande littérature de langue turque. Bien qu'il n'en subsiste que peu de chose, la minuscule minorité dite des « Ouïgours Jaunes », dans la province chinoise du Gansu, utilisait encore ces textes il y a quelques générations et une rumeur (une légende ?) veut qu'un *Kanjur* (Canon bouddhique traduit du tibétain) entier en langue ouïgoure soit encore caché dans le palais du Potala...

Ce sont des moines Ouïgours recrutés par l'occupant mongol qui notèrent pour la première fois cette nouvelle langue de pouvoir. Curieusement, et de manière très significative, ce fut bien longtemps après la chute de l'Empire mongol, aux XVIIe et XVIIIe siècles, sous l'encouragement des Mandchous, que fut réalisée l'extraordinaire entreprise de traduction de l'intégralité du *Kanjur* et du *Tanjur* tibétains en mongol. Exploit d'autant plus singulier que l'on ne voit guère quel en fut l'usage pratique : les moines mongols étudiaient le bouddhisme et écrivaient leurs œuvres presque exclusivement en tibétain, qu'ils étudiaient à l'aide d'une méthode étonnante d'efficacité, et les nobles mongols ne lisaient guère. Il s'agissait donc avant tout d'une réalisation symbolique, mais qui donna aux Mongols une langue littéraire standardisée qui est encore en usage en Mongolie-Intérieure.

Le mystérieux royaume des Tangouts (appelés aussi Xixia ; eux-mêmes se nommaient Mi-nyag et il existe encore une petite minorité chinoise de ce nom) fut aussi détruit par les Mongols en 1227 ; pendant les deux siècles que dura leur indépendance, ils élaborèrent d'après le chinois ce qui est sans doute l'écriture la plus complexe de l'histoire de l'Asie et ils l'utilisèrent pour établir une traduction en leur langue du *Kanjur* tibétain. C'est le monument le plus impressionnant qui reste de leur brève splendeur. On voit donc que la constitution d'un Canon bouddhique était perçue comme une concrétisation de l'identité nationale. Le dernier fruit de cet esprit fut le *Kanjur* mandchou qui fut traduit au XVIIIe siècle à l'instigation de l'empereur Qianlong ; réalisé en dix-sept ans sous la supervision d'un lama tibétain, il possède cette caractéristique d'avoir été révisé sur la traduction chinoise du Canon.

Même dans les pays où le Canon bouddhique était étudié dans l'original chinois, en Corée, au Japon, au Vietnam, le bouddhisme contribua puissamment à l'essor des langues nationales. Ainsi, au Japon, ce sont très probablement les moines qui, vers le IXe siècle, instaurèrent un procédé de transposition systématique du texte chinois en langue japonaise grâce à des signes diacritiques ; en 753 fut gravée une série de vingt et un poèmes en langue japonaise sur l'empreinte des pieds du Bouddha, une des œuvres littéraires les plus anciennement attestées dans l'archipel et prémices de l'écriture syllabique qui s'imposera à partir du IXe siècle. En Corée, l'alphabet *hangŭl*, créé à la fin du XVe siècle, servit pendant longtemps à la traduction des textes bouddhiques, de même que les moines vietnamiens utilisaient l'écriture *chu nôm* pour les sermons et les commentaires de soutras avant que l'alphabet latin ne s'impose à la fin du XIXe siècle.

En Asie du Sud-Est, au pourtour du *Tipitaka* en pâli, s'élabora dans chacune des langues locales toute une littérature de commentaires et de traductions (comme les histoires des vies antérieures du Bouddha) qui constituèrent longtemps l'essentiel des littératures de ces pays. L'une des plus anciennes œuvres siamoises est une compilation de cosmologie bouddhique, la *Description des Trois Mondes,* tandis qu'au XXe siècle l'École française d'Extrême-Orient a permis l'édition au Cambodge de tout le *Tipitaka* en pâli avec en regard la traduction khmère. Dans toutes les langues nationales d'Asie du Sud-Est, l'importance des vocabulaires d'origine pâli et sanscrite illustre la pénétration du bouddhisme au cœur de la culture, avec parfois d'intéressantes différences de sens ; ainsi, le terme indien fondamental de *samsara,* « cycle des renaissances », signifie « pitié, misère » en thaï et « amour » en cambodgien.

Cette liste est loin d'être complète, elle permet en tout cas de mesurer l'ampleur de l'impact du bouddhisme sur les cultures locales de l'Asie.

XII
Le bouddhisme en Occident

La rencontre du bouddhisme avec la culture méditerranéenne remonte au moins à l'époque de l'empereur Ashoka, puisque l'on possède de ses inscriptions des versions bilingues en grec et en araméen. On sait qu'il envoya des missionnaires vers l'Occident, bien qu'il ne soit pas possible de préciser quelles régions ils ont pu atteindre.

Si l'on excepte la légende de Barlaam et Josaphat qui s'est implantée au cœur du christianisme vers le Xe siècle, l'une des premières rencontres intellectuelles entre Européens et bouddhistes asiatiques est relatée dans le mémoire écrit en 1255 par le moine franciscain Guillaume de Rubrouck que le roi de France Louis IX (Saint Louis) avait dépêché à la cour de l'empereur mongol Möngke, sans doute pour explorer la possibilité d'une alliance contre l'islam. On lui doit la description des débats qu'il tint avec des moines de tradition tibétaine ; il se retrouva d'ailleurs allié avec les musulmans dans cette discussion où il découvrait avec horreur une religion niant l'existence d'un dieu personnel créateur.

Si ces premiers contacts de la période mongole restèrent sans lendemain, il n'en fut pas de même de la vague suivante, qui se produisit dans la seconde moitié du XVIe siècle et reste liée aux noms de l'Espagnol Francisco de Jaso, dit saint François Xavier et de l'Italien Matteo Ricci. Ces deux jésuites abordèrent, le premier le Japon en 1549 et le second la Chine en 1583 ; ils ouvrirent la voie à d'autres après eux, qui, afin de propager le christianisme en Extrême-Orient, durent prendre connaissance des doctrines de ceux qui seraient le plus susceptibles de les combattre. Le bouddhisme était trop affaibli en Chine pour que Ricci s'y intéresse longtemps ; il se tourna vers le confucianisme, de même que ses disciples, mais les missionnaires du Japon eurent de nombreux débats avec les bonzes, ainsi que l'on appelait les moines japonais, et éclaircirent pour la première fois sans doute les conceptions courantes dans le clergé bouddhique, tandis que les Japonais découvraient non sans étonnement le monothéisme chrétien. Il n'y eut pas encore, cependant, d'entreprise de traduction systématique des ouvrages bouddhiques. Si les célèbres *Lettres* des jésuites furent lues en Europe pendant près de deux siècles, durant lesquels elles furent la source presque unique de renseignements sur l'univers spirituel et intellectuel de l'Extrême-Orient, l'ambiguïté de leurs informations, insuffisamment appuyées sur les sources écrites, provoqua nombre de malentendus, ainsi qu'il est facile de le constater en regardant l'imagerie produite en Occident à partir de leurs descriptions.

Il est d'autant plus regrettable que l'une des œuvres jésuites les plus remarquables sur le bouddhisme soit restée trop longtemps ensevelie dans les bibliothèques pour pouvoir exercer l'influence décisive qu'elle aurait dû avoir. Ippolito Desideri (mort en 1733) ne fut que l'un de plusieurs jésuites qui parvinrent au Tibet et y résidèrent, mais pendant les années passées à Lhassa à partir de 1716, il apprit le tibétain en profondeur, au point de pouvoir rédiger en cette langue quatre traités critiques sur le bouddhisme, dont le ton se fera d'ailleurs de plus en plus conciliant à mesure qu'il pénétrera mieux les doctrines de ses hôtes. Rentré en Italie en 1728 avec ses manuscrits, il ne fut redécouvert qu'au XXe siècle et ses œuvres furent enfin éditées, trop tard pour que l'Europe en profite.

Desideri demeuré dans l'obscurité, c'est Alexandre Csoma de Körös († 1842) qui fit connaître en Occident la langue et le bouddhisme du Tibet. Hongrois parti vers l'Asie à la recherche des origines de sa nation, il crut d'abord les trouver dans l'Himalaya et s'il ne put pénétrer au Tibet, il resta dans les régions tibétophones du Ladakh et du Zanskar. Il mourut au Bengale alors qu'il s'apprêtait à partir pour la Mongolie, toujours dans l'espoir de retrouver le berceau du peuple magyar. On lui doit la première analyse en anglais de l'ensemble du *Kanjur* et du *Tanjur*, ce qui était un pas de géant dans les études bouddhiques.

C'est donc au XIXe siècle que l'Europe va véritablement pénétrer dans le monde des doctrines et des pratiques bouddhiques. On verra dès le début se dessiner deux façons d'aborder ces terres encore inconnues : l'attitude historique et philologique, dont les méthodes sont en grande partie celles qui avaient fait leurs preuves depuis la Renaissance dans l'étude des lettres gréco-latines et, plus tard, dans l'examen critique de l'histoire du christianisme dans ses origines et son développement. Il y avait donc un parti pris positiviste de remise en question des traditions les plus fermement affirmées par les bouddhistes asiatiques qui a pu paraître offensante à certains, mais qui était le principe même de cette méthode. Il y eut d'ailleurs les mêmes objections venant des Églises chrétiennes européennes, qui se sentaient remises en question par l'investigation purement historique.

L'autre attitude était une approche philosophique, qui se teinta de plus en plus d'un attrait pour l'ésotérisme. Elle donna naissance à des mouvements variés dont certains connurent un grand succès et produisirent en retour certains effets sur le bouddhisme asiatique. Ce n'est que dans la seconde moitié du XXe siècle que s'organisèrent peu à peu des communautés monastiques bouddhiques, sous l'impulsion de missionnaires venus d'Asie à la faveur des bouleversements politiques.

L'étude académique du bouddhisme se développa grâce à la recherche systématique des textes qui s'organisa en Inde et en Extrême-Orient. En particulier, la découverte des originaux sanscrits en leur intégralité de quelques-uns des textes les plus importants du Grand Véhicule précieusement sauvegardés par les bouddhistes népalais mena en 1852 à la traduction française du *Lotus de la Bonne Loi* par Eugène Burnouf, précédée en 1844 de son *Introduction à l'histoire du Buddhisme* (sic) *indien.* On peut encore admirer l'ampleur du travail de ce savant, mené à une époque où manquaient tous les instruments de référence qui vont de soi de nos jours. Il a surtout donné un modèle méthodologique : les études bouddhiques ne devaient pas être menées à partir d'une seule langue, mais en tenant compte des textes conservés en traduction. La triple formation en sanscrit, tibétain, chinois, sera illustrée par les grands spécialistes que furent, entre bien d'autres et pour ne citer que la recherche francophone, Silvain Lévi (1863-1935), Louis de La Vallée-Poussin (1869-1938), Étienne Lamotte (1903-1983), André Bareau (1921-1993) ; mentionnons aussi l'œuvre impressionnante du savant italien Giuseppe Tucci (1894-1994), dont les récits de voyage restent passionnants à lire.

Pour le courant *Theravâda*, la création à Londres en 1881 de la Pali Text Society, qui se donnait pour but premier l'édition du *Tipitaka* pâli selon les principes critiques de la philologie occidentale, joua un rôle primordial dans les études bouddhiques. Si les collaborateurs de cette œuvre étaient européens à l'origine, on vit s'y associer un nombre croissant d'érudits asiatiques. Il est paradoxal que l'écriture choisie pour éditer ces textes pâli ait été l'alphabet latin, mais c'est ignorer l'incroyable diversité des écritures dans lesquelles se sont transmises les *Trois Corbeilles*, que ce soit en sanscrit ou en pâli. Surtout dans cette dernière langue, aucune des écritures traditionnelles n'aurait été lisible en plus d'un pays, alors que l'écriture latine, grâce au développement de l'anglais, était lue par tous les lettrés d'Asie du Sud-Est. On a vu d'ailleurs un effet de retour remarquable, car les éditions modernes sri-lankaise, siamoise et cambodgienne du *Tipitaka* tiennent le plus grand compte du texte de la « PTS ». Relevons aussi que cette société commença dès 1909 à publier la traduction anglaise des textes canoniques et que, tout récemment, elle a admis pour la première fois une traduction française.

L'approche du bouddhisme caractérisée par la sympathie, l'adhésion philosophique à ses vues, puis la conversion pure et simple est illustrée elle aussi dès le XIXe siècle. L'une des grandes dates en sera la publication, en 1879, du poème d'Edwin Arnold intitulé *Light from Asia* (« La lumière de l'Asie ») qui connut un succès immense, comparable à celui des *Chants d'Ossian* un siècle plus tôt. Cette adaptation grandiloquente de la vie du Bouddha fut lue notamment par Gandhi en Inde.

À peu près à la même époque, en 1875, naquit en Grande-Bretagne un mouvement d'une importance démesurée dans la propagation des idées bouddhiques en Occident : la Société théosophique. Sa fondatrice, Elena Blavatsky, élabora, à partir de sa lecture de certains textes de Csoma de Körös, un système philosophico-religieux qui ne suivait aucune tradition asiatique, mais fut reçu avec ferveur dans les milieux occultistes d'Europe, d'Amérique, et d'Inde également, puisque la Société choisit d'installer son siège à Adyar, dans l'Inde du Sud. Poursuivie par Annie Besant, la théosophie exerça un attrait considérable ; mentionnons ici le personnage haut en couleur que fut Alexandra David-Néel (1868-1969) ; grande voyageuse, écrivain observateur et pittoresque, elle a laissé des descriptions remarquables de ses voyages en Inde, en Chine et au Tibet, mais aussi des mémoires pleins d'ironie où elle décrit ses contacts de jeunesse avec les milieux ésotériques et les mystères théosophiques qui s'y déployaient. Bouddhiste elle-même, elle s'était confectionné sa propre version fort personnelle de la Loi.

On peut mentionner dans la même veine un écrivain aux allures de décadent fin-de-siècle, Maurice Magre (1877-1941) ; attiré par tout ce qui était occulte, il a laissé dans son livre *Pourquoi je suis bouddhiste* (1928 et réédité en 2000) un catalogue des malentendus que le bouddhisme revu par la théosophie a pu provoquer en Europe.

Le mouvement inverse, c'est-à-dire celui de religieux venant d'Asie pour diffuser le message bouddhique en Occident, s'il a commencé de façon fort modeste, est à présent solidement institué en Europe et aux États-Unis et a donné naissance à un embryon de Samgha. Mais là aussi, on assiste parfois à un curieux enchaînement où il est difficile de distinguer cause et effet.

C'est ainsi que la Maha Bodhi Society fut fondée en 1894 par un religieux ceylanais qui prit pour nom bouddhique Anagarika Dhammapala ; d'origine chrétienne, il fut initié au bouddhisme par Elena Blavatsky et son assistant, le « colonel » Olcott. Se donnant tout d'abord pour mission de restaurer les monuments bouddhiques de l'Inde tombés en ruine ou occupés par d'autres religions, la société s'implanta aussi en Europe et aux États-Unis et s'efforça de promouvoir un bouddhisme unifié par-delà ses deux grandes divisions.

L'influence immense apportée par l'œuvre du Japonais Daisetz Teitaro Suzuki (1870-1966) en Occident, où elle apparaît souvent comme la première transmission d'une authentique pensée bouddhique, doit elle aussi être considérée à la lumière de ces itinéraires croisés. Suzuki, arrivé aux États-Unis à la fin du XIXe siècle, travailla en effet au début en étroite collaboration avec un penseur religieux allemand émigré en Amérique du nom de Paul Carus qui avait publié en 1895 un *Évangile du Bouddha* fort occidentalisé. C'est à l'intention de ce milieu que Suzuki publia l'essentiel de son œuvre ; ses célèbres *Essais sur le Zen*, qui apportaient une abondance de renseignements sur un pan jusqu'alors inconnu du bouddhisme, rédigés dans un style aisé, connurent un succès extraordinaire. D'une érudition incontestable, il laissa aussi des études proprement bouddhologiques, en particulier sur le *Soutra de la descente à Ceylan*. Et pourtant, Suzuki fit aussi partie de la Société théosophique, dont il encouragea l'action, et il se plongea dans des études de mystique comparée qui eurent aussi un grand retentissement.

Si l'on excepte de petites communautés bouddhiques qui s'établirent ici et là, par exemple, en France, les cercles zen se réclamant de l'action de Taisen Deshimaru (1914-1982), rattaché à l'école Sôtô, ou bien les mouvements laïcs modernes se réclamant du moine japonais Nichiren, le bouddhisme n'a connu un véritable essor en France que depuis l'arrivée massive, d'une part de moines vietnamiens et chinois dont l'action se concentra surtout sur les réfugiés d'Asie du Sud-Est et, d'autre part, de moines tibétains qui, ayant échappé à l'occupation chinoise, se consacrèrent après leur installation en Inde à la propagation du Dharma dans le monde occidental. Même si le nombre de six cent mille croyants bouddhistes en France semble exagéré, il est certain qu'il y a à présent une véritable communauté de pratiquants dans des monastères disséminés dans toute la France.

XIII
La critique des études bouddhiques

On a vu se développer depuis quelques années (notamment avec les travaux de Philip C. Almond, puis Donald S. Lopez Jr) un courant critique assez virulent à l'égard des études bouddhiques telles qu'elles ont été menées en Europe depuis le XIXe siècle. Ce courant critique est dans le prolongement des attaques aussi véhémentes que mal argumentées que mena Edward Said contre l'orientalisme, nom qu'il donnait non pas aux études historiques et philologiques portant sur l'Orient et l'Extrême-Orient, puisqu'il ne les a guère abordées, mais au regard supposé dominateur porté par un Occident abstrait sur un Orient rêvé.

Le succès incroyable qu'a connu cette critique saidienne de « l'orientalisme » et les imitateurs qu'elle a suscités aux États-Unis d'abord, mais aussi en Europe, en Inde et au Japon, donnent certes à réfléchir sur les capacités de raisonnement d'une part importante du monde académique, mais, puisque ceux qui s'intéressent à présent au bouddhisme ne manqueront pas de se confronter un jour à l'un ou l'autre des épigones de ce mouvement, il sera peut-être utile de considérer ici deux critiques infondées que l'on trouve souvent reprises.

On reproche tout d'abord aux Européens d'avoir été jusqu'à inventer la catégorie même de « bouddhisme », puisque ce terme n'aurait jamais été employé par les peuples asiatiques qui adhéraient à l'enseignement de Shâkyamuni.

Cette critique, avancée surtout à partir de l'exemple tibétain, révèle les inconvénients d'un compartimentage trop strict des études bouddhiques. Il est vrai que les Tibétains préfèrent utiliser le mot *chos,* traduction du sanscrit *dharma,* pour se référer à leur religion. Ils se désigneront eux-mêmes, en tant que bouddhistes, comme *nang-pa,* « ceux de l'intérieur », les non-bouddhistes étant des *phyi-pa,* « extérieurs ». Cela s'explique par le caractère homogène de la société tibétaine, où être tibétain était pratiquement synonyme d'être bouddhiste.

Il n'en va plus de même dans le vaste monde chinois et sinisé, où le bouddhisme se distinguait clairement en contraste avec les autres systèmes de croyance et de pensée qui se partageaient la société, si bien que l'équivalent de « bouddhisme », *fojiao,* littéralement « doctrine de bouddha », est un terme anciennement attesté, depuis au moins le VIIIe siècle ; il existe toute une littérature de comparaison des « trois doctrines » (confucianisme, taoïsme, bouddhisme) où chacune est bien individualisée.

Avancer que le « bouddhisme » en tant que système de croyance autonome est une invention de l'Europe est donc faire fi des représentations qu'ont d'eux-mêmes les bouddhistes de Chine, de Corée, du Japon et du Vietnam, sans compter qu'en langue siamoise, par exemple, dans l'autre partie du monde bouddhique, le terme de *puttha-sâtsanâ* s'emploie dans ce sens au moins depuis le XIXe siècle ; il y a lieu de se demander si c'est sous l'influence de l'Occident ou de la Chine.

L'autre critique souvent répétée est que l'Europe s'est arrogé le rôle de gardienne du bouddhisme en donnant une importance démesurée à l'entreprise d'établissement d'une édition scientifique du Canon bouddhique afin de confisquer à l'Asie la légitimité de la transmission des textes.

Or nous avons vu que le souci d'établir le texte le plus sûr possible des *Trois Corbeilles* apparaît pratiquement dès la disparition de Shâkyamuni. L'entreprise d'édition du Canon constitue le moyen le plus manifeste et immédiatement reconnaissable que possède le pouvoir politique pour témoigner de son soutien au Samgha, en même temps, bien sûr, qu'il acquiert des mérites qui assureront sa prospérité. Le Canon bouddhique est consubstantiel au bouddhisme et feindre de l'ignorer est faire bon marché de la valeur qu'y attachent les bouddhistes eux-mêmes, alors que le grand moine tibétain Bu-ston (1290-1364), par exemple, est resté célèbre au Tibet pour son grand travail de compilation du *Kanjur* et du *Tanjur*.

Ici encore, il suffit de regarder ce qui s'est passé en Chine : le prestige du Canon bouddhique (le *Dazangjing*) était si grand, son élaboration si liée à l'essor du bouddhisme que son grand rival, le taoïsme, s'évertua à son tour à constituer un Canon taoïste (le *Daozang*) pour s'assurer une égale légitimité et l'on assista ainsi au long des siècles à un véritable duel de canons. Les choses ne s'arrêtent pas avec l'époque moderne, puisqu'il est à présent question en Chine de compiler un « Canon confucianiste » qui viendrait prendre place aux côtés des deux autres.

Ajoutons qu'une fondation japonaise s'est lancée dans le dernier tiers du XXe siècle dans une énorme entreprise : la traduction en anglais de la majeure partie du Canon bouddhique chinois, sous le titre *English Translation of the Sino-Japanese Buddhist Canon*, parfois appelé *The English Tripitaka*. L'anglais risque donc de devenir la première langue bouddhique occidentale, puisqu'elle disposera d'un *Tripitaka* complet.

On voit ainsi l'importance qu'il convient de donner à ce second argument de la critique des études bouddhiques européennes.

Comment faire, donc, si l'on désire se lancer dans l'étude du bouddhisme ? Il faut bien sûr tenir compte des raisons de ce désir. Nous en distinguerons deux : les raisons intellectuelles et les raisons « religieuses ».

La première façon d'aborder le bouddhisme peut être la perspective humaniste, c'est celle, pour tout dire, que nous encouragerions nous-même. Il s'agit alors d'une aventure intellectuelle qui peut se faire dans le cadre de l'histoire des religions ou de la philosophie, voire de l'anthropologie. Dans tous les cas, cette approche devra être soutenue par l'étude des langues.

Après avoir pris connaissance des livres donnés dans l'orientation bibliographique, il faudra choisir sa porte d'entrée. L'étude du sanscrit est extraordinairement gratifiante, car elle permettra, par-delà le bouddhisme, d'entrer dans l'univers de la pensée indienne ancienne et de sa littérature. Il en est de même du pâli. L'étude du tibétain, si elle destine à rester dans le monde bouddhique, n'en est pas moins fascinante par la richesse des œuvres qu'elle permet de découvrir. La découverte du chinois sera au moins aussi exaltante que celle du sanscrit et elle permettra aussi de s'ouvrir vers la culture japonaise, encore pétrie de bouddhisme. Aucune de ces langues ne peut être étudiée à la légère, mais on aura la certitude de ne pas perdre son temps. Même si l'on vient à changer d'avis sur le bouddhisme, le bagage acquis restera définitivement et permettra de s'engager dans d'autres voies d'étude.

Pour qui veut avant tout pratiquer, nous ne saurions trop conseiller de se tourner vers des communautés implantées dans une solide tradition. Il y en France suffisamment de temples vietnamiens, tibétains, voire laotiens ou cambodgiens qui accueillent des gens de l'extérieur. Mais ici encore, seule la connaissance de la langue permettra d'apprécier et de comprendre les enseignements.

Rien ne remplacera bien sûr un long séjour dans un pays de culture bouddhique, qu'elle y soit dominante ou traditionnelle : la Thaïlande ou le Japon, la Corée ou la Chine.

En tout état de cause, on y découvrira une autre façon de penser et de pratiquer qui ne peut qu'apporter un dépaysement bienfaisant, ainsi que le résume ce poème japonais :

Pour qui contemple
De tout son cœur
La fleur éphémère,
Elle est comme nous servante
Au palais de Bouddha.

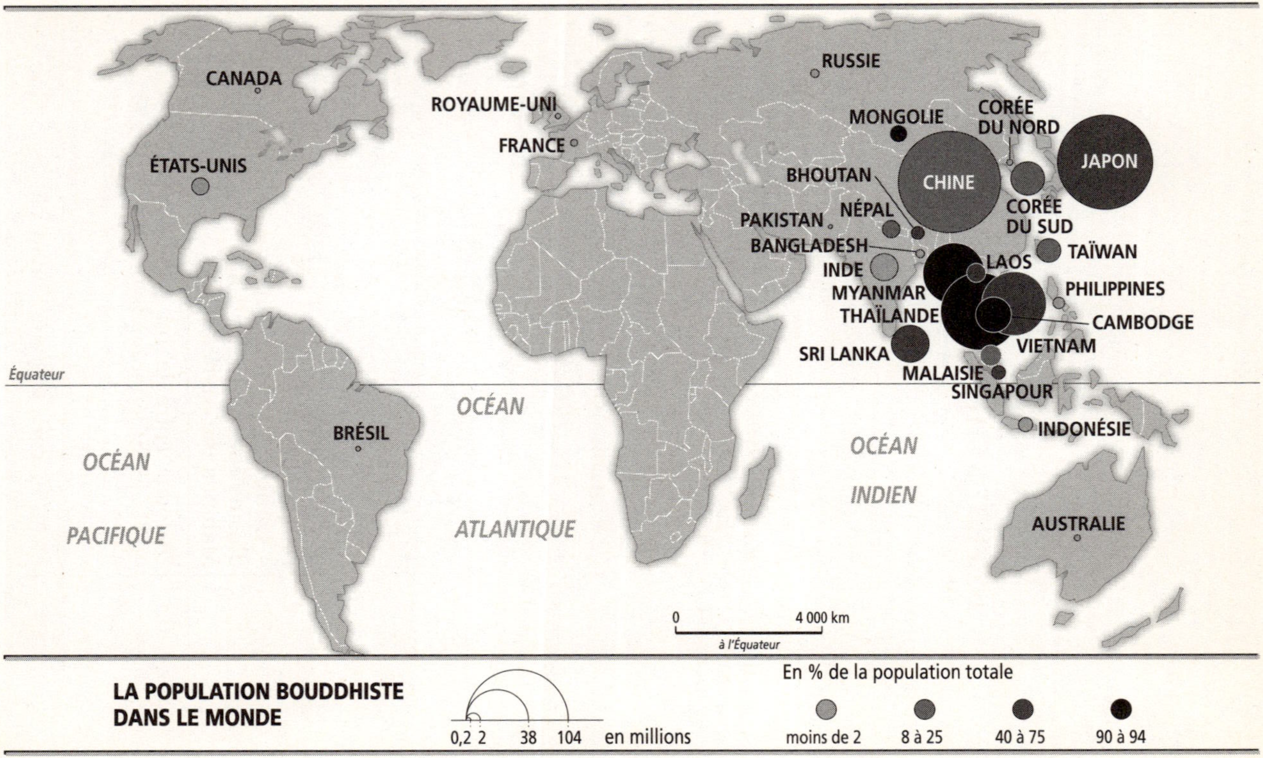

LA POPULATION BOUDDHISTE DANS LE MONDE

Repères chronologiques

VIe-Ve s. ou V^e-IVe s. av. J.-C.	Vie terrestre de Siddhârtha Gautama, dit Shâkyamuni, le Bouddha historique dont l'existence est reconnue dans tout le monde bouddhique. La recherche ne permet pas de situer plus précisément son époque.
IVe-IIIe s. av. J.-C.	– Établissement probable d'une communauté bouddhique ; premiers « conciles » définissant le Canon (date traditionnelle : – 383 ; concile suivant en – 283 ?) ; premières dissensions et apparition de courants séparés. – L'expédition d'Alexandre le Grand vers l'Orient (il meurt en – 323) met en contact les civilisations grecque et indienne.
IIIe s. av. J.-C.	– Règne de l'empereur Asoka (de – 272 ou – 268 à – 232), qui se consacre à la propagation du bouddhisme ; établissement des premiers stûpas ou monuments reliquaires. Premières allusions claires à des textes bouddhiques reconnus, sans doute transmis oralement. On date des environs de – 250 le troisième concile, celui de Pâtaliputra, réuni par l'empereur. – La tradition veut qu'à la même époque le bouddhisme eût été transmis à Ceylan (Sri Lanka) par Mahinda (ou Mahendra).
IIe s. av. J.-C.	Dialogue entre le roi gréco-bactrien Ménandre (Milinda) et le moine bouddhiste Nâgasena, rapporté dans le *Milinda-pañha* (*Les questions de Ménandre* ; vers – 160).
Ier s. av. J.-C.	Fixation par écrit du Canon pâli à Ceylan (Sri Lanka) de – 35 à – 32 (Bareau).

Ier-IIe s. av. J.-C.	– Apparition du Grand Véhicule (Mahâyâna), essor des textes écrits, probablement selon l'ordre suivant : - les soutras de l'Excellence de Sapience (*Prajñâpâramitâ*) ; - le *Soutra du Lotus* ; - le *Soutra de l'Ornement de splendeur* ; - l'*Enseignement de Vimalakîrti* ; - les soutras de la Terre Pure ; - grands poèmes bouddhiques en sanscrit d'Açvaghosa. – Le bouddhisme est transmis en Chine par l'intermédiaire de l'Asie centrale (date traditionnelle : 67 ap. J.-C.).
IIe s.	En 148, le Parthe An Shigao arrive à Luoyang et commence son activité de traduction.
IIe-IIIe s.	– Vie du grand penseur bouddhiste Nâgârjuna, originaire du sud de l'Inde ; ses ouvrages doctrinaux (le *Traité du Milieu*, le *Traité de la grande vertu de sagesse,* dont l'attribution est discutée) exercèrent une grande influence sur le bouddhisme tibétain et chinois. Son œuvre fut poursuivie par son disciple Âryadeva. – En Chine, l'activité des traducteurs s'intensifie (Zhiqian, actif vers 220-250 ; Dharmaraksa, 239-316).
IVe s.	– Asanga (vers 310-390) développe les doctrines de l'école dite des « Maîtres de yoga » ou du « Rien-que-conscience ». Son jeune frère Vasubandhu (vers 330-440), auteur du grand traité *Abhidharmakoa*, où il s'oppose au Grand Véhicule, y est finalement converti par son aîné et rédige quelques-unes des œuvres philosophiques les plus influentes en Extrême-Orient. La Voie du Milieu de Nâgârjuna et le Rien-que-conscience de Vasubandhu sont les deux courants fondamentaux qui partageront la pensée bouddhique au Tibet et en Chine. – Fotudeng (232-348), originaire de Kucha et soutenu par le pouvoir politique, propage le bouddhisme en Chine du Nord. L'un de ses disciples chinois, Dao'an (314-385), catalogue le Canon bouddhique en chinois, établit des principes d'exégèse, réglemente la communauté.

	– Huiyuan (334-416), disciple de Dao'an, répand les pratiques de la Terre Pure et prône la supériorité du religieux sur le pouvoir politique. – Kumârajîva (344-412 ou 413) réalise ses grandes traductions dont l'influence sera décisive dans le monde chinois, ainsi l'*Abhidharmakoça* de Vasubandhu.
Ve s.	– Buddhaghosa, résidant au Mahâvihâra de Srilanka (Ceylan), auteur du *Chemin de Pureté* (*Visuddhimagga*), commentateur des Trois Corbeilles, contribue à donner au Canon pâli sa forme définitive. – Vers 440, dans l'Inde gangétique, fondation du grand monastère (parfois appelé « université ») de Nâlandâ, au sud de l'actuelle Patna. – Dignâga donne une impulsion nouvelle à la logique bouddhique ; son œuvre sera développée par Dharmakîrti (VIIe s.). – Le moine chinois Faxian parcourt l'Inde de 399 à 414 et en rapporte une description célèbre. Première persécution générale du bouddhisme (446-452) en Chine, au nom du taoïsme.
VIe s.	– Le moine semi-légendaire Bodhidharma (ou simplement Dharma ?) arrive en Chine par la mer en provenance de l'Inde (520 ?) et pratique la méditation au temple Shaolin-si de Luoyang ; il aurait eu un entretien célèbre avec l'empereur Wu des Liang. Les écoles du Chan (Zen en japonais) le vénèrent comme patriarche fondateur. – Deuxième persécution du bouddhisme en Chine du Nord (573), cette fois en même temps que le taoïsme. – Un bouddhisme proprement chinois s'épanouit ; entre autres, Zhiyi (538-597) met en ordre les enseignements de son maître Huisi (515-577) et fonde l'école Tiantai sous sa forme classique. – Le souverain du royaume coréen de Paekch'é envoie à la cour du souverain japonais Kinmei des objets de culte et des ouvrages bouddhiques (538 ou 552 ?), marquant ainsi officiellement la transmission de la religion dans l'archipel.
VIIe s.	– Le prince impérial Shôtoku (574-622), instruit par des maîtres coréens, favorise l'essor du bouddhisme au Japon.

	– Transmission, selon la tradition, du bouddhisme au Tibet avec le retour de l'ambassade du roi Srong-bcan sgam-po, dont le ministre Thon mi sambhota rapporte d'Inde l'écriture et l'art grammatical (632 ?). La véritable transmission est sans doute postérieure d'un siècle. – En Chine, Xuanzang (602-664), après son grand voyage en Inde, lance un nouveau mouvement de traduction des textes indiens et jette les bases de l'école Faxiang, tandis que Fazang (643-712) mène l'école Huayan (fondé sur le *Soutra de l'Ornement de splendeur*) à sa forme classique et reçoit les faveurs de l'usurpatrice Wu Cetian (règne de 690 à 705).
VIIIe s.	– Premier essor du bouddhisme tibétain : fondation du monastère de Bsam yas ; arrivée des grands moines missionnaires indiens (Çântaraksita, Kamalaçîla ; une tradition tardive y ajoutera Padmasambhava). C'est l'âge de la « Première Diffusion » du bouddhisme, dont les traditions survivent dans l'école rnying ma pa. – Introduction du tantrisme en Chine. – Zhanran (711-782), sixième patriarche du Tiantai, expose les bases doctrinales de la présence de la nature de bouddha dans le végétal et le minéral, idée appelée à un grand avenir au Japon en particulier. – Au Japon, essor du bouddhisme de Nara ; fondation ou restauration des grands monastères : Kôfuku-ji, Tôdai-ji, Hôryû-ji. Les écoles Huayan (jpn. Kegon), Faxiang (jpn. Hossô), entre autres, s'implantent fermement.
IXe s.	– Achèvement du grand temple de Borobudur, commencé au VIIe s., qui marque l'âge de splendeur du bouddhisme javanais. – Au Tibet, achèvement de la *Mahâvyutpatti*, grand dictionnaire sanscrit-tibétain qui unifie le vocabulaire des traductions. – Le roi tibétain Glang dar ma (reg. 838-841) se serait livré à une rude persécution du bouddhisme qui faillit l'éradiquer du Tibet ; c'est la fin de la première époque du bouddhisme dans ce pays. – Au Japon sont fondées deux nouvelles écoles transmises de Chine : l'école Tendai par Saichô et l'école Shingon par Kûkai ; elles marquent l'indépendance de la nouvelle capitale, Heian-kyô (Kyôto), à l'égard des grands temples de Nara.

	– Le moine chinois Zongmi (780-841), dans son traité *À la recherche de l'homme*, affirme la supériorité du bouddhisme sur le confucianisme et le taoïsme ; le Japonais Kûkai aura traité avant lui la même question dans sa *Convergence des trois enseignements*. – En 845, troisième grande persécution du bouddhisme en Chine, en tant que religion étrangère et aux côtés du christianisme, de l'islam, du manichéisme. Le moine japonais Ennin, qui séjournait en Chine à cette époque, en laissa une relation de première main. – Les religieux Huangbo Xiyun († 850) et son disciple Linji Yixuan († 867) donnent à la tradition du Chan, héritée de Huineng (638-713), l'aspect sous lequel il sera transmis au Japon.
Xe s.	– En 955, dernière des quatre persécutions du bouddhisme en Chine selon le décompte traditionnel. – Genshin (942-1017), religieux du Tendai et logicien, compile un recueil consacré aux doctrines de la Terre Pure qui aura un grand retentissement au Japon.
XIe s.	– Le moine indien Atîça (Atîsha ; 982-1054) restaure le bouddhisme au Tibet : début de la « Seconde Diffusion ». – Au Japon, l'année 1052 est tenue comme celle de l'entrée dans la période de « Fin de la Loi », où les êtres deviennent incapables de réaliser l'enseignement du Bouddha et doivent s'en remettre au bouddha Amida.
XIIe s.	– Achèvement du *Recueil de la Falaise d'émeraude (Biyan-lu)*, grand recueil d'enseignements du Chan (1125). – Au royaume de Pagan en Birmanie, converti au Theravâda, construction du grand temple du Shwedagon. – En 1197, destruction du grand centre d'étude de Nâlandâ par les invasions musulmanes ; en 1203, Vikramaçîla (fondé vers 800), autre grand conservatoire de textes bouddhiques, est également détruit.
XIIIe s.	– Les envahisseurs mongols fondent en Chine la dynastie Yuan (1271-1368), qui impose un bouddhisme tantrique d'inspiration tibétaine.

	– En Corée, sous la dynastie Koryo (Goryeo), édition gravée sur planches du Canon bouddhique chinois (1251 ; la première édition avait été détruite par les Mongols en 1232) qui sera à la base des éditions modernes. – Au Japon, essor du bouddhisme dit « de Kamakura », illustré par les noms de Dôgen, Shinran, Nichiren, ainsi que par la réaction des écoles anciennes, telles le Kegon avec Myôe († 1232) ou Gyônen († 1321). – Conversion du Siam au Theravâda.
XIVe s.	– Le Theravâda se propage au Cambodge et au Laos. – En 1322, le moine et savant tibétain Buton achève son *Histoire du bouddhisme.* – La dynastie chinoise des Ming (1366-1644), avec sa réaction antibouddhiste, favorise l'essor d'un syncrétisme des trois doctrines où le bouddhisme se dilue. – En Corée, la dynastie Choson (1392) favorise aussi le confucianisme contre le bouddhisme. – Au Japon, à Kyôto et Kamakura, essor de la culture zen dite « des Cinq Montagnes ».
XVe s.	– Au Tibet, le grand moine Tsong kha pa (1357-1419) impose l'école réformée des Dge lugs pa ; le monastère de Dga'ldan est fondé en 1409. – Rennyo (1415-1499) donne un nouvel élan au Jôdo-shin-shû japonais, tandis qu'Ikkyû (1394-1481) popularise le zen.
XVIe s.	– Bsod rnam rgya mtsho reçoit le titre de Dalaï-Lama du seigneur mongol Altan Khan en 1578. Considéré comme le troisième dalaï-lama, il est en réalité le premier de la lignée. – 1549 : arrivée de saint François Xavier au Japon. Le christianisme connaît dans le pays une brève période de prospérité tandis qu'Oda Nobunaga réprime le bouddhisme (incendie du monastère Enryaku-ji au mont Hiei en 1571).
XVIIe s.	– Le cinquième dalaï-lama assoit fermement son pouvoir ; la construction du Potala commence en 1648 pour s'achever en 1695. – La conquête de la Chine par les Manchous (dynastie des Qing) provoque l'exode au Japon de moines chinois qui renouvellent la culture zen (fondation de l'école Ôbaku, du nom du maître chinois de Linji).

	– En imposant l'inscription des familles dans un temple bouddhique (1664), le gouvernement shôgounal fait du bouddhisme la religion officielle japonaise.
XVIIIe s.	– Le palais Yonghe-gong, à Pékin, devient une lamaserie en 1722 et se transforme progressivement en grand centre de la culture tibétaine et mongole.
XIXe s.	– En 1852 est publiée la traduction française de l'original sanscrit du *Soutra du Lotus,* œuvre d'Eugène Burnouf. – Au Japon, le mouvement antibouddhiste du début de Meiji visant à favoriser l'instauration du Shintô comme religion d'État fait rage de 1868 à 1873 et provoque un sursaut de modernisation dans les milieux bouddhiques. – Réveil du bouddhisme chinois avec l'activité de moines tels que Xuyun. – En 1881, création de la Pali Text Society à Londres.
XXe s.	– En 1956, conversion collective d'« intouchables » indiens au bouddhisme grâce à l'action de B. R. Ambedkar. – En 1959, le quatorzième dalaï-lama, Bstan-dzin rgya-mtsho (Tenzin Gyatso), âgé de 24 ans, parvient à gagner l'Inde pour échapper à l'occupation définitive du Tibet par la Chine, commencée en 1950. C'est le départ d'une diffusion de plus en plus considérable du bouddhisme tibétain vers l'Occident. – Fin des années 1980 : restauration officielle d'un nombre important de monastères et temples tibétains détruits pendant la Révolution culturelle (Bsam-yas, Dga'ldan, etc.). – En Chine, rétablissement progressif d'une vie monastique normale, ainsi que de la pratique laïque. – Après 1991 : en Mongolie et en Bouriatie, signes de renouveau du bouddhisme durement réprimé pendant l'époque communiste. – 1998 : édition électronique du Canon bouddhique chinois, à présent disponible sur l'internet.

Bibliographie

– Une bonne introduction générale au bouddhisme des premiers temps se trouve dans le numéro spécial intitulé *Le bouddhisme ancien* de la revue *Religions et Histoire* (n° 8, mai-juin 2006 ; éditions Faton).

– *Le fait religieux,* sous la direction de Jean Delumeau (éditions Fayard, 1993), comporte une soixantaine de pages assez synthétiques sur le bouddhisme (p. 449-529) écrites par Môhan Wijayaratna et J.-N. Robert.

– *Le monde du bouddhisme,* sous la direction de Heinz Bechert et Richard Gombrich (Bordas, 1984), donne une bonne présentation d'ensemble, bien illustrée, du bouddhisme dans son histoire et à l'époque moderne.

– Les articles de l'*Encyclopædia Universalis* concernant le bouddhisme ont été réunis en un petit volume : *Dictionnaire du bouddhisme* (Encyclopædia Universalis et Albin Michel, 1999), qui permet une consultation pratique.

– Plus difficile, mais valant la peine d'être lu pour la grande cohérence de sa présentation et sa limpidité, le livre d'André Bareau, *Le bouddhisme indien* (tome III, *Des religions de l'Inde,* Payot, 1966).

– Ceux qui veulent se lancer sérieusement dans l'étude du bouddhisme et ne craignent pas d'affronter un texte ardu doivent se plonger dans le tome II de *L'Inde classique – Manuel des études indiennes,* dont l'essentiel est consacré au bouddhisme (par Jean Filliozat). Il en existe une réimpression récente de l'École française d'Extrême-Orient (1996). C'est encore maintenant l'ouvrage fondamental en français et on y trouvera tous les termes indispensables en sanscrit, pâli et tibétain que l'on a essayé d'éviter ici.

– Pour l'histoire des rapports historiques et intellectuels du bouddhisme avec l'Europe, voir le très bon livre d'Henri de Lubac, *La rencontre du bouddhisme et de l'Occident*, réédition Cerf, 2000 ; écrit d'un point de vue chrétien, il est d'une passionnante richesse d'information.

Recommandons enfin la lecture d'un recueil de textes choisis des grandes traditions bouddhiques, de l'Inde au Japon, sous la direction de Lilian Silburn, *Aux sources du bouddhisme* (Fayard, 1997).

Index

Librio

892

Composition PCA – 44400 Rezé
Achevé d'imprimer en France par Aubin
en août 2008 pour le compte de E.J.L.
87, quai Panhard-et-Levassor, 75013 Paris
Dépôt légal août 2008.
EAN 9782290010617

Diffusion France et étranger : Flammarion